河北省社会科学基金项目（HB19YJ047）资助出版

基于社会网络模型的金融市场风险交叉传染机制与智能防范策略

▎张永礼　南　茜　安海岗　著

北　京

冶金工业出版社

2023

内 容 提 要

本书将社会网络理论与神经网络优化算法应用于信用风险预测领域，阐述了智能算法优化后的神经网络模型在银行系统风险传播和个人信用贷款风险传播中的应用，同时介绍了遗传算法、粒子群算法、思维进化算法、灰色理论等神经网络优化理论及其应用。

本书可供金融市场风险工作的管理与分析人员、数理统计人员、研究与开发人员阅读参考，也可作为高等院校信息管理类、数据分析类、金融类、财务会计类等专业师生的参考书。

图书在版编目（CIP）数据

基于社会网络模型的金融市场风险交叉传染机制与智能防范策略/张永礼，南茜，安海岗著. —北京：冶金工业出版社，2021.10（2023.6 重印）
ISBN 978-7-5024-8833-8

Ⅰ.①基…　Ⅱ.①张…　②南…　③安…　Ⅲ.①金融市场—金融风险防范—研究—中国　Ⅳ.①F832.5

中国版本图书馆 CIP 数据核字（2021）第 091347 号

基于社会网络模型的金融市场风险交叉传染机制与智能防范策略

出版发行	冶金工业出版社	**电　话**	（010）64027926
地　址	北京市东城区嵩祝院北巷 39 号	**邮　编**	100009
网　址	www.mip1953.com	**电子信箱**	service@ mip1953.com

责任编辑　曾　媛　美术编辑　吕欣童　版式设计　禹　蕊
责任校对　李　娜　责任印制　禹　蕊
北京捷迅佳彩印刷有限公司印刷
2021 年 10 月第 1 版，2023 年 6 月第 2 次印刷
710mm×1000mm　1/16；10.75 印张；210 千字；162 页
定价 69.00 元

投稿电话　（010）64027932　投稿信箱　tougao@cnmip.com.cn
营销中心电话　（010）64044283
冶金工业出版社天猫旗舰店　yjgycbs.tmall.com
（本书如有印装质量问题，本社营销中心负责退换）

前　言

风险管理是信用贷款的核心，风险管控能力的强弱决定了信用贷款业务能否健康、高效的开展。风险预测模型的本质是从历史数据中总结出预测变量与因变量（是否发生风险）之间的函数关系，并利用该函数关系来预测未知数据的风险情况。因此，预测变量和拟合函数是风险预测的关键。

目前国内外学者主要采用借贷双方或贷款本身的特征数据作为影响因素预测信贷风险，如借款机构（个体）商业特征、放贷机构（个体）商业特征、放贷机构（个体）运行方式、贷款特征、市场与宏观因素，很少有从信贷机构交易行为形成的资金往来中提取社会网络，进而利用网络拓扑性质作为预测变量对信贷风险进行预测的研究。大数据背景下，金融企业在运营过程中，信贷机构交易行为累积了海量数据，大数据技术和人工智能算法的发展为金融企业信息化风险监控创造了技术条件。

传统的技术经济研究方法大多采用建立在线性关系基础上的计量经济模型，很难真实描述真实世界的复杂的非线性关系和涵盖众多不确定性因素。人工神经网络（ANN）是一种通过模拟大脑神经网络处理、记忆信息而建立起来的智能算法。神经网络根据预先提供的一批相互对应的输入和输出数据，通过调整内部大量神经元节点之间相互连接的关系，分析掌握两者之间潜在的规律，最终根据这些规律，用新的输入数据来推算输出结果。它采用了与传统人工智能和信息处理技术完全不同的机理，克服了传统的基于逻辑符号的人工智能在处理直觉、非结构化信息方面的缺陷，具有自我组织、自我学习，能够拟合任意复杂的非线性关系，并行计算，较强的鲁棒性和容错性等优点。

本书研究项目针对大数据背景下信用风险智能防控新特点，从信贷机构（个体）间资金往来形成的社会网络的视角，使用资金往来网络统计特征作为新的预测变量，同时建立智能算法优化的人工神经网络作为预测模型，研究商业银行系统风险和个人信用贷款风险传播问题。研究成果将丰富和发展风险预测理论，为信用风险预测提供新的研究视角和方法，对大数据环境下金融行业信用风险的智能防控具有重要意义。

本书具体内容包括以下几个方面：

（1）社会网络理论。从社会网络基本概念、社会网络统计特征、社会网络模型三方面介绍社会网络理论。社会网络统计特征介绍了常见的统计特征的内涵和计算方法，如度与度分布、平均路径长度、聚集系数、介数、紧密度、度中心性、介数中心性、接近中心性、特征向量中心性、PageRank 值、连通度等。社会网络模型部分介绍了规则网络模型、随机网络模型、无标度网络模型、小世界网络模型的内涵与表现。

（2）基于人工神经网络模型的敏感度分析。首先介绍了人工神经网络算法和常见的人工神经网络类型，如 BP 神经网络、SOM 神经网络和 GRNN 神经网络。由于人工神经网络参数对模型的预测精度影响很大，随后介绍了优化人工神经网络算法参数的智能算法，如遗传算法、粒子群算法、思维进化算法等。最后，介绍了敏感度分析的定义与分类，尤其是基于人工神经网络模型的敏感度分析方法和平均影响值（Mean Impact Value，MIV）指标。

（3）银行系统风险传播仿真模拟研究。商业银行是金融市场的主体。以商业银行间同业拆借行为带来的系统信用风险传播为研究对象，将银行系统信用风险分为财务破产违约风险与资金周转违约风险两类，从银行资产负债结构特征、同业拆借网络结构特征、同业拆借系统特征三方面选取风险传染概率的影响因素指标，采用粒子群算法优化的广义回归神经网络模型（PSO-GRNN），通过敏感度分析指标和仿真模拟数据，揭示了不同影响因素指标对银行整体信用违约风险、银行财务破产违约风险与银行资金周转违约风险的影响大小和差异。

（4）个人信用贷款风险传播实证研究。不同于以往通过信贷客户特征信息对客户信用风险进行预测，通过客户之间的资金往来构建社会网络模型，提取资金往来社会网络特征作为预测变量，同时建立人工神经网络和决策树模型，经模型训练和准确性测试后，最终选择人工神经网络模型为预测模型，根据成本收益数据构建利润图，获得最大利润对应的目标客户继续履约概率阈值，从 1737 名信贷客户中筛选出 623 名潜在目标客户。演示了有关个人信用贷款风险传播研究的数据准备、模型建立、模型训练、模型测试和模型预测完整的数据挖掘流程，为个人信用贷款风险交叉传染机制的分析和智能风险防范提供了新思路和新方法。

本书在以下三个方面做了创新：

（1）新的社会网络模型研究视角。不同于以往通过信贷客户申请所填的特征信息来对客户信用风险进行预测，本书通过客户之间的资金往来构建社会网络模型，计算网络拓扑特征作为候选预测变量集，对各变量的预测强度进行考察和筛选，在此基础上，对不同类型的优化人工神经网络模型进行对比预测，选择评估后性能最佳的优化人工神经网络模型预测信用风险。

当前大数据背景下，消费信贷客户无现金交易带来的消费行为数字化、信息收集便利化的时代新趋势和新变化，使得通过资金往来构建消费信贷客户社会网络，并利用新的社会网络结构特征分析客户信用风险成为可能。本书基于大数据环境下信贷客户的资金往来建立社会网络模型，并根据社会网络特征对客户信用风险进行预测，为信用风险预测提供了新思路和新方法。

（2）综合运用了多种神经网络及优化算法模型。单纯的神经网络模型存在各种不足，为此必须使用各种优化算法对此进行修复。本书在研究方法上综合使用了粒子群优化算法（Particle Swarm Optimization，PSO）、广义回归神经网络模型（Generalized Regression Neural Network，GRNN）、人工神经网络（Artificial Neural Network）模型、决策树算法（Decision Tree Algorithm）模型，此外还利用平均影响值（Mean Impact

Value，MIV）指标建立了基于人工神经网络模型的敏感度分析方法。

（3）理论和实证相结合。本书采用理论和实证相结合的研究方法，每章均针对某一具体问题在阐明所使用的理论模型和指标体系的基础上，收集相关数据，编写程序，分别对银行系统风险传播过程和个人信用贷款风险传播过程进行影响因素分析和仿真预测。

本书为作者 2019 年承担的河北省社会科学基金项目（项目编号：HB19YJ047）。同时，依托本书成果，作者申报了 2021 年度国家社会科学基金一般项目，名称为"基于金融关联图谱的小微企业供应链融资信用风险预测与防范研究"。

由于作者理论修养和自身能力所限，书中不足和缺陷在所难免，欢迎各位读者批评指正！

张永礼

2021 年 5 月

目　录

1 绪 论

1.1 引言

风险管理是信用贷款的核心，风险管控能力的强弱决定了信用贷款业务能否健康、高效的开展。风险预测模型的本质是从历史数据中总结出预测变量与因变量（是否发生风险）之间的函数关系，并利用该函数关系来预测未知数据的风险情况。因此，预测变量和拟合函数是风险预测的关键。

有关预测变量，目前国内外学者主要采用借贷双方或贷款本身的特征数据作为影响因素预测信贷风险，如借款人（机构）特征、放贷人（机构）商业特征、放贷人（机构）运行方式、贷款特征、市场与宏观因素，很少有从客户交易行为形成的资金往来中提取社会网络，进而利用网络拓扑性质作为预测变量对信贷风险进行预测的研究[1-3]。

社会网络对金融风险的影响已被广泛认可，主要存在两种观点：一种观点认为由地缘、亲缘等关系结成的社会网络促进了交易、信息与资源分享[4,5]，其内部也往往存在着互助行为，从而发挥着非正式保险的作用，形成了风险分担机制[6,7]，抑制了信贷风险的发生；另一种观点认为，网络成员的广泛联系与资金往来极易导致风险随网络蔓延，继而提升了金融市场的系统性风险，增加了发生网络成员整体违约甚至金融危机的可能性[8,9]。

社会网络对金融风险的影响虽然被广泛认可，但目前的研究主要根据调研数据分析由地缘、亲缘等关系结成的社会网络对信用风险的影响，其构建的网络规模小且存在较多主观性，大数据背景下，信贷客户之间的交易行为提供了海量数据，但目前尚未有从信贷客户资金往来形成的社会网络的视角进行风险预测的研究。当前大数据背景下，消费信贷客户无现金交易带来的消费行为数字化、信息收集便利化的时代新趋势和新变化，使得通过资金往来构建消费信贷客户社会网络，并利用新的社会网络结构特征分析客户信用风险成为可能。

传统的风险预测方法多是建立在线性关系基础上的数理统计模型，很难真实描述真实世界复杂的非线性关系和涵盖众多不确定性因素。人工神经网络（ANN）是一种通过模拟大脑神经网络处理、记忆信息而建立起来的智能算法，可表示任意非线性关系，其具有以下优点：（1）信息分布存储在神经元中，神经网络具有很强的鲁棒性和容错性；（2）神经元具有并行处理结构，计算速度快；（3）神经元连接强度随学习过程不断调整改变，能够自我组织、自我学习和自我适应，能够处理"黑箱"问题；（4）能够拟合任意复杂的非线性关系；（5）能够同时处理定量和定性数据，具有较强的信息综合能力[10]。自 20 世纪 80 年代末期以来，神经网络模型在经济学和管理学等方面的应用逐渐展开，在经济景气分析、经济时间序列预测、组合证券优化、股票预测等经济领域，吸引了不少专家的目光，获得了常规经济学方法所不能得到的效果。尤其是 BP 网络更是广泛地用来解决识别和预测等问题[11]。

　　传统神经网络模型使用负梯度下降算法进行模型训练，具有无法搜寻到全局最优解，容易陷入局部极值的缺陷[12]，因此，近年来出现了众多智能算法优化的神经网络模型、如遗传算法优化的神经网络模型、粒子群算法优化的神经网络模型、鱼群算法优化的神经网络模型、免疫优化算法优化的神经网络算法、思维进化算法优化的神经网络模型、蚁群算法优化的神经网络模型[13-15]。

1.2　神经网络理论与应用

1.2.1　神经网络发展历程

　　人工神经网络研究从 20 世纪 40 年代初开始进行，至今经历了兴起、高潮、低谷及稳步发展的历程，在众多科学家艰苦不懈的研究探索中，终于取得了较大的进步。1943 年，心理学家 W. S. Mcculloch 和数理逻辑学家 W. Pitts 提出了 M-P 模型，M-P 模型的提出具有开创意义，为以后的研究工作提供了重要依据；1949 年，心理学家 D. O. Hebb 提出突触联系可变的假设。由一假设得出的学习规则——Hebb 学习规则，为神经网络的学习算法奠定了基础；1957 年，计算机科学家 Rosenblatt 提出了著名的感知机（Perception）模型，是第一个完整的人工神经网络，并且第一次把神经网络研究付诸工程实现，从而奠定了从系统的角度研究人工神经网络的基础；1960 年 B. Windrow 和 M. E. Hoff 提出了自适应线性单元网络，该网络可用于自适应滤波、预测和模型识别；1982 年和 1984 年美国加州理工学院生物物理学家 J. J. Hopfield 发表了两篇文章，提出了新的神经网络模型——Hopfield 网络模型和实现此网络模型的电子电路，为神经网络的工程实现指明了方向，有力地推动了神经网络的研究，引起了神经网络研究的又一次热潮；1984 年，Hinton 等人将模拟退火算法引入神经网络中，提出了 Boltzmann 机网络模型；1986 年，D. E. Rumelhart 和 J. L. Mcclelland 提出了误差反向传播算法，成为至今影响很大的一种网络学习方法；20 世纪 90 年代初，诺贝尔奖获得者 Edelman 提出了 Darwinism 模型，建立了神经网络系统理论；几乎同时，Aihara 等人给出了一个混沌神经元模型，该模型现已成为一种经典的混沌神经网络模型；1995 年，Mitra 把人工神经网络与模糊逻辑理论、生物细胞学说以及概率论相结合，提出了模糊神经网络，使得神经网络的研究取得了突破性进展。

现在，神经网络的应用研究取得了很大的成绩，涉及的领域非常广泛。在应用的技术领域方面，主要有计算机视觉、语言识别、模式识别、神经计算机的研制、专家系统与人工智能，涉及的学科有神经生理学、信息科学、计算机科学、微电子学、光学、生物电子学等[16,17]。

1.2.2 神经网络原理

神经元是神经网络最基本的构成单元，神经元之间不同的连接方式可得到不同的神经网络。神经网络内部权值系数决定神经元之间的连接强度，权值系数可以刺激或抑制信号传递，且随着神经网络的训练进行改变，因此，人工神经网络具有高度的灵活性。

神经网络预测过程可分为训练期和预测期两个阶段，训练期阶段计算单元状态不变，神经元之间的权值系数通过学习不断修改；预测期阶段连接权值系数固定，计算单元状态变化，计算输出神经元预测值。当神经网络结构确定后，若在不改变转换函数的前提下修改输出值，只能改变神经网络输入，而改变神经网络输入的唯一办法是修改神经元权值系数，因此，神经网络的学习过程就是修改神经元权值系数的过程，达到使输出值接近或达到期望值的目的。

一般情况下，权值系数的调整是按某种预定的学习算法来进行度量调整的，常见的度量学习算法有反向传播（Back Propagation，BP）算法、Hofield 反馈神经网络算法、Widrow Haff 算法、Hebb 算法、竞争（Competitive）算法、自组织神经网络学习算法等。度量学习算法是神经网络的主要特征，也是神经网络研究的主要课题[16]。

1.2.3 神经网络应用领域

人工神经网络研究与应用近二十几年来取得了丰硕的成果。理论研究方面，在映射逼近任意非线性连续函数能力、并行计算、学习算法理论及动态网络的稳定性分析等方面都取得了重大进步；同时在应用方面，神经网络的应用已经扩展到许多重要领域，其中包括：

（1）模式识别与图像处理。模式识别方面，如手写识别、人脸识别、指纹识别、签字识别、语音识别等；图像处理方面，如脑电图与心电图分类、DNA 与 RNA 识别、图像复原与图像压缩等。

（2）控制与优化。如在化工过程控制领域，神经网络可应用于半导体生产控制、机械手运动控制、食品工业的优化控制、超大规模集成电路布线设计等。

（3）预测与管理。如有价证券管理、股票市场预测、财务分析、借贷风险分析、机票管理、信用卡管理等。

（4）通信。如呼叫接纳识别与控制、路由选择、自适应均衡、回波抵消等。

（5）其他应用。如运载体轨迹控制、光学望远镜聚焦、导航、电机故障检测和多媒体技术等。

1.2.4　神经网络研究方向

针对人工神经网络的现状、存在的问题和社会的需求，神经网络今后的发展方向主要集中在理论研究和应用研究两个方面：

（1）在理论研究方向方面，利用认识科学与生理机制的最新研究成果，将大脑思维及智能机理的突破性成果应用于人工神经网络上，改进和发展神经网络理论。

人工神经网络提供了一种揭示智能和了解人脑工作方式的合理途径，人类对自身脑结构及其脑结构活动机理的认识十分肤浅，对神经系统的了解也非常有限，且带着某种程度的"先验"，因此，通过模仿人脑的行为建立的人工神经网络算法也不会很完善和成熟，人工神经网络的发展与进步需要以神经科学的进步为前提研究，神经科学、认识科学和心理学等领域面临和提出的问题也是向神经网络理论研究提出的新挑战，这些问题的解决有助于完善和发展神经网络理论，也将改变人类对于智能和人与机器关系的认识。

近年来，人工神经网络正向模拟人类认知的更高层次发展。例如，与遗传算法、粒子群算法、鱼群算法、蚁群算法等群体智能算法结合，形成人工智能，成为神经网络发展的重要方向，在实际应用中得到了更好的发展。利用神经科学基础理论的研究成果，用数理方法探索智能水平更高的人工神经网络模型，开发新的网络数理理论，也是神经网络研究的重要领域，如关于收敛性、稳定性、计算复杂性、容错性、鲁棒性、神经元计算、学习规则等方面的改进算法。人工神经网络可以拟合任意非线性关系，因此，非线性问题的研究是也神经网络理论发展的一个重要方面。近年来，人们发现人脑中存在着混沌现象，从生理本质角度出发，用混沌动力学启发神经网络的研究或用神经网络产生混沌成为神经网络研究的一个新的重要课题。

（2）神经网络软件模拟、硬件实现的研究以及神经网络在各个科学技术领域应用的研究。

人工神经网络既可以使用传统计算机模拟，也可以使用集成电路芯片组成神经计算机，甚至还可以用光学的、生物芯片的方式实现，因此研制纯软件模拟、虚拟模拟和全硬件实现的电子神经网络计算机潜力巨大。如何使神经网络计算机、传统计算机和人工智能技术相结合也是神经网络研究的前沿课题。同时，使神经网络计算机的功能向智能化发展，研制与人脑功能相似的智能计算机，如光学神经计算机，分子神经计算机，具有十分诱人的前景[16,17]。

1.3 金融网络理论与应用

1.3.1 金融网络的基本概念

当前，金融机构或个体之间的交易越来越复杂，2007—2009 年金融危机表明风险通过网络传播与放大可成为金融系统性风险，金融机构已从过去"大而不能倒"到"关联多而不能倒"。金融机构（个体）信用风险极易因交易或担保关系的传导和放大而形成金融系统风险。研究表明，金融网络对信用风险影响极大，是构成每种金融风险（如流动性风险、运营风险、保险风险和信用风险）的基础。

金融网络，也称金融关联图谱，由节点及节点间的连接构成。节点表示金融实体（如交易者、公司、银行和金融交易所）等，连接表示节点之间正式或非正式的交易关系。由于传统信用风险领域预测存在如下不足：预测变量方面，传统信用风险分析仅关注金融机构（个体）特征，忽略了金融机构（个体）特征间关联关系及作用；预测方法方面，经典的多重线性回归方法非线性关系拟合能力较差，预测误差大。因此，近年来，金融网络在风险预测领域越来越受到重视，网络分析为传统分析方法薄弱的问题提供了答案，并导致出现多种风险的改进模型。

金融实体可以是消费者、企业和银行（金融机构）。金融实体（交易方、银行、企业、消费者和其他金融机构）之间各种各样具有经济和金融意义的（直接的或间接的）联系称为金融关联。金融网络分析重要的基础是金融实体之间各种各样的金融关联关系。金融实体之间的关联关系可以是实际存在的，也可以是通过计算得到的相关性，或者是由于共生性而得到的关系。金融实体间常见的关联关系有担保关联、投资关联、法人代表关联、集团母子关联、家族关联。

1.3.2 金融网络的典型应用

金融网络分析已在国内商业银行开展了广泛应用，如金融网络担保圈风险分析和金融系统压力测试等。

1.3.2.1 金融网络担保圈风险分析

担保圈是指企业间由于相互担保贷款或者连环担保贷款的关系而联系到一起构成的特殊利益群体。担保圈风险是我国国内商业银行面临的主要金融风险之一，其对企业间债务问题产生扩大作用。担保圈网络中具有担保关系的不同企业为网络中的节点，企业间的担保关系为网络中的连接（边），两个企业之间有担保关系则两个相关节点之间有连接，否则节点之间不存在连接。通过金融网络分析，可以对担保圈整体风险等级进行评估，便于金融机构进行风险监测和管理系统性风险，类似地，也可以根据担保关联关系，计算每一个担保企业的风险等级，以便对该企业进行量化风险管理。

1.3.2.2　利用关联图谱进行压力测试

在金融领域，压力测试（Stress Testing）是指将整个金融机构或资产组合置于某一特定的极端市场情况下，测试该金融基础设施、金融机构或资产组合在这些关键市场变量突变的压力下的表现状况，看是否能经受得起这种市场的突变。银行的压力测试通常包括信用风险、市场风险和操作风险等其他风险方面内容。压力测试中，商业银行应考虑不同风险之间的相互作用和共同影响。识别那些可能提高异常利润或损失发生概率的事件或情境，度量这些事件发生时银行资本充足率状况。

1.3.3　金融网络应用现状及趋势

金融网络分析未来在金融领域有着广泛的应用，从金融监管、金融基础设施运营到商业银行风险管理。但是目前金融网络应用还处于起步阶段，一方面金融网络分析主要停留在浅层次的可视化展现和统计，例如天眼查、启信宝、企查查等产品，另一方面金融网络分析与知识图谱相关概念混淆。未来只要进行进一步的理论和应用的研发，金融网络分析才能发挥出应有的价值，同时金融网络分析结果需要人工智能、统计分析和风险控制理论等相结合才能有效支持风险决策[18]。

参 考 文 献

［1］Tra Pham T T, Lensink R. Household borrowing in Vietnam：A comparative study of default risks of formal, informal and semi-formal credit［J］. Journal of Emerging Market Finance, 2008, 7 (3)：237-261.

［2］Ojiako I A, Ogbukwa B C. Economic analysis of loan repayment capacity of smallholder cooperative farmers in Yewa North Local Government Area of Ogun State, Nigeria［J］. African Journal of Agricultural Research, 2012, 7 (13)：2051-2062.

［3］Dufhues T, Buchenrieder G, Quoc H D, et al. Social capital and loan repayment performance in Southeast Asia［J］. The Journal of Socio-Economics, 2011, 40 (5)：679-691.

［4］Mizruchi M S, Stearns L B. Getting deals done：The use of social networks in bank decision-making［J］. American Sociological Review, 2001：647-671.

［5］Uzzi B. Embeddedness in the making of financial capital：How social relations and networks benefit firms seeking financing［J］. American Sociological Review, 1999：481-505.

［6］Jiang B, Kim J S, Li C, et al. Social network structure and risk sharing in villages［J］. The BE Journal of Economic Analysis & Policy, 2018, 20170263.

[7] 张敏, 童丽静, 许浩然. 社会网络与企业风险承担——基于我国上市公司的经验证据 [J]. 管理世界, 2015 (11): 161-175.

[8] Zhao Z, Chen D, Wang L, et al. Credit risk diffusion in supply chain finance: A complex networks perspective [J]. Sustainability, 2018, 10 (12): 4608.

[9] Li S, Li J. Social network structures and bank runs [J]. The European Physical Journal B, 2016, 89 (5): 116.

[10] Tang Zhaohui, Jamie MacLennan. 数据挖掘原理与应用 [M]. 邝祝芳, 等译. 北京: 清华大学出版社, 2007.1.

[11] 郑洪源, 周良, 丁秋林. 神经网络在销售预测中的应用研究 [J]. 计算机工程与应用, 2001 (24): 30-42.

[12] 蔡云, 张靖妤. 基于 BP 神经网络优化算法的工业企业经济效益评估 [J]. 统计与对策, 2012 (10): 63-65.

[13] 焦巍, 刘光斌. 非线性模型预测控制的智能算法综述. [J]. 系统仿真学报, 2008, 20 (24): 6581-6586.

[14] 余建平, 周新民, 陈明. 群体智能典型算法研究综述 [J]. 计算机工程与应用, 2010, 46 (25): 1-4.

[15] 李根, 李文辉. 基于思维进化算法的人脸特征点跟踪 [J]. 吉林大学学报 (工学版), 2015, 46 (2): 606-612.

[16] 张巧超, 曾昭冰. 人工神经网络概述 [J]. 辽宁经济职业技术学院学报, 2010 (4): 68-69.

[17] 陈文伟, 黄金才, 赵新. 数据挖掘技术 [M]. 北京: 北京工业大学出版社, 2002.

[18] 刘新海, 孟祥锋. 金融关联图谱及其在商业银行的应用 [EB/OL]. 2021-01-04. http://www.creadercom/news/20011219/200112190019.html.

2 社会网络理论

2.1 社会网络基本概念

根据维基百科定义，社交网络是由许多节点构成的一种社会结构。节点通常指个人或组织，而边代表各种社会关系。社交网络分析是社会学和人类学的重要研究分支，如早期的人际关系网络、科研合作网络、演员合作网络、国家间的贸易关系网络等。社会网络不仅是一种数据的表现形式，它同样也是一种科学研究的手段。社会网络目前受到了广泛的关注和研究[1,2]。

社交网络模型是社会网络模型的一种，它是研究社会群体中的人际关系及其相互影响的一门新兴社会统计学方法。与传统数理统计方法基于个体"属性特征数据"预测和研究个体行为不同，社交网络模型通过个体之间交往的"关系数据"来预测和研究个体行为，社会网络模型基于个体之间的关系与数据来预测和研究个体行为。当前社交网络模型主要应用的场景主要有高影响力客户群体研究（微博大 V、微信营销）、千人网络+地毯式产品业务推广（微粒贷）、反洗钱运用、反恐怖活动线索挖掘等[3-5]。

社会网络的相关概念有节点、边、邻居节点、内部连接和外部连接等。

（1）节点：由于社会网络是社会系统的抽象，因此网络节点对应为社会系统中的一个个社会单位或者社会实体。节点既可以是个体、公司或者社会单位，也可以是一个教研室、学院、学校，还可以是一个村落、组织、城市、国家等。节点可以是任何社会行动者，关于节点的信息既可以是动态的，也可以是静态的。

（2）边：边是社会网络中节点与节点之间的关系，即对应社会系统中不同实体之间的关系。实体之间的关系类型是多样的，如个人之间的朋友关系、上下级关系、邻里关系，国家之间的贸易关系，城市之间的距离关系等，根据研究者的研究需要而定；同时，实体之间的关系可能是多元的，如两个学生之间可能同时存在同学关系、友谊关系、恋爱关系等，两个国家之间可能存在贸易关系、外交关系、文化往来关系等。网络中，边既可以有权重，表示联系的紧密程度；也可以有方向，表示不同实体之间的单向或双向连接。

（3）邻居节点：与某节点之间有边直接相连的所有其他节点即为该节点的邻居节点。

（4）内部连接：根据不同标准，网络节点可以分为不同集合，称为社区。同一社区内的节点往往具有相同的特性，而不同社区节点的特性则具有较大差异。节点与社区内部邻居节点之间的连接称为内部连接。

（5）外部连接：节点与社区外部邻居节点之间的连接称为外部连接。

2.2　社会网络统计特征

社会网络往往呈现高度复杂的特性，具有自组织、自相似、吸引子、小世界、无标度等部分或全部性质，其统计特征一般包括如下几个方面[6-10]。

2.2.1　度与度分布

网络中某个节点的度即为与该点相连的边的数目。由于在有些网络中边具有方向性，因此节点度在有向图中又分为入度（In-Degree）和出度（Out-Degree）。节点的入度（k_i^{in}）即为以该点为终点的边的数目，节点的出度（k_i^{out}）即为以该点为起点的边的数目，节点度（k_i）为出度和入度之和。

若节点 i 的出度标识为 k_i^{out}，则计算公式可表示为：

$$k_i^{out} = \sum_{j \in N, \, j \neq i} a_{ij} \tag{2-1}$$

式中，若 $a_{ij} = 1$，表示存在从节点 i 指向节点 j 的边。

若节点 i 的入度标识为 k_i^{in}，则计算公式可表示为：

$$k_i^{in} = \sum_{j \in N, \, j \neq i} a_{ji} \tag{2-2}$$

式中，若 $a_{ji} = 1$，表示存在从节点 j 指向节点 i 的边。

一般情况下，节点度越大，节点越重要。网络中所有节点度的平均值称为网络的平均度，表示为<k>。

网络中节点的度分布（Degree Distribution）情况可使用分布函数 $P(k)$ 来描述，$P(k)$ 表示网络中度为 k 的节点在整个网络中所占的比例，可以用直方图描述网络的度分布情况（图2-1）。

所有节点度都相同的网络称为规则网络，度分布服从 Delta 分布，其值集中在一个单一的尖峰上。网络中的任何随机化倾向都将尖峰形状变宽，完全随机网络（Completely Stochastic Network）也称为均匀网络（Homogeneous Network），其度分布近似为泊松分布，其形状在远离峰值处呈指数下降。

幂律分布也称为无标度（Scale-free）分布，无标度网络中，绝大部分的节点的度很低，但少量节点的度很高，因此，无标度网络是一种非均匀网络，少数度很高的节点一般称为网络"集线器"。生活上很多网络都是无标度网络，如航空网络、社交网络。

有向加权社会网络使用点强度代替度的概念，点强度综合考虑了节点近邻数

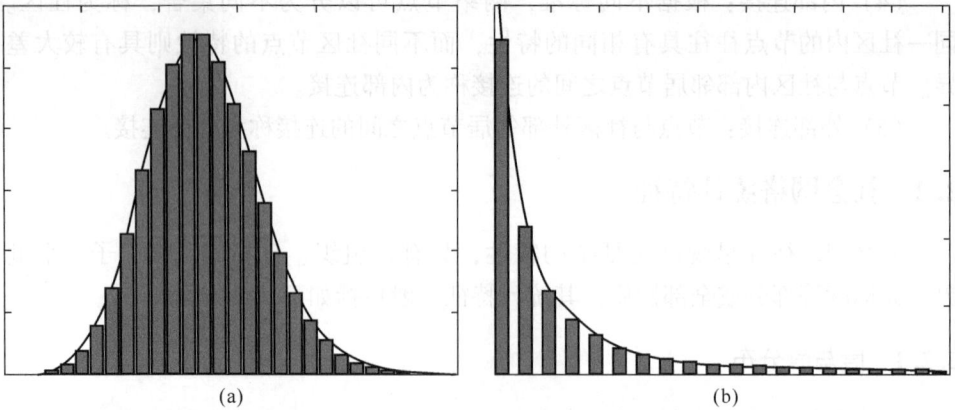

(a)　　　　　　　　　　　　　　　　(b)

图 2-1　网络度泊松分布与幂律分布比较

和节点连接权重，定义如下：

$$s_i = \sum_{j \in N_i} w_{ij} \qquad\qquad (2\text{-}3)$$

式中，w_{ij} 表示节点对（i，j）连接权重；N_i 表示所有与节点 i 相连的其他节点。

点强度分布表示当前节点强度占所有节点强度的比例，定义如下：

$$P(s) = \frac{S_i}{N} \qquad\qquad (2\text{-}4)$$

式中，S_i 为节点 i 点强度；N 为所有节点强度之和。

点强度及强度分布描述了网络节点之间的关联程度。

2.2.2　平均路径长度

从节点 i 到节点 j 所需经过的边称为路径，经过的边数称为路径长度，节点 i 到节点 j 往往有多条通路，即存在多条路径，长度最小的路径称为最短路径，最短路径的边数称为两个节点的距离。网络中任意两节点间的最大距离称为网络直径。网络中所有节点对的距离的平均值称为网络平均路径长度，它描述了网络中节点间的分离程度，其定义如下：

$$L = \frac{1}{C_N^2} \sum_{1 \le i \le j \le N} d_{ij} \qquad\qquad (2\text{-}5)$$

式中，d_{ij} 为节点 i 到节点 j 的距离；N 为网络节点总数；C_N^2 为网络节点对数。

2.2.3　聚集系数

生活中朋友的朋友之间往往也是朋友。社会关系网络中"物以类聚，人以群分"的特性可以通过聚类系数（Clustering Coefficient）进行测量。

节点 v_i 的聚集系数定义为节点 v_i 的 k_i 个邻居节点之间实际存在的边数 E_i 和

总的可能存在的边数之比，如式（2-6）所示。

$$C_i = \frac{E_i}{C_{k_i}^2} \tag{2-6}$$

集聚系数衡量的是节点与近邻节点之间的关联程度，凝聚子群反映的是节点间的相互关联。网络中关联特别紧密的部分节点集合形成的次级网络称为凝聚子群，可以运用 n-Cliques 方法和 k-Plex 方法分析网络中存在多少个凝聚子群（图2-2）。

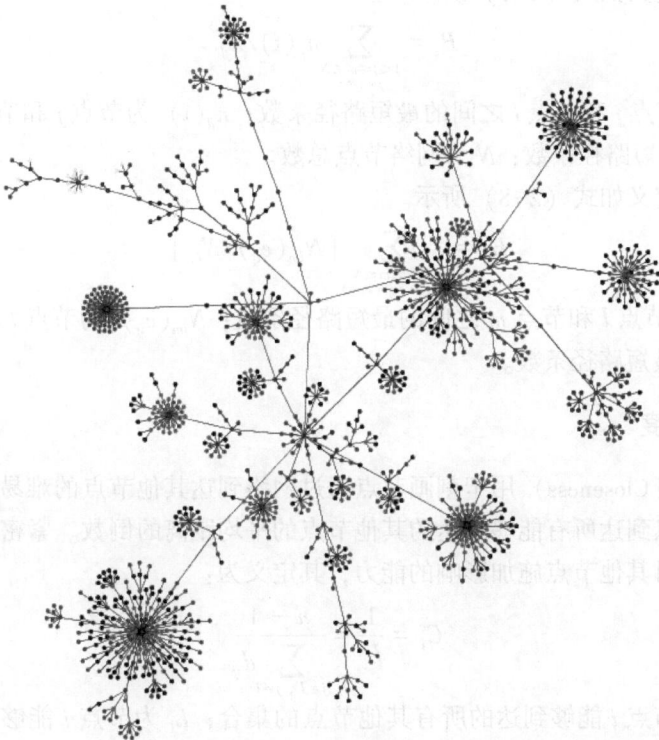

图 2-2　无标度特性

n-Cliques 方法是基于可达性的凝聚子群分析方法。令 $d(i, j)$ 代表两点 n_i 和 n_j 在网络总图中的捷径距离，则如果网络中一个子图满足如下条件，就称其为 n-派系：在该子图中，任何两点之间在总图中的捷径距离 $d(i, j)$ 不大于 n。n 越小，条件越苛刻，能发现的 n-Cliques 凝聚子群越少。

k-Plex 方法是基于度数的凝聚子群分析方法。k-Plex 凝聚子群中每个节点至少与除了 k 个节点之外的其他点直接相连，即假设凝聚子群规模为 n，只有当子群中任何点的度数都不小于 $n-k$ 时，该子群才称为 k-Plex 凝聚子群。因此，k 值越小，n 值越大，条件越苛刻，能发现 k-Plex 凝聚子群越少。

2.2.4　介数

社会网络中，有些节点虽然度很小，但其可能是两个社团之间的联络人，如果去掉这些节点，将导致社团之间联络的中断。介数（Betweenness）是用于衡量网络中节点中介能力的指标。介数分为点介数和边介数。点介数即为网络中经过某个节点的最短路径的数目占网络中所有最短路径数的比例。边介数为网络中经过某条边的最短路径的数目占网络中所有最短路径数的比例。

点介数定义如式（2-7）所示。

$$B_i = \sum_{\substack{1 \leqslant l \leqslant m \leqslant N \\ j \neq i \neq l}} n_{jl}(i)/n_{jl} \tag{2-7}$$

式中，n_{jl} 为节点 j 和节点 l 之间的最短路径条数；$n_{jl}(i)$ 为节点 j 和节点 l 之间经过节点 i 的最短路径条数；N 为网络节点总数。

边介数定义如式（2-8）所示。

$$\tilde{B}_{ij} = \sum_{\substack{1 \leqslant l \leqslant m \leqslant N \\ (l,\ m) \neq (i,\ j)}} \left[N_{lm}(e_{ij})/N_{lm} \right] \tag{2-8}$$

式中，N_{lm} 为节点 l 和节点 m 之间的最短路径条数；$N_{lm}(e_{ij})$ 为节点 l 和节点 m 之间经过 e_{ij} 的最短路径条数。

2.2.5　紧密度

紧密度（Closeness）用于刻画节点通过网络到达其他节点的难易程度，其值定义为该节点到达所有能够到达的其他节点的平均距离的倒数。紧密度反映了节点通过网络对其他节点施加影响的能力，其定义为：

$$C_i^c = \frac{1}{L_i} = \frac{n-1}{\sum\limits_{j \in \Gamma,\ j \neq i} d_{ij}} \tag{2-9}$$

式中，Γ 为节点 i 能够到达的所有其他节点的集合；L_i 为节点 i 能够到达的所有其他节点的平均距离。

2.2.6　中心性

中心性（Centrality）反映了网络中各节点的相对重要性。节点和网络中心性的通常有度中心性、介数中心性、接近度中心性和特征向量中心性。

2.2.6.1　度中心性

度中心性（Degreecentrality）可分为节点中心性（Node Centrality）及网络中心性（Graph Centrality）。点中心性是指节点在其与之直接相连的邻居节点当中的中心程度，网络中心性表征整个网络的集中或集权程度，即整个网络围绕一个节点或一组节点来组织运行的程度。

节点 i 的度中心性定义为其度 k_i 除以最大可能的度 （N-1），其计算公式为：

$$C_D(v_i) = k_i / (N - 1) \tag{2-10}$$

该中心性定义也可以推广到整个网络。网络节点度中心性整体差异定义为度中心性最大的节点 v_{max} 的节点中心性 $C_D(v_{max})$ 与其他节点 v_i 的节点中心性 $C_D(v_i)$ 的差值之和。当网络为星形网络时，某个节点和所有其他节点相连而其他节点之间没有任何连接，此时网络节点度中心性整体差异达到最大，其值为 N-2。因此，网络中心性定义为可表示为实际网络节点度中心性差异与最大可能的网络节点度中心性差异之比，计算公式如下：

$$C_D = \frac{\sum_{i=1}^{N} \left[C_D(v_{max}) - C_D(v_i) \right]}{N - 2} \tag{2-11}$$

式中，$C_D(v_{max})$ 表示网络中度中心性最大的节点 v_{max} 的节点中心性；$C_D(v_i)$ 表示节点 v_i 的节点中心性。

2.2.6.2 介数中心性

类似于节点的度中心性，节点的介数中心性（Betweenness Centrality）定义为节点介数与最大可能的介数之比，对于无向网络，最大可能介数为 （N-1）（N-2)/2。节点 v_i 的介数为 B_i，其介数中心性可定义如下。

$$C_B(v_i) = 2B_i / \left[(N - 2)(N - 1) \right] \tag{2-12}$$

该中心性定义也可以推广到整个网络。网络介数中心性整体差异定义为节点的介数中心性最大的节点 v_{max} 的节点介数中心性 $C_B(v_{max})$ 与其他节点 v_i 的节点介数中心性 $C_B(v_i)$ 的差值之和。当网络为星形网络时，某个节点和所有其他节点相连而其他节点之间没有任何连接，此时网络节点介数中心性整体差异达到最大，其值为 N-1。因此，网络介数中心性定义为可表示为实际网络节点介数中心性差异与最大可能的网络节点介数中心性差异之比，计算公式如下：

$$C_B = \frac{\sum_{i=1}^{N} \left[C_B(v_{max}) - C_B(v_i) \right]}{N - 1} \tag{2-13}$$

2.2.6.3 接近度中心性

节点的接近度（Closeness）反映了节点在网络中居于中心的程度，节点的接近度越大，表明节点越居于网络的中心，它在网络中就越重要。对于连通无向图而言，节点的接近度中心性（Closeness Centrality）表示节点 v_i 到其他所有节点最短路径之和的倒数乘以其他节点个数，计算公式如下。

$$C_C(v_i) = \frac{N-1}{\displaystyle\sum_{j=1,\ j\neq i}^{N} d_{ij}} \qquad (2\text{-}14)$$

假设网络中拥有最大接近度中心性的节点为 v_{max}，当网络为星形网络时，某个节点和所有其他节点相连而其他节点之间没有任何连接，网络节点接近度中心性整体差异达到最大，则对于连通网络，其网络接近度中心性定义为可表示为实际网络节点接近度中心性差异与最大可能的网络节点接近度中心性差异之比，计算公式如下：

$$C_C = \frac{2N-3}{(N-1)(N-2)} \sum_{i=1}^{N} \left[C_C(v_{max}) - C_C(v_i) \right] \qquad (2\text{-}15)$$

2.2.6.4　特征向量中心性

特征向量中心性（Eigenvector Centrality）为节点相对得分，同等连接的情况下，对某个连到高分值邻居节点的连接比连到低分值邻居节点的连接对节点分值贡献大。

特征向量中心性可通过邻接矩阵 A 定义。对于节点 v_i，其中心性分值 x_i 正比于连到它的所有节点的中心性分值的总和：

$$x_i = \frac{1}{\lambda} \sum_{j=1}^{N} a_{ij} x_j \qquad (2\text{-}16)$$

式中，N 为节点总数；λ 为常数。

2.2.6.5　网络密度

网络密度（Density）是指网络中节点之间联络的紧密程度。网络节点之间的连线越多，网络密度就越大。网络密度的取值范围为 [0, 1]，当网络内部完全连通时，网络密度为1，实际网络密度通常远小于1。

对于无向网络来说，网络密度等于网络实际连线数与最多可能存在的连接数之比来表示，其计算公式为：

$$d(G) = \frac{2M}{[N(N-1)]} \qquad (2\text{-}17)$$

式中，M 为网络中实际连接数；N 为网络节点数。

2.2.7　PageRank 值

PageRank，即网页排名，它将网页链接视为投票过程，当某网页被越多的其他网页链接到时，该网页越重要，其 PageRank 值越高。网页 PageRank 值大小不仅取决于链接到该网页的其他网页的数量，也取决于链接到该网页的其他网页本身的 PageRank 值。

PageRank 值计算公式可表示为：

$$x_k = \sum_{i=1}^{N} a_{ik} x_i = (1-d) + d \sum_{i:\ b_{ik}=1} \frac{x_i}{r_i} \tag{2-18}$$

式中，x_i 为网页 i 的 PageRank 值，假设它链出的页面有 r_i 个，则网页 i 的 PageRank 值将被拆分为 r_i 份，分别投票给它链出的网页；x_k 为网页 k 的 PageRank 值，即网络中所有页面"投票"给网页 k 的最终值。

2.2.8 连通度

连通图 G 的连通程度通常称为连通度（Connectivity）。图连通度越好，其代表的网络越稳定。连通度分为点连通度和边连通度两种。

点连通度就是使连通图 G 不连通或成为平凡图所必须删除的最少节点个数，其定义为：

$$\kappa(G) = \min_{S \subset V}\{|S|,\ \omega(G-S) \geqslant 2 \text{ 或 } G-S \text{ 为平凡图}\} \tag{2-19}$$

式中，V 是图 G 的节点集合；S 为 V 的真子集；$\omega(G-S)$ 表示从图 G 中删除点集 S 后得到的子图 $G-S$ 的连通分支数；$G-S$ 是指删除 S 中每一个节点以及图 G 中与之关联的所有边。

边连通度是使得连通图 G 不连通所必须删除的最少边数，其定义为：

$$\lambda(G) = \min_{T \subset E}\{|T|,\ \omega(G-S) \geqslant 2\} \tag{2-20}$$

式中，E 是图 G 的边集合；T 为 E 的真子集；$\omega(G-S)$ 表示从图 G 中删除边集 T 后得到的子图 $G-T$ 的连通分支数；$G-T$ 是指删除 T 中每一条边，而 G 中所有节点全部保留下来。

2.3 社会网络模型

真实网络所表现出来的小世界特性、无标度幂律分布或高聚集度等现象促使人们从理论上构造出多样的网络模型，以解释这些统计特性，探索形成这些网络的演化机制。本节介绍几个经典网络模型的原理和构造方法，包括规则网络模型、随机网络模型、无标度网络模型和小世界模型[11,12]。

2.3.1 规则网络模型

规则网络（Regular Network）是最简单的网络模型。一般来说，规则网络中任意两个节点之间的联系遵循既定的规则，通常每个节点的近邻数目都相同，如图 2-3 和图 2-4 所示。规则网络的研究已经建立了比较完善的理论框架。常见的具有规则拓扑结构的网络包括完全图、星状图、邻近节点连接图和树等。完全图也称全局耦合网络，星状图也称星型耦合网络，邻近节点连接图也称最近邻耦合网络。除了星状网络和树，规则网络的普遍特征是具有平移对称性，每个节点的度和集聚系数相同。大多数规则网络表现出较大的平均距离长度和集聚系数，无法反映现实中结构的异质性及动态增长性。

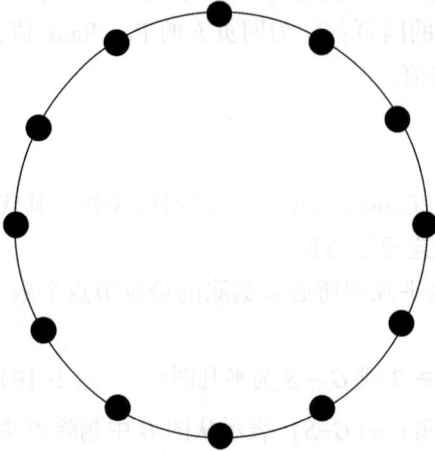

图 2-3　规则网络　　　　　　　　　图 2-4　星形网络

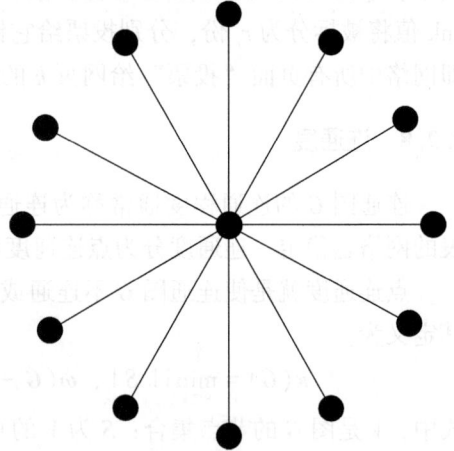

2.3.2　随机网络模型

随机网络模型也称为 ER 网络模型，由匈牙利数学家 Erdos 和 Renyi 于 1959 年提出。ER 网络模型是节点机会均等模型，网络中任意一个节点连接到其他节点的概率相等，绝大部分节点的连接数目会大致相同（图 2-5）。因此，随机网络模型节点度大多集中在平均度附近，度值比平均数高许多或低许多的节点都十分罕见。因为节点连接到 k 个其他节点的概率会随着 k 值的增大而呈指数递减，故随机网络节点连接概率 $p(k)$ 服从钟形的泊松（Poisson）分布，如图 2-1（a）所示。

2.3.3　无标度网络模型

无标度网络模型由 Barabasi 和 Albert 于 1999 年研究网页链接时提出。无标度网络模型认为，社会网络中节点间连接概率并不平等，网络节点增长过程中，存在"择优连接"现象，最终导致网络中少数集散节点拥有大量连接的，而大多数节点拥有较少连接，节点连接数服从幂律分布（图 2-1（b）和图 2-6）。从互联网到人际关系，从食物链到代谢系统，处处可以看到无尺度网络。社会财富分配中的"马太效应（Matthew Effect）"或"富者更富（The Rich Get Richer）"现象也可以使用无标度模型描述和揭示。

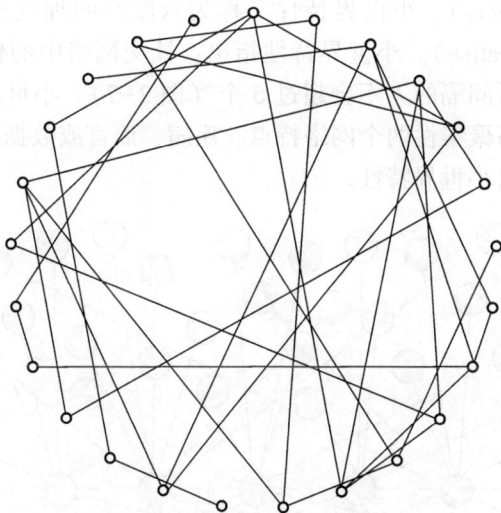

图 2-5 随机网络示意图

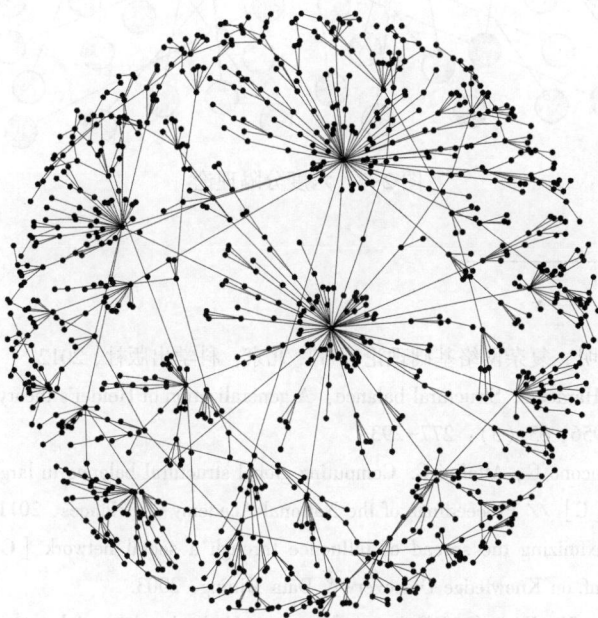

图 2-6 无标度网络示意图

2.3.4 小世界网络模型

1998 年，Watts 和 Strogatz 引入了一个介于规则网络和完全随机网络之间的单参数小世界网络模型，称为 WS 小世界模型，据此引申出社会网络的小世界特性（Small World Theory）。小世界特性又称为六度空间理论或者六度分割理论（Six Degrees of Separation）。小世界特性指出：社交网络中的任何一个成员和任何一个陌生人之间所间隔的人不会超过6个（图2-7）。小世界网络往往体现出平均路径长度小和高聚集性两个网络特点。疾病、谣言或数据在网络中的传播或传输问题往往表现出小世界特性。

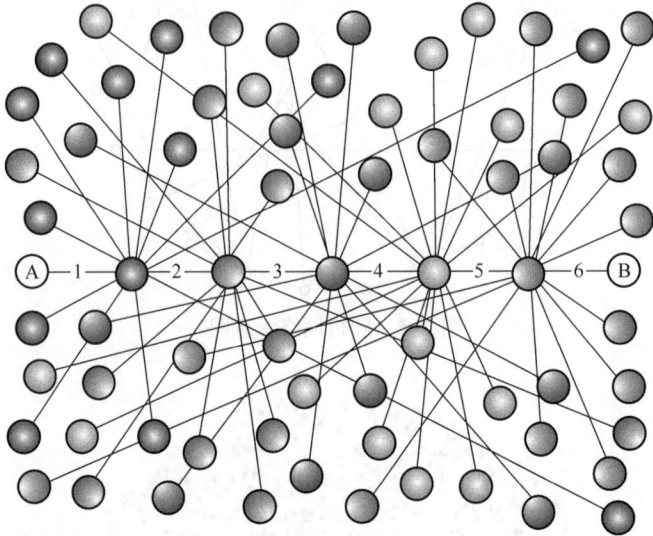

图 2-7　六度分隔理论

参 考 文 献

［1］郭世泽, 陆哲明. 复杂网络基础理论［M］. 北京：科学出版社, 2012.

［2］Cartwright D, Harary F. Structural balance：A generalization of Heider's theory［J］. Psychological Review, 1956, 63（5）：277-293.

［3］Facchetti G, Iacono G, Altafini C. Computing global structural balance in large-scale signed social networks［C］// Proceedings of the National Academy of Sciences, 2011.

［4］Kempe D. Maximizing the spread of influence through a social network［C］//Proc. of Acm Sigkdd Intl Conf. on Knowledge Discovery & Data Mining, 2003.

［5］Chen W, Wang Y, Yang S. Efficient influence maximization in social networks［C］// Acm Sigkdd International Conference on Knowledge Discovery & Data Mining. ACM, 2009.

［6］刘军. 社会网络分析导论［M］. 北京：社会科学文献出版社, 2004.

［7］高湘昀, 安海忠, 刘红红, 等. 原油期货与现货价格联动性的复杂网络拓扑性质［J］. 物理学报, 2011, 60（6）：843-852.

［8］陈卫东, 徐华, 郭琦. 国际石油价格复杂网络的动力学拓扑性质［J］. 物理学报, 2010, 59（7）：4514-4523.

[9] Newman M, Girvan M. Finding and evaluating community structure in networks [J]. 2004, 69 (2): 1-15.

[10] 廖小琴, 刘虹, 孙建军. 链接网络与核心节点评价指标研究综述 [J]. 情报杂志, 2012, 31 (5): 166-171.

[11] 周磊, 龚志强, 支蓉, 等. 基于复杂网络研究中国温度变化的区域特征 [J]. 物理学报, 2009, 58 (10): 7351-7358.

[12] 孙玺菁, 司守奎. 复杂网络算法与应用 [M]. 北京: 国防工业出版社, 2015.

3　基于人工神经网络模型的敏感度分析

3.1　神经网络理论

3.1.1　BP 神经网络

BP（Back Propagation）神经网络是 Rumelhart 和 Mc Celland 在 1986 年提出的多层前馈网络，是目前应用最广泛的神经网络模型之一。它能够自我学习、自我组织，拟合任意非线性函数。训练过程中，BP 神经网络以预测误差平方和最小为目标，误差反向传播，按照梯度下降的方式不断调整网络权值和阈值，不断逼近期望输出值[1]。

3.1.1.1　BP 神经网络函数

BP 神经网络也称前馈神经网，是前向网络的核心部分，体现了人工神经网络最精华的部分，在实际应用中，80%~90%的人工神经网络模型采用 BP 算法，目前主要应用于函数逼近、模式识别、分类和数据压缩或数据挖掘。

神经网络包含一组节点（神经元）和边，这组节点和边形成一个网络，如图 3-1 所示。

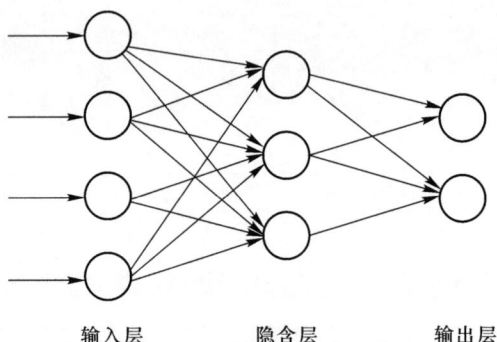

输入层　　　　　隐含层　　　　　输出层
图 3-1　神经网络结构

节点的类型有三种：输入、隐含和输出。每条边都通过一个相关联的权值来连接两个节点。边的方向代表预测过程中的数据流，每个节点都是一个处理单元。输入节点形成网络的第一层。在大多数神经网络中，每个输入节点都被映射到一个输入属性。输入属性最初的值在处理之前必须被转换为相同范围（通常在 -1~1 之间）的浮点数。

隐含节点是在中间层中的节点。隐含节点从输入层或前面的隐含层中的节点上接收输入。它基于相关边的权值来组合所有的输入，处理一些计算，然后将处理的结果传给下一层。

输出节点通常为可预测的属性。输出节点的结果通常是 0~1 之间的浮点数。

用于神经网络的预测是简单易懂的，输入事例的属性值被规范化，接着被映射到输入层的神经元。然后，每个隐含层的节点会处理输入，触发一个输出到后面的层中。最后，输出神经元开始处理和生成一个输出值。该值被映射到最初的范围或最初的类别中[2]。

3.1.1.2 BP 神经网络函数

神经网络的结构中包含的函数有输入组合函数、输出计算函数（激活函数）和误差函数。输入组合函数将输入值组合到单个值中。存在不同的方法来组合输入值，如加权和、平均值、最大逻辑 OR 以及逻辑 AND。常见的描述非线性行为激活函数有 sigmoid 和 tanh 函数。sigmoid 和 tanh 函数定义如下：

$$\text{sigmoid：} O = 1/1 + e^a$$
$$\text{tanh：} O = (e^a - e^{-a})/(e^a + e^{-a}) \tag{3-1}$$

常见误差函数有：参差平方（Squared Residual）（预测值和实际值之间的差值的平方）或者用于二值分类的阈值（如果输出和实际值之间的差值小于 0.5，则误差是 0；否则，误差是 1）。

$$E_p = (1/2) \sum_i (t_{pi} - o_{pi})^2 \tag{3-2}$$

式中，t_{pi}、o_{pi} 分别为期望输出与计算输出；p 为第 p 个样本的数据。

3.1.1.3 BP 网络学习过程

计算输出层神经元误差：

$$\text{Err}_i = O_i(1 - O_i)(T_i - O_i) \tag{3-3}$$

式中，O_i 为输出神经元 i 的输出；T_i 为训练样例的该神经元的实际值。

计算隐含层神经元误差：

$$\text{Err}_i = O_i(1 - O_i) \sum_{j=1}^n \text{Err}_j w_{ij} \tag{3-4}$$

式中，O_i 是隐含神经元 i 的输出，该神经元有 n 个到下一层的输出；Err_j 是神经元 j 的误差；w_{ij} 是这两个神经元之间的权值。

调整网络权值：

$$w_{ij} = w_{ij} + L \cdot \text{Err}_j \cdot O_i \tag{3-5}$$

式中，L 是 0~1 范围中的一个数，称为学习速度。如果 L 小，则每次迭代后权值上的变化也小，学习速度慢，L 的值通常在训练过程中会减少。

3.1.2　SOM 神经网络

SOM 神经网络由芬兰学者 Teuvo Kohonen 于 1981 年提出，所以也称为 Kohonen 网络，这是一种由全连接神经元阵列组成的无监督神经网络模型，具有无指导、自组织、自学习等特征。训练过程中，SOM 神经网络将任意维输入模式映射到竞争层不同的神经元，以获胜神经元为圆心，使用某个"近邻函数"不断更新权值向量，激励近邻神经元，抑制远邻神经元，最终使得相似模式的输入样本总能激活物理位置上邻近神经元。SOM 神经网络模型不仅可以识别不同输入模式的分布特征，还可以识别不同输入模式的拓扑结构[3-6]。

典型的 SOM 网模型由输入层和竞争层（映射层）两部分组成。输入层与竞争层各神经元之间全连接，输入层神经元负责接收外界信息，通过权值向量将数据汇集映射到输出层各神经元，如图 3-2 所示。

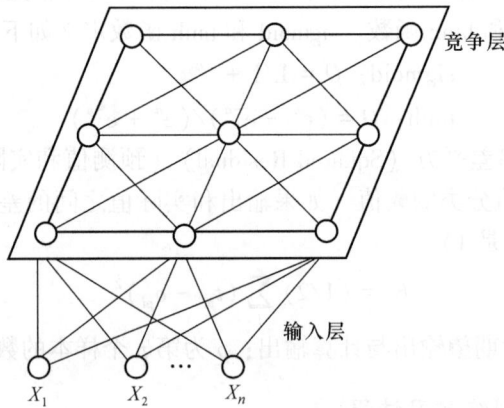

图 3-2　二维阵列 SOM 神经网络模型

SOM 网络模型一般包括处理单元阵列、比较选择机制、局部互联作用和自适应过程等 4 个部分。SOM 网络模型学习过程中，处理单元阵列接受外界输入，形成"判断函数"，选择"判断函数"输出值最大的处理单元作为优胜单元，同时激励优胜处理单元及其最邻近的处理单元，修正被激励的处理单元的参数，增加特定输入"判别函数"对应的输出值，最终使相似模式输入激活物理位置邻近的处理单元。

SOM 神经网络计算过程如下：

（1）初始化。设 w_{ij}（$i=1, 2, \cdots, N$；$j=1, 2, \cdots, M$）为输入层神经元 i 和映射层神经元 j 的权值，用 [0, 1] 区间内随机数对 w_{ij} 赋初始值。同时，设定

学习率 $\eta(t)$ 的初始值 $\eta(0)$ $(0<\eta(0)<1)$。

（2）输入训练样本。将输入向量 $\boldsymbol{X} = (x_1, x_2, \cdots, x_m)^{\mathrm{T}}$ 输入到输入层。

（3）寻找网络获胜节点。在映射层，计算映射层权值向量和输入向量的欧氏距离，映射层的第 j 个神经元和输入向量的距离、计算公式如下：

$$d_j = \| \boldsymbol{X} - \boldsymbol{W}_j \| = \sqrt{\sum_{i=1}^{m} \left[x_i(t) - w_{ij}(t) \right]^2} \qquad (3-6)$$

式中，具有最小距离 $d_k = \min\limits_{j} (d_j)$ 的神经元 k 为胜出神经元，记为 k^*。

（4）定义优胜邻域。获胜神经元 k^* 的临近神经元集合称为优胜邻域 $S_k(t)$，区域 $S_k(t)$ 随着迭代次数的增加而不断缩小。

（5）调整网络权值。修正输出神经元 k^* 及其"邻接神经元"的权值，公式如下：

$$w_{ik}(t+1) = w_{ik}(t) + \eta(t) \left[w_k(t) - w_{ik}(t) \right] \qquad (3-7)$$

式中，η 为介于 0~1 的常数，随着时间变化逐渐下降到 0，一般取 $\eta(t) = 1/t$ 或 $\eta(t) = 0.2 \times (1-t/10000)$。

（6）输入新样本重复上述学习过程，直到学习速率 $\eta(t)$ 衰减到 0 或某个预定的正小数为止。

3.1.3 GRNN 神经网络

3.1.3.1 GRNN 理论基础

广义回归神经网络的理论基础是非线性回归分析，非独立变量 Y 相对于独立变量 x 的回归分析实际上是计算具有最大概率值的 y。设随机变量 x 和随机变量 y 的联合概率密度函数为 $f(x, y)$，已知 x 的观测值为 $\boldsymbol{X}$，则 y 相对于 $\boldsymbol{X}$ 的回归，也即条件均值为

$$\hat{Y} = E(y/\boldsymbol{X}) = \frac{\int_{-\infty}^{+\infty} y f(\boldsymbol{X}, y) \mathrm{d}y}{\int_{-\infty}^{+\infty} f(\boldsymbol{X}, y) \mathrm{d}y} \qquad (3-8)$$

式中，$\hat{Y}$ 为在输入为 $\boldsymbol{X}$ 的条件下 Y 的预测输出。

应用 Parzen 非参数估计，可由样本数据集 $\{x_i, y_i\}_{i=1}^{n}$ 估算密度函数 $\hat{f}(\boldsymbol{X}, y)$。

$$\hat{f}(\boldsymbol{X}, y) = \frac{1}{n(2\pi)^{\frac{p+1}{2}} \sigma^{p+1}} \sum_{i=1}^{n} \exp\left[-\frac{(\boldsymbol{X} - \boldsymbol{X}_i)^{\mathrm{T}}(\boldsymbol{X} - \boldsymbol{X}_i)}{2\sigma^2} \right] \exp\left[-\frac{(\boldsymbol{X} - \boldsymbol{Y}_i)^2}{2\sigma^2} \right]$$

$$(3-9)$$

式中，$\boldsymbol{X}_i$，$\boldsymbol{Y}_i$ 为随机变量 x 和 y 的样本观测值；n 为样本容量；p 为随机变量 x

的维数；σ 为高斯函数的宽度系数，在此称为光滑因子。

用 $\hat{f}(\boldsymbol{X}, y)$ 代替 $f(\boldsymbol{X}, y)$，代入式（3-8）并交换积分与加和的顺序，得：

$$\hat{Y} = \frac{\sum_{i=1}^{n} \exp\left[-\dfrac{(\boldsymbol{X}-\boldsymbol{X}_i)^{\mathrm{T}}(\boldsymbol{X}-\boldsymbol{X}_i)}{2\sigma^2}\right] \displaystyle\int_{-\infty}^{+\infty} y\exp\left[-\dfrac{(\boldsymbol{Y}-\boldsymbol{Y}_i)^2}{2\sigma^2}\right]\mathrm{d}y}{\sum_{i=1}^{n} \exp\left[-\dfrac{(\boldsymbol{X}-\boldsymbol{X}_i)^{\mathrm{T}}(\boldsymbol{X}-\boldsymbol{X}_i)}{2\sigma^2}\right] \displaystyle\int_{-\infty}^{+\infty} \exp\left[-\dfrac{(\boldsymbol{Y}-\boldsymbol{Y}_i)^2}{2\sigma^2}\right]\mathrm{d}y} \tag{3-10}$$

由于 $\int_{-\infty}^{+\infty} z e^{-z^2} \mathrm{d}z = 0$，对两个积分进行计算后可得网络的输出 $\hat{Y}(\boldsymbol{X})$ 为

$$\hat{Y}(\boldsymbol{X}) = \frac{\sum_{i=1}^{n} Y_i \exp\left[-\dfrac{(\boldsymbol{X}-\boldsymbol{X}_i)^{\mathrm{T}}(\boldsymbol{X}-\boldsymbol{X}_i)}{2\sigma^2}\right]}{\sum_{i=1}^{n} \exp\left[-\dfrac{(\boldsymbol{X}-\boldsymbol{X}_i)^{\mathrm{T}}(\boldsymbol{X}-\boldsymbol{X}_i)}{2\sigma^2}\right]} \tag{3-11}$$

估计值 $\hat{Y}(\boldsymbol{X})$ 为所有样本观测值 $\boldsymbol{Y}_i$ 的加权平均，每个观测值 $\boldsymbol{Y}_i$ 的权重因子为相应的样本 $\boldsymbol{X}_i$ 与 $\boldsymbol{X}$ 之间 Euclid 距离平方的指数。当光滑因子 σ 非常大的时候，$\hat{Y}(\boldsymbol{X})$ 近似于所有样本因变量的均值；相反，当光滑因子 σ 趋向于 0 的时候，$\hat{Y}(\boldsymbol{X})$ 和训练样本非常接近，当需预测的点被包含在训练样本集中时，公式求出的因变量的预测值会和样本中对应的因变量非常接近，而一旦碰到样本中未能包含进去的点，有可能预测效果会非常差，这种现象说明网络的泛化能力差；当 σ 取值适中，求预测值 $\hat{Y}(\boldsymbol{X})$ 时，所有训练样本的因变量都被考虑了进去，与预测点距离近的样本点对应的因变量被加了更大的权重。

3.1.3.2　GRNN 网络结构

广义回归神经网络（Generalized Regression Neural Network，GRNN）是径向基神经网络的一种，在 1991 年由美国学者 Donald F. Specht 提出。GRNN 收敛于样本量积聚较多的优化回归面，有更强的非线性映射能力和逼近能力，非常适合解决非线性问题；同时 GRNN 只需要调整一个参数，有高度的容错性和更快的学习速度；GRNN 对不稳定数据和小样本数据适应性也较强。因此，GRNN 在信号过程、能源、结构分析、生物工程、金融领域、药物设计、教育产业、食品科学、控制决策系统等各个领域得到了广泛应用[7,8]。

与 RBF 网络相似，GRNN 网络结构由输入层、模式层、求和层和输出层组成，如图 3-3 所示。其中，$\boldsymbol{X} = [x_1, x_2, \cdots, x_n]^{\mathrm{T}}$ 为网络输入向量，$\boldsymbol{Y} = [y_1, y_2, \cdots, y_k]^{\mathrm{T}}$ 为网络输出向量。

（1）输入层：输入层（Input Layer）负责将学习样本传递给模式层，神经元简单分布，神经元数目等于输入向量维数。

（2）模式层：模式层（Pattern Layer）神经元与学习样本相对应，神经元数目与样本数目 n 相等。假设 $\boldsymbol{X}$ 为网络输入变量，$\boldsymbol{X}_i$ 为第 i 个神经元对应的学习样

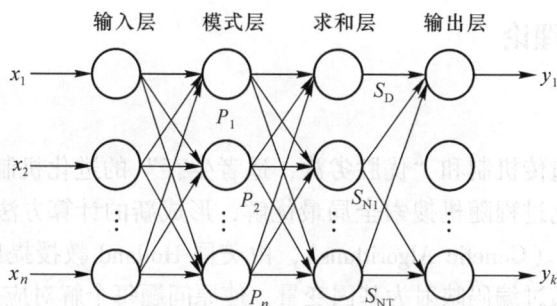

图 3-3 广义回归网络结构

本，则模式层神经元 i 的输出值等于输入变量 X 与学习样本 X_i 之间 Euclid 距离平方的指数平方，计算公式如下：

$$D_i^2 = (X - X_i)^T (X - X_i) \tag{3-12}$$

模式层神经元的传递函数为：

$$p_i = \exp\left[-\frac{(X - X_i)^T (X - X_i)}{2\sigma^2}\right], \qquad i = 1, 2, \cdots, n \tag{3-13}$$

（3）求和层：求和层（Summation Layer）神经元用于模式层神经元输出值的求和计算，分为算术求和及加权求和两种类型。算术求和神经元与模式层神经元之间的连接权值为 1，算术求和神经元 i 输出计算公式为：

$$s_i = \sum_{i=1}^{n} \exp\left[-\frac{(X - X_i)^T (X - X_i)}{2\sigma^2}\right] \tag{3-14}$$

传递函数为：

$$S_D = \sum_{i=1}^{n} P_i \tag{3-15}$$

在加权求和神经元中，第 i 个输出样本 Y_i 中的第 j 个元素为第 i 个模式层神经元与第 j 个求和层神经元的连接权值，加权求和神经元 i 输出计算公式为：

$$s_i = \sum_{i=1}^{n} Y_i \exp\left[-\frac{(X - X_i)^T (X - X_i)}{2\sigma^2}\right] \tag{3-16}$$

传递函数为：

$$S_{Nj} = \sum_{i=1}^{n} y_{ij} P_i, \qquad j = 1, 2, \cdots, k \tag{3-17}$$

（4）输出层：输出层（Output Layer）将求和层输出值相除得到本层神经元的输出值。输出层神经元与输出变量相对应，神经元数目等于输出变量维数 k。输出层神经元 j 的输出计算公式如下：

$$y_i = \frac{S_{Nj}}{S_D}, \qquad j = 1, 2, \cdots, k \tag{3-18}$$

3.2　优化算法理论

3.2.1　遗传算法

将生物界的遗传机制和"优胜劣汰，适者生存"的进化机制引入计算过程，通过模拟自然进化过程随机搜索全局最优解，形成新的计算方法就是遗传算法。遗传算法简称 GA（Genetic Algorithms），由美国 Holland 教授提出。遗传算法首先需要将解向量通过编码映射为基因变量，使原问题每个解对应一个由基因组成的染色体，初始化种群后，计算个体适应度函数值，适应度高的个体为优良个体，适应度低的个体为劣质个体，进而通过选择、交叉和变异操作保留优良个体，淘汰劣质个体，如此不断迭代循环，逐渐搜寻到最适应环境的个体种群，解码后得到问题最优解[9]。

个体的筛选和进化主要是通过选择、交叉和变异三个操作来完成的。选择操作（Selection）是计算个体适应度函数值，保留适应度值高的优良个体，淘汰适应度值低的劣质个体，完成个体筛选的过程。新的种群个体既继承了上一代的信息，又优于上一代。个体适应度函数计算公式如下：

$$f(X) = \frac{1}{\text{SE}} = \frac{1}{\text{sse}(\hat{T} - T)} = \frac{1}{\sum\limits_{i=1}^{n}(\hat{t}_i - t_i)^2} \tag{3-19}$$

式中，$\hat{T} = \{\hat{t}_1, \hat{t}_2, \cdots, \hat{t}_n\}$，为测试集的预测值；$T = \{t_1, t_2, \cdots, t_n\}$，为测试集的真实值；$n$ 为测试集的样本数。

交叉操作（Crossover）是模拟生物基因重组，选择同一种群中的两个个体，随机交换部分基因，形成两个新的个体的过程。交叉模拟过程如式（3-20）所示。

$$\begin{aligned} c_1 &= p_1 a + p_2(1-a) \\ c_2 &= p_1(1-a) + p_2 a \end{aligned} \tag{3-20}$$

式中，c_1，c_2 为交叉操作后得到的新个体；p_1，p_2 为随机选择的原种群配对个体；a 为随机生成的交叉概率值，取值在（0，1）区间。

变异操作（Mutation）是随机选择种群的个体，按照一定的变异概率，改变个体一个或多个基因值，以产生新个体的过程。变异操作可维持生物个体的多样性，防止未成熟收敛。变异操作过程如图 3-4 所示。

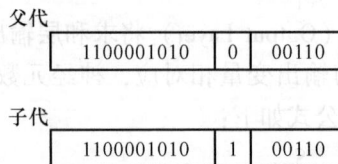

父代

| 1100001010 | 0 | 00110 |

子代

| 1100001010 | 1 | 00110 |

图 3-4　单点变异算子操作示意图

3.2.2 粒子群算法

粒子群优化算法（Particle Swarm Optimization，PSO）是计算智能领域除了蚁群算法、鱼群算法之外的一种群体智能优化算法，该算法最早由 Kennedy 和 Eberhart 在 1995 年提出。PSO 算法源于对鸟类捕食行为的研究，鸟类捕食时，每只鸟找到食物最简单有效的方法就是搜寻当前距离食物最近的鸟的周围区域。PSO 算法是从这种生物种群行为特征中得到启发并用于求解优化问题的，算法中每个粒子代表问题的一个潜在解，每个粒子对应一个适应度函数决定的适应度值。粒子的速度决定了粒子移动的方向和距离，速度随着自身及其他粒子的移动经验进行动态调整，从而实现个体在可解空间中的寻优。

PSO 算法首先在可解空间中初始化一群粒子，每个粒子代表极值优化问题的一个潜在最优解，用位置、速度和适应度值三项指标表示粒子特征，适应度值由适应度函数计算得到，值的好坏表示粒子的优劣。粒子在解空间中运动，通过跟踪个体极值 Pbest 和群体极值 Gbest 更新个体位置；个体极值 Pbest 是指个体所经历位置中计算得到的适应度值最优的位置，群体极值 Gbest 是指种群中所有粒子搜索到的适应度值最优的位置。粒子每更新一次位置，就计算一次适应度值，并且通过比较新粒子的适应度值和个体极值、群体极值的适应度值更新个体极值 Pbest 和群体极值 Gbest 位置[9]。

假设在一个 D 维搜索空间中，有 n 个粒子组成的种群 $X = (X_1, X_2, \cdots, X_n)$，其中第 i 个粒子表示为一个 D 维向量 $X_i = [x_{i1}, x_{i2}, \cdots, x_{iD}]^T$，代表第 i 个粒子在 D 维搜索空间中的位置，及问题的一个潜在解。根据目标函数即可计算出每个粒子位置 X_i 对应的适应度值。第 i 个粒子的速度为 $V_i = [V_{i1}, V_{i2}, \cdots, V_{iD}]^T$，个体极值为 $P_i = [P_{i1}, P_{i2}, \cdots, P_{iD}]^T$，种群的全局极值为 $P_g = [P_{g1}, P_{g2}, \cdots, P_{gD}]^T$。

在每一次迭代过程中，粒子通过个体极值和全局极值更新自身的速度和位置，更新公式如下：

$$V_{id}^{k+1} = \omega V_{id}^k + c_1 r_1 (P_{id}^k - X_{id}^k) + c_2 r_2 (P_{gd}^k - X_{gd}^k) \tag{3-21}$$

$$X_{id}^{k+1} = X_{id}^k + V_{id}^{k+1} \tag{3-22}$$

式中，ω 为惯性权重；$d = 1, 2, \cdots, D$；$i = 1, 2, \cdots, n$；k 为当前迭代次数；V_{id} 为粒子速度；c_1 和 c_2 为非负常数，为加速度因子；r_1 和 r_2 为分布于 $[0, 1]$ 之间的随机数。为防止粒子的盲目搜索，一般建议将其位置和速度限制在一定的区间 $[-X_{max}, X_{max}]$、$[-V_{max}, V_{max}]$。

3.2.3 思维进化算法

思维进化算法（Mind Evolutionary Algorithm，MEA）是模拟思维进化过程的

一种进化算法，由我国学者孙承意等人于 1998 年提出。思维进化算法克服了遗传算法计算时间过长和计算结果不可知的问题，思维进化算法在识别非折叠目标时具有很好的效果和准确率，且在部分特征点丢失的情况下，仍然能最大限度地保留匹配准确的特征点，对于干扰具有极强的鲁棒性[9,10]。思维进化算法沿袭了遗传算法"群体""个体""环境"等一些基本概念，但同时也加入了一些新的概念。

3.2.3.1　群体和子群体

MEA 是一种通过迭代进行优化的学习方法，进化过程的每一代中所有个体的集合成为一个群体。一个群体分为若干个子群体。子群体包括两类：优胜子群体（Superior Group）和临时子群体（Temporary Group）。优胜子群体记录全局竞争中的优胜者的信息，临时子群体记录全局竞争的过程。

3.2.3.2　公告板

公告板相当于一个信息平台，为个体之间的子群体之间的信息交流提供机会。公告板记录 3 个有效的信息：个体或子群体序号、动作（Action）和得分（Score）。利用个体或子群体的序号，可以方便地区分不同个体或子群体；动作的描述根据研究领域的不同而不同，对于参数优化问题，动作用于记录个体和子群体具体位置；得分是环境对个体动作的评价，在利用思维进化算法优化过程中，只有时刻记录每个个体和子群体的得分，才能快速找到优化的个体和群体。子群休内的个休在局部公告板（Local Billboard）张贴各自的信息，全局公告板（Global Billboard）张贴各子群体信息。

3.2.3.3　趋同

趋同（Similartaxis）有两个定义：
定义 1　在子群体范围内，个体为成为胜者而竞争的过程称为趋同。
定义 2　一个子群体趋同过程中，若不产生新的胜者，则称该子群体已经成熟。当子群体成熟时，该子群体趋同过程结束。子群体从诞生到成熟的期间称为生命期。

3.2.3.4　异化

在整个解空间中，各子群体为成为胜者而竞争，不断探测新的解空间点，这个过程称为异化（Dissimilation）。
异化有两个定义：各子群体进行全局竞争，若一个临时子群体的得分高于某个成熟的优胜子群体的得分，则该优胜子群体被获胜的临时子群体替代，原优胜子群体的个体被释放；若一个成熟的临时子群体的得分低于任意一个优胜子群体的得分，则该临时子群体被废弃，其中的个体被释放；被释放的个体在全局范围内重新进行搜索并形成新的临时群体。

思维进化算法基本思路如下：

（1）在解空间内随机生成一定规模的个体，根据得分（对应于遗传算法中的适应度函数值，表征个体对环境的适应能力）搜索出得分最高的若干个优胜个体和临时个体。

（2）分别以这些优胜个体和临时个体为中心，在每个个体的周围产生一些新的个体，从而得到若干个优胜子群体和临时子群体。

（3）在各个子群体内部执行趋同操作，直至该子群体成熟，并以子群体中最优个体（即中心）的得分作为该子群体的得分。

（4）子群体成熟后，将各个子群体的得分在全局公告板上张贴，子群体之间执行异化操作，完成优胜子群体和临时子群体间的替换、废弃、子群体中个体释放的过程，从而计算全局最优个体及其得分。

值得一提的是，异化操作完成后，需要在解空间内产生新的临时子群体，以保证临时子群体的个数保持不变。

与遗传算法相比，思维进化算法具有许多自身的优点：

（1）把群体划分为优胜子群体和临时子群体，在此基础上对定义的趋同操作和异化操作分别进行探测和开发，这两种功能相互协调且保持一定的独立性，便于分别提高效率，任一方面的改进都对提高算法的整体搜索效率有利。

（2）MEA 可以记忆不止一代的进化信息，这些信息可以指导趋同与异化向着有利的方向进行。

（3）结构上固有的并行性。

（4）遗传算法中的交叉与变异算子均具有双重性，既可能产生好的基因，可也能破坏原有的基因，而 MEA 中的驱同和异化操作可以避免这个问题。

3.3 敏感度分析

3.3.1 敏感度分析的定义与分类

敏感性分析（Sensitivity Analysis）也称灵敏度分析，是一种定量描述模型输入变量对输出变量的重要性程度的方法，其基本原理为定量化研究每个输入变量在取值范围内变动导致的对输出变量的影响程度，该影响程度的大小一般称为该属性的敏感性系数。敏感性系数越大，说明该输入变量对输出变量的影响越大。实际应用中，研究者们可以去掉敏感性系数小的输入变量，保留敏感性系数大的变量，从而对数据变量进行降维，降低模型复杂度，提高模型精度，也可通过对敏感性系数进行排序，量化各输入变量对输出变量的影响大小。

根据作用范围，敏感性分析可以分为局部敏感性分析和全局敏感性分析。只检验单个输入变量对输出变量的影响程度为局部敏感性分析；检验多个输入变量和变量之间的相互作用对输出变量的总影响称为全局敏感性分析。局部敏感性分析计算简单快捷，可操作性强，实际应用最广泛。

根据建模方法的不同，敏感性分析方法也可以分为有模型的敏感性分析和无模型的敏感性分析。若十分清楚待分析问题的内部机理，可以使用准确的模型表达，则可直接进行敏感度分析，但生活中的大多数，待分析问题的内部机理不清楚，无法准确建模。早期研究中，研究者们借助数理统计知识建立模型，如多元线性回归方程等[12-18]；但当输入变量过多或者输入属性和输出属性是非线性关系时，数理统计方法建立的模型往往预测精度较差，模型拟合结果不理想，因此，敏感度分析统计学模型逐渐被人工神经网络模型替代。人工神经网络模型不需要先验知识的辅助，只需输入变量和输出变量数据，其使用大量简单的人工神经元模拟数据间的非线性关系，能够自适应调节神经元之间的连接权重，因此，其对非线性关系的拟合能力更强，预测精度更高。许多研究者在基于神经网络模型的敏感度分析方面作出了杰出的贡献[19-21]。

3.3.2 基于人工神经网络的敏感性分析

基于人工神经网络的局部敏感性分析一般可分为基于连接权的敏感性分析方法、基于输入变量扰动的敏感性分析方法、基于输出变量对输入变量的偏导的敏感性分析方法和与统计方法结合的敏感性分析方法等几种。

人工神经网络具有众多优点，且已经广泛应用于很多领域，但其训练结果为一组神经元权值，并未获得输出变量关于输入变量的明确清晰的数值函数关系，因此，对人工神经网络训练结果的"黑匣子"的解读和解释是其亟待解决的问题。平均影响值（Mean Impact Value，MIV）由 Dombi 等人提出，被认为是神经网络评价变量相关性最好的指标之一。使用人工神经网络模型计算变量 MIV 值的过程为：首先使用原始数据训练一个人工神经网络模型，模型通过准确性验证测试后，将自变量原值分别增减10%，其他自变量原值保持不变，形成两个新的样本 P_1 和 P_2，然后将新样本输入人工神经网络模型仿真测试，得到两个仿真预测结果 A_1 和 A_2，A_1 和 A_2 的差值即为变动该变量对因变量的影响变化值（Impact Value，IV），将影响变化值（IV）按输入样本数平均，即为该变量的 MIV 值。可见，MIV 值可以用来衡量自变量对因变量影响程度的大小，其符号表示自变量对因变量的相关方向，绝对值表示自变量对因变量的重要程度[22]。

因此，可以通过人工神经网络模型计算输入变量有关输出变量的 MIV 值，实现敏感度分析，评估各输入变量对于输出变量的影响大小和影响方向。

参 考 文 献

[1] Tang Zhaohui, Jamie MacLennan. 数据挖掘原理与应用 [M]. 邝祝芳，等译. 北京：清华大学出版社，2007.

[2] 蔡云，张靖妤. 基于 BP 神经网络优化算法的工业企业经济效益评估 [J]. 统计与对策，2012（10）：63-65.

[3] 刘林，喻国平. 基于自组织特征映射（SOM）网络对潜在客户的挖掘 [J]. 南昌大学学报（理科版），2006，30（5）：507-509.

[4] 周杜辉，李同昇. 基于 FA-SOM 神经网络的农业技术水平省际差异研究 [J]. 科技进步与对策，2011（3）：117-121.

[5] 雷璐宁，石为人，范敏. 基于改进的 SOM 神经网络在水质评价分析中的应用 [J]. 仪器仪表学报，2009，30（11）：2379-2383.

[6] 李鸿志. 提高密度泛函理论计算 Y-NO 体系均裂能精度：神经网络和支持向量机方法 [D]. 长春：东北师范大学，2011：30-32.

[7] 叶姮，李贵才，李莉，等. 国家级新区功能定位及发展建议——基于 GRNN 潜力评价方法 [J]. 经济地理，2015，35（2）：92-99.

[8] 覃光华，宋克超，周泽江，等. 基于 WA-GRNN 模型的年径流预测 [J]. 四川大学学报（工程科学版），2013，45（6）：39-46.

[9] 王小川，史峰，郁磊，等. Matlab 神经网络 43 个案例分析 [M]. 北京：北京航空航天大学出版社，2013.

[10] 余建平，周新民，陈明. 群体智能典型算法研究综述 [J]. 计算机工程与应用，2010，46（25）：1-4.

[11] 李根，李文辉. 基于思维进化算法的人脸特征点跟踪 [J]. 吉林大学学报（工学版），2015，46（2）：606-612.

[12] McKay M D, Beckman R J, Conover W J. A comparison of three methods for selecting values of input variables in the analysis of output from a computer code [J]. Technometrics, 1979, 21:239.

[13] Cukier R I. Study of the sensitivity of coupled reaction systems to uncertainties in rate coefficients [J]. Journal of Chemical Physics, 1973, 59 (8): 3873-3878.

[14] Cukier R I, Levine H B, Shuler K E. Nonlinear sensitivity analysis of multiparameter model systems [J]. Journal of Computational Physics, 1978, 81 (1): 1-42.

[15] Cukier R I, Schaibly J H, Shuler K E. Study of the sensitivity of coupled reaction systems to uncertainties in rate coefficients. Ⅲ. Analysis of the approximations [J]. Journal of Chemical Physics, 1975, 63 (3): 1140-1149.

[16] Saltelli A, Marivoet J. Non-parametric statistics in sensitivity analysis for model output: A comparison of selected techniques [J]. Reliability Engineering & System Safety, 1990, 28

　　（2）：229-253.

[17] Morris M D. Factorial Sampling Plans for Preliminary Computational Experiments [J]. Techno-
　　metrics, 1991, 33 (2): 161-174.

[18] Sobol I M. Sensitivity estimates for nonlinear mathematical models [J]. Math Modeling & Com-
　　putational Experiment, 1993, 1 (1): 112-118.

[19] Garson G D. Interpreting neural network connection weights [J]. AI Expert, 1991,
　　6 (4): 47.

[20] Julian D Olden, Donald A Jackson. Illuminating the "black box": a randomization approach for
　　understanding variable contributions in artificial neural networks [J]. Ecological Modelling,
　　2002, 154: 135.

[21] Muriel Gevreya, Ioannis Dimopoulosb, Sovan Leka. Two-way interaction of input variables in
　　the sensitivity analysis of neural network models [J]. Ecological Modelling , 2006, 195: 43.

[22] Jiang J L, Su X, Zhang H, et al. A novel approach to active compounds identification based
　　on support vector regression model and mean impact value [J]. Chemical Biology & Drug De-
　　sign, 2013, 81 (5): 650-657.

4 银行系统风险传播仿真模拟研究

4.1 商业银行资产负债表

商业银行是金融网络的主体。商业银行间的市场行为包括同业拆借、贷款转让、票据贴现、债券外汇等，同业拆借是指商业银行间未担保下情况下的相互借贷行为，其构成了商业银行系统信用风险传播主渠道。本章的研究对象为商业银行间同业拆借行为带来的系统信用风险传播。

为准确分析同业拆借给商业银行带来的信用风险，借鉴以往学者的研究成果[1,2]，本章对银行资产负债表进行抽象，结合会计准则构建出商业银行程式化资产负债表，见表4-1。

表4-1 银行资产负债表

资　产	负债和所有者权益
现金资产	同业负债
可抵押资产	其他短期负债
投资性资产	长期负债
同业资产	所有者权益

银行资产负债表主要包括资产、负债和所有者权益三大项内容，平衡公式为：资产=负债+所有者权益。其中，银行资产按照存在的形态不同，可以分为现金储备、可抵押资产、投资性资产、同业资产四大类，负债分为同业负债、其他短期负债和长期负债。现金储备指现金及存放在中央银行的超额准备金；可抵押资产一般是有形资产，如房产、土地、机器设备等；投资性资产一般为无形资产，如"交易性金融资产""可出售金融资产"以及"持有至到期的金融资产"等；同业资产指未担保同业资产，具体包括存放同业和拆出资金；同业负债指未担保同业负债，具体包括同业存放和拆入资金；其他短期负债为除同业负债外的一年以内到期的流动负债；长期负债为银行一年以上到期的债务。资产与负债的差额为所有者权益，其只表示资产超过负债部分，并不代表可以随意提取消费的金额。

4.2　商业银行系统风险传播机理剖析

信用风险通常包括偿还能力风险和偿还意愿风险，影响偿还能力风险的因素包括收入水平、资产情况、负债情况、意外事件等，影响偿还意愿风险的因素包括借款人的道德水平、违约成本等。现实生活中，银行信用违约往往是偿还能力恶化导致。

银行信用违约传播风险本质上是三角债的问题，即某商业银行可向多个其他商业银行借款，也可向多个其他商业银行贷款，因此，该商业银行可同时是出借银行和借款银行，每个出借银行可有多个借款银行，每个借款银行也可对应多个出借银行。

银行信用贷款风险主要分为银行财务破产违约风险与银行资金周转违约风险[3,4]。银行财务破产违约是指出借银行借出资金给借款银行，当借款银行由于各种原因无法偿还借款时，将给出借银行所有者权益带来损失，当该损失超过其银行所有者权益时，将导致该出借银行破产清算，进而导致该出借银行信用贷款违约（图4-1）。

银行资金周转违约风险是指出借银行借出资金给借款银行，当出借银行由于各种原因需要召回借出资金时，将使借款银行面临资金周转困难问题，如果借款银行能筹集到的资金小于出借银行召回资金，则该借款银行将由于资金周转困难导致银行信用贷款违约（图4-2）。

可见，银行资金周转困难违约是风险从出借银行向借款银行转移，银行财务破产违约是风险从借款银行向出借银行传播，两者传染机理不同。

4.3　风险传染衡量指标及影响因素

本书将银行借贷社会网络中衡量信贷风险的传播概率和传播范围定义为信用违约银行的比率，信贷风险违约总体违约分为银行财务破产违约和资金周转违约，分别使用信用违约个体占比、银行财务破产违约个体占比、银行资金周转违约个体占比来衡量。

银行信贷风险传染概率的影响因素很多，本书将影响变量分为三类：银行资产负债结构类指标，具体有现金资产率、可抵押资产率、同业贷款资产率、银行所有者权益占比；借贷网络结构特征类指标，具体有网络平均路径长度、网络聚集系数和网络平均度；借贷系统类影响指标，具体有总折价率、贷款损失率、贷款召回比率、风险触发个体四个变量[5-7]。

4.3.1　银行资产负债结构类影响因素

银行资产负债结构对信贷风险的传播有很大的影响，具体包括现金资产率

出借银行1

资产	负债
现金资产	同业负债
可抵押资产	其他短期负债
投资性资产	长期负债
同业资产	所有者权益

损失超过所有者权益，银行财务破产

借款银行A

资产	负债
现金资产	同业负债
可抵押资产	其他短期负债
投资性资产	长期负债
同业资产	所有者权益

出借银行2

资产	负债
现金资产	同业负债
可抵押资产	其他短期负债
投资性资产	长期负债
同业资产	所有者权益

损失小于所有者权益，继续履约

借款银行B

资产	负债
现金资产	同业负债
可抵押资产	其他短期负债
投资性资产	长期负债
同业资产	所有者权益

出借银行3

资产	负债
现金资产	同业负债
可抵押资产	其他短期负债
投资性资产	长期负债
同业资产	所有者权益

累计损失大于所有者权益，银行财务破产

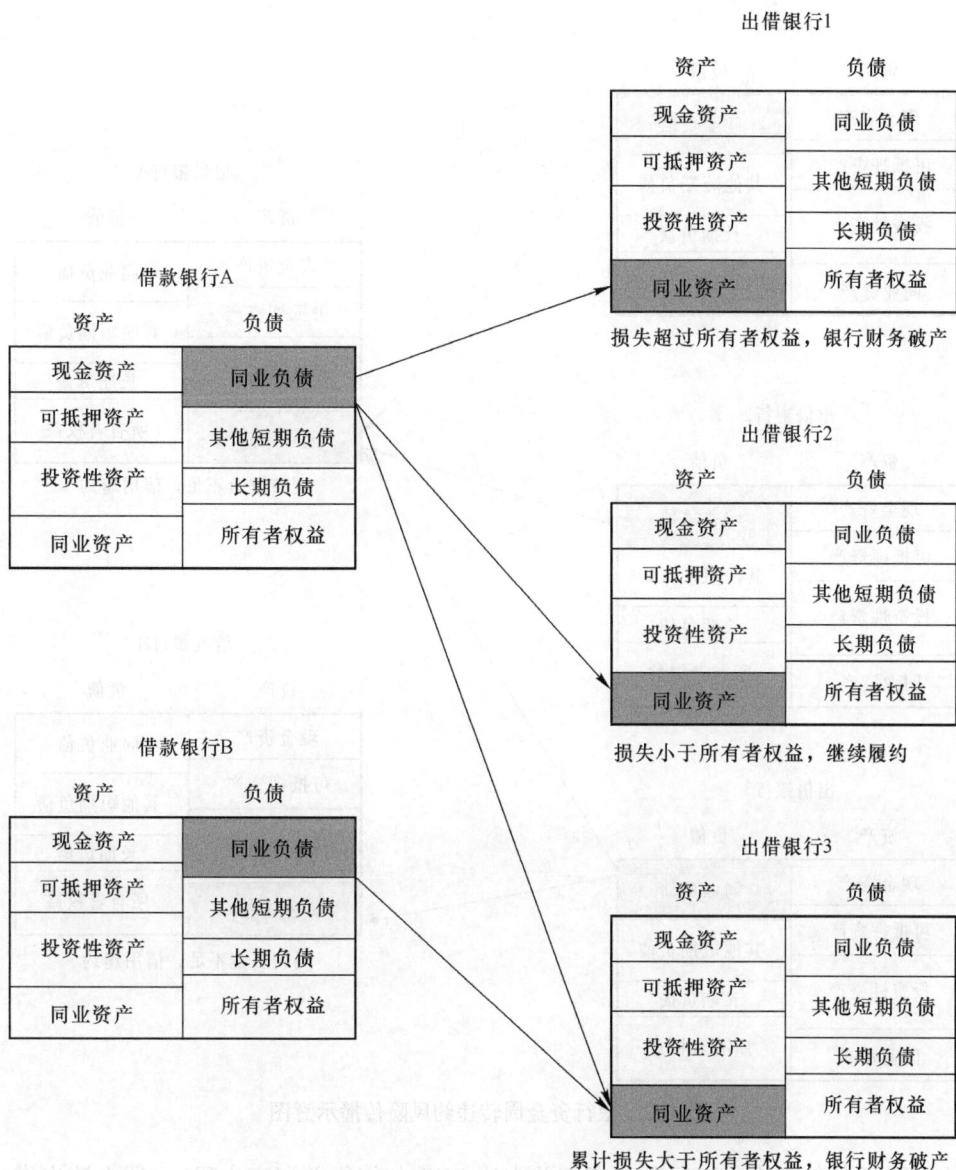

图 4-1 银行财务破产违约风险传播示意图

（MAR）、同业贷款资产率（PLAR）、银行所有者权益占比（PNR）、同业借款比率（PBR）、其他短期负债利率（CLR）、长期负债利率（LLR）。根据银行信用贷款违约风险传播机理，银行信用违约会通过银行间相互借贷关系从两方面影响其他信贷用户。

一方面，当某借款银行 j 遭受损失而面临信用违约时，因不能全额偿还出借银行给其提供的同业借款而给出借银行 i 带来损失，如果该损失超过出借银行 i

出借银行1

资产	负债
现金资产	同业负债
可抵押资产	其他短期负债
投资性资产	长期负债
同业资产	所有者权益

出借银行2

资产	负债
现金资产	同业负债
可抵押资产	其他短期负债
投资性资产	长期负债
同业资产	所有者权益

出借银行3

资产	负债
现金资产	同业负债
可抵押资产	其他短期负债
投资性资产	长期负债
同业资产	所有者权益

借款银行A

资产	负债
现金资产	同业负债
可抵押资产	其他短期负债
投资性资产	长期负债
同业资产	所有者权益

周转资金不足，信用违约

借款银行B

资产	负债
现金资产	同业负债
可抵押资产	其他短期负债
投资性资产	长期负债
同业资产	所有者权益

周转资金不足，信用违约

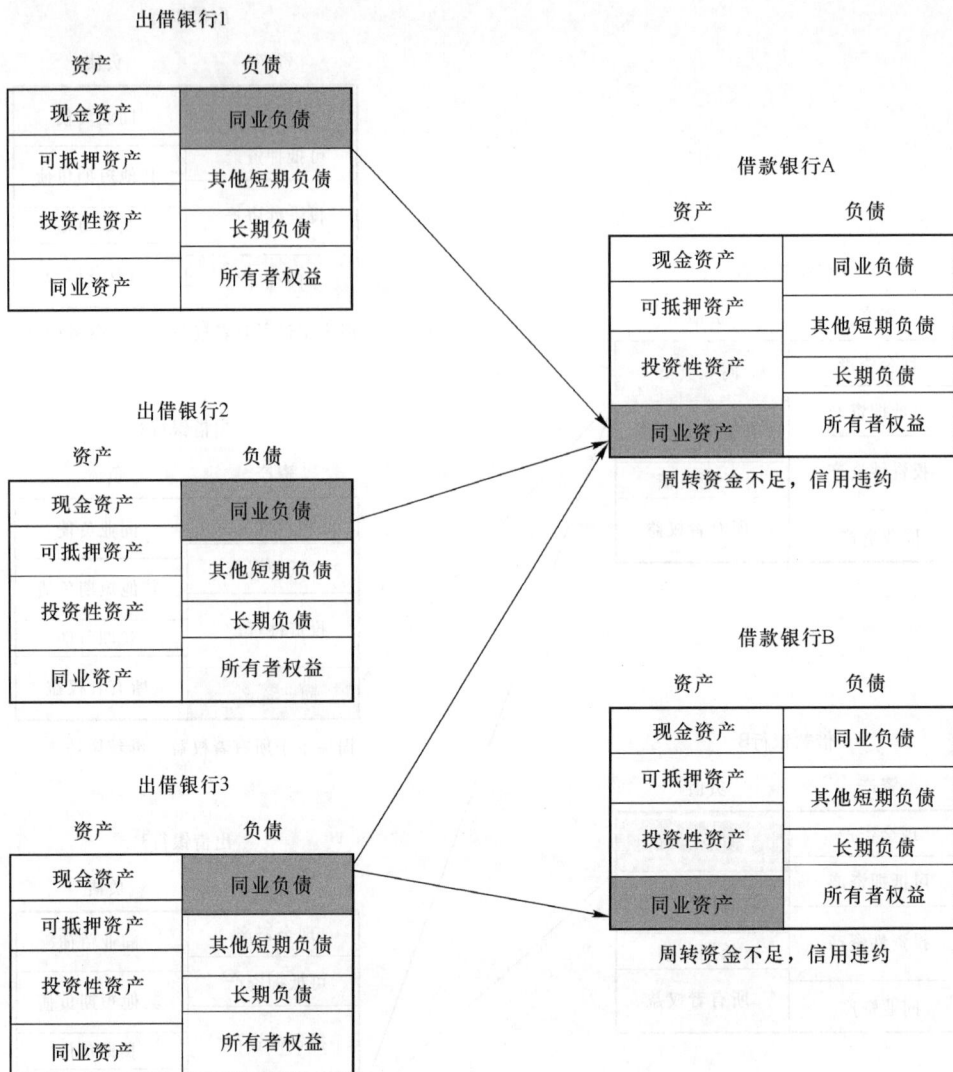

图 4-2　银行资金周转违约风险传播示意图

的银行所有者权益（银行所有者权益占比 PNR 与银行总资产之积），那么该出借银行 i 会因此而倒闭。出借银行 i 的银行所有者权益占比越高，其因借款银行 j 带来的违约损失发生信用违约的可能性就越小，则因外生性原因而发生信用违约的出借银行 i 所引起的系统风险传播的范围应该越小。

另一方面，因外生性原因而发生信用违约的出借银行 i 在清算时要召回其给借款银行提供的同业贷款，如果借款银行不能尽快筹集足够的流动资金来满足出借银行 i 的召回需要，那么该借款银行也会因流动性不足面临信贷违约的命运。在这个过程中，借款银行每期流动资金的进项为现金资产、可抵押资产和投资性资产折现现金，出项为同业负债、其他短期负债利息和长期负债利息。现金资产率（CAR）越高，可抵押资产率（MAR）、投资性资产率（IAR）越低，借款银行流动资金越充裕，变现越快。同业借款比率（PBR）为同业借款与其他短期负债之比，其值越大，同业借款占比越大，其他短期负债占比越小。其他短期负债利率（CLR）和长期负债利率（LLR）越高，借款银行每期需偿还的利息越多，流动资金支出越大。出借银行 i 的借款银行 j 的现金资产率（CAR）、可抵押资产率（MAR）和投资性资产率（IAR）越高，同业借款比率（PBR）、其他短期负债利率（CLR）和长期负债利率（LLR）越低，则其能筹集更多的流动性资金来满足出借银行 i 的召回需要，出借银行 i 的借款人因流动性不足而发生信用违约的可能性应该越小，因外生性原因导致的出借银行 i 违约所引起的系统风险传播的范围也应越小。

此外，银行间借贷资金占比越高，每个信贷银行的同业贷款或借款规模就相对越大，因借贷资金在银行信用贷款违约风险传播中发挥着传染主渠道的作用，因此，外生性原因而发生的信贷银行违约所引起的系统风险传播效应也应越大。

4.3.2 社会网络结构特征类影响因素

社会网络内部结构的不同会导致社会网络系统的功能有所差异，银行借贷网络结构特征发生变化也会影响银行信贷违约风险的传染。根据社会网络理论，反映社会网络结构特征的基本指标有 3 个，即网络平均度、网络平均路径长度及网络聚集系数，所以本书据此确定影响银行信贷违约风险传染的网络结构类因素包括网络平均度（DEG）、网络平均最短路径长度（LEN）及网络聚集系数（CLU），它们从不同方面反映了银行借贷网络结构的主要特征。

银行节点 i 的度 k_i 定义为与该银行有同业借贷业务的其他银行的数目，可分为入度（In-Degree）和出度（Out-Degree）。银行节点 i 的入度为贷款给银行 i 的其他银行节点的数目；出度指银行节点 i 贷款给其他银行节点的数目。出度和入度之和即该银行节点 i 的度。一个银行节点度越大，表示该银行与越多的其他银行有同业借贷业务往来，也意味着该银行在网络中越重要。银行借贷业务网络中所有银行节点度的平均值称为网络的平均度。社会网络中两个银行节点 i 和 j 之间的距离 d 即为连接这两个节点的最短路径上的边数，任意两个银行节点之间距离的平均值称为借贷业务网络平均路径长度，其反映了从一个银行到达另一个银行所经过的平均最少连边数。与网络中银行节点 i 有同业业务往来的 k_i 个银行节点之间实际存在的边数 E_i 与最大可能存在的边数之比定义为银行节点 i 的聚类系数，而整个银行借贷业务网络的聚类系数是所有银行节点的聚类系数的平均值。聚集系数反映的是，与同一个银行发生同业借贷行为的两个银行之间建立同业借贷关系的可能性。

4.3.3　银行借贷整体变化类影响因素

银行借贷整体变化类影响因素反映了银行借贷系统整体需要考虑的变量，这些变量从不同角度会影响银行信用违约风险的传染，具体为可抵押资产折价率（RAD）、投资资产折价率（IAD）、贷款损失率（LGD）、贷款召回比率（WR）、风险触发个体（TRB）。其中：可抵押资产折价率（RAD）和投资资产折价率（IAD）越高，信贷银行通过抵押或质押实物资产和投资资产获取的回购资金就越少；贷款损失率（LGD）越高，借款银行 i 信用违约给其出借银行的同业贷款带来的损失越大，出借银行越有可能发生信用违约；贷款召回比率（WR）是指即出借银行 i 发生信用违约时，可立即从其借款银行召回的同业贷款的比例，该比例越高，借款银行越有可能面临流动性资金紧张；风险触发个体（TRB）指遭受初始冲击发生信用违约并有可能引起系统内其他信贷银行发生信用违约的信贷银行。各类别指标见表4-2。

表4-2　被解释变量与解释变量的定义

性质	分类	名称	符号	含　义
被解释（输出）变量		系统风险传播概率	FRA	借贷系统中个体信用违约的总体比率
		银行财务破产传播概率	DEF_FRA	由于个体财务破产导致的个体信用违约比率
		银行资金周转违约传播概率	LIQ_FRA	由于个体资金周转困难导致的个体信用违约比率
解释（输入）变量	资产负债结构类指标	现金资产率	CAR	现金资产占总资产之比（%）
		可抵押资产率	MAR	银行可抵押资产占总资产之比（%）
		投资性资产率	IAR	银行投资性资产占总资产之比（%）
		同业贷款资产率	PLAR	所有银行同业贷款总额占银行资产总额之比（%）
		同业借款比率	PBR	同业借款与其他短期负债的之比
		其他短期负债利率	CLR	其他短期负债利率（%）
		长期负债利率	LLR	长期负债利率（%）
		银行所有者权益占比	PNR	银行所有者权益占其总资产之比（%）

性质	分类	名称	符号	含 义
解释（输入）变量	网络结构特征类指标	网络平均最短路径	LEN	借贷网络中任意两个节点之间距离的平均值
		网络聚集系数	CLU	借贷网络中每个节点的聚类系数之和除以个体数量
		网络平均度	DEG	借贷网络中所有节点的度之和除以借贷数量
		幂律指数	PLE	借贷网络的幂律指数
	网络系统类指标	可抵押资产折价率	RAD	为获取回购资金，可抵押资产质押时的折价率（%）
		投资资产折价率	IAD	为获取回购资金，投资资产质押时的折价率（%）
		贷款损失率	LGD	借款人违约给出借人的银行贷款带来的损失率（%）
		贷款召回比率	WR	出借人信用违约时可立即召回的银行贷款的比例（%）
		风险触发个体	TRB	TRB＝1表示出入强度（银行贷款和借款）总和排第一的个体为危机触发个体

4.4 仿真模拟

4.4.1 仿真模拟数据的生成及处理

为最大可能真实地模拟银行系统，本书借鉴国内外学者研究成果[3,5,6]，假定银行网络为有向无标度网络，引入相互影响的拓扑增长与边权耦合同步机制（图4-3），使新生成的银行网络系统具有如下特征。

（1）节点银行具有入边和出边，分别表示资金的流入和流出。

（2）银行网络总体为有向加权网络，方向代表资金流向，边权代表资金流大小。

（3）节点动态生成，以强度为依据择优连边，边权和网络结构动态调整。

银行同业借贷信用违约风险传染的影响因素有很多，本节在前面模型构建及理论分析的基础上，使用MATLAB软件模拟产生100个银行同业借贷网络，每个银行同业借贷网络包含100~1000个借贷银行，并让银行贷款和借款之和降序排列的第1个、2个、第3~10个百分位数个体发生信用违约，触发银行借贷网络信用违约危机，计算银行财务破产违约比率、银行资金周转违约比率、银行整体信用违约比率。

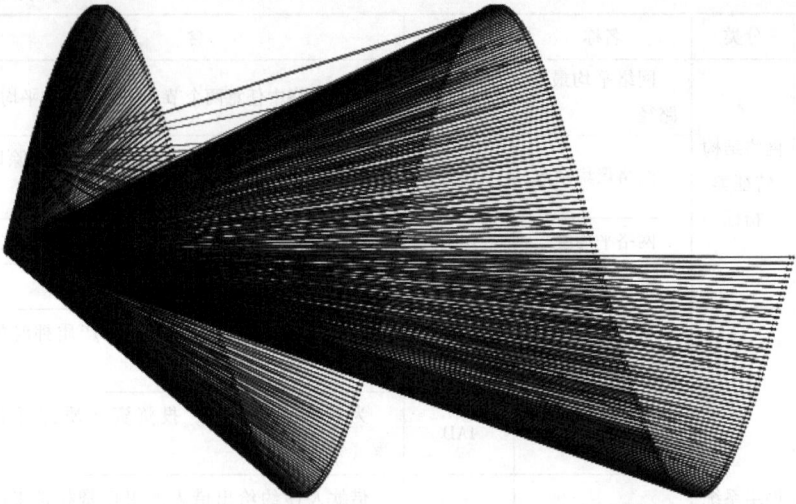

图 4-3 银行系统模拟图

借鉴其他学者的研究，本书对影响银行借贷信用违约风险传染的资产负债结构类指标和银行借贷网络系统类指标的取值范围做如下假定：现金资产率（CAR）$\in$（0，0.025），可抵押资产率（MAR）$\in$（0，0.1），同业贷款资产率（PLAR）$\in$（0，0.5），同业借款比率（PBR）$\in$（0，10），其他短期负债利率（CLR）$\in$（0，0.1），长期负债利率（LLR）$\in$（0，0.07），银行所有者权益占比（PNR）$\in$（0，0.05），可抵押资产折价率（RAD）$\in$（0，0.1），投资性资产折价率（IAD）$\in$（0，0.5），贷款损失率（LGD）$\in$（0，0.4），贷款召回比率（WR）$\in$（0，0.4），触发银行（TRB）设置为第 1 个、2 个、第 3~10 百分位数个体。

仿真数据得到之后，对数据记性 z-score 标准化处理，以消除数据量纲，经过处理的数据符合均值为 0，标准差为 1 的正态分布。

z-score 标准化处理函数为：

$$x^* = (x - \mu) / \sigma \tag{4-1}$$

式中，μ 为所有样本数据的均值；σ 为所有样本数据的标准差。

4.4.2 PSO-GRNN 神经网络模型

常用的 BP 神经网络模型不需要建模对象过多的先验知识，能够映射因变量和自变量之间任意的非线性关系，但 BP 神经网络搜寻参数过多，且采用梯度下降的搜寻方法，因此，BP 神经网络容易陷入局部极值，收敛速度慢；同时，当训练样本量少或噪声较多时，BP 神经网络模型不稳定，预测误差较大[8,9]。广义回归神经网络以样本量集聚最多的优化回归面作为终止条件，具有很强的非线性函数逼近能力，整个训练过程只需调整一个扩展参数 σ（表示为

SPREAD)，具有计算速度方面的优势，且广义回归神经网络可以处理小样本和不稳定数据。

粒子群优化算法（Particle Swarm Optimization，PSO）是除蚁群算法、鱼群算法之外的一种群体智能优化算法。它最早由 Kennedy 和 Eberhart 在 1995 提出，算法思想源于对鸟类捕食行为的观察，即搜寻当前距离食物最近的鸟的周围区域是鸟类找到食物最简单有效的方法。PSO 算法将解空间映射为粒子群，每个粒子用适应度值、位置和速度三个特征描述，粒子的优劣由适应度函数计算的适应度值来表示，粒子移动的方向和距离由速度控制。粒子在解空间中运动，个体所经历的最优位置称为个体极值，用 Pbest 表示，粒子群中所有粒子搜索到的最优位置称为群体极值，用 Gbest 表示。粒子通过搜索个体极值和群体极值附近区域寻找最优位置，个体位置更新后形成新粒子，计算新粒子适应度值，比较新粒子适应度值与个体极值、群体极值的优劣，从而更新个体极值和群体极值的位置。如此循环，直至找到最优位置代表的最优解[10]。

PSO-GRNN 神经网络模型将粒子群优化算法引入 GRNN 神经网络，以待优化的扩展参数 SPREAD 作为种群粒子进行编码，以样本预测值和观测值的误差绝对值之和作为粒子适应度函数，不断迭代进化，最终得到种群最优粒子，解码后可得到 GRNN 神经网络全局最优扩展参数 SPREAD，从而建立粒子群优化优化的 GRNN 神经网络模型[11,12]。

使用 MIV 算法和 PSO-GRNN 神经网络模型计算变量平均影响值流程如图 4-4所示。

主要计算步骤如下：

（1）初始化种群粒子和速度。将 GRNN 神经网络扩展参数 SPREAD 作为种群粒子进行编码，因此，D 维向量 $\boldsymbol{X}_i = [x_{i1}, x_{i2}, \cdots, x_{iD}]^{\mathrm{T}}$ 表示粒子 i 在 D 维空间的位置，及解空间的一个潜在解，粒子 i 的速度可表示为 $x_k = (x_k - x_{\min}) / (x_{\max} - x_{\min})$，设定种群规模为 $x_{\max}$，则粒子群可表示为 $x_{\min}$。

（2）适应度函数。每个群粒子代表一个 GRNN 神经网络扩展参数 SPREAD，解码后建立对应的 GRNN 神经网络模型，使用样本数据训练模型并仿真预测，以预测值和观测值的误差绝对值之和作为粒子适应度值 F，计算公式如下：

$$F = \sum_{i=1}^{n} \mathrm{abs}(y_i - o_i) \qquad (4-2)$$

式中，n 为样本数；y_i 为样本 i 观测值；o_i 为样本 i 预测值。

（3）确定个体极值和种群极值。根据适应度函数即可计算出每个粒子位置 X_i 对应的适应度值。设粒子 i 的个体极值为 $\boldsymbol{P}_i = [P_{i1}, P_{i2}, \cdots, P_{iD}]^{\mathrm{T}}$，全局极值为 $\boldsymbol{P}_g = [P_{g1}, P_{g2}, \cdots, P_{gD}]^{\mathrm{T}}$。

（4）更新速度和位置。粒子的速度和位置使用个体极值和全局极值不断更

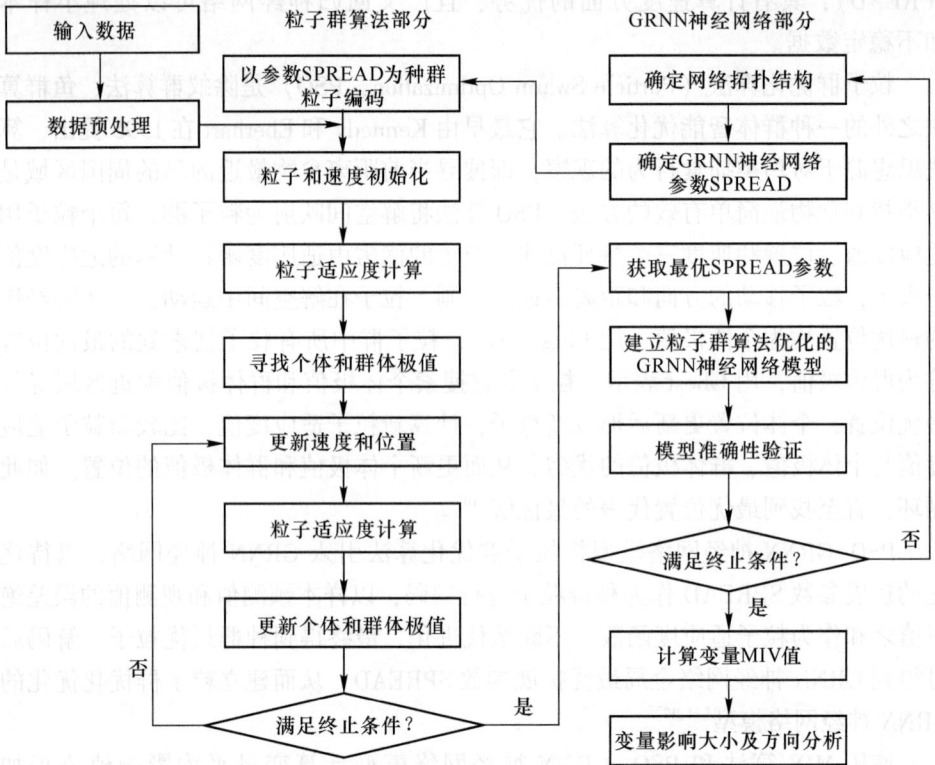

图4-4　粒子群算法优化 GRNN 神经网络计算过程

新，计算公式如下：

$$V_{id}^{k+1} = \omega V_{id}^k + c_1 r_1 (P_{id}^k - X_{id}^k) + c_2 r_2 (P_{gd}^k - X_{id}^k) \tag{4-3}$$

$$X_{id}^{k+1} = X_{id}^k + V_{id}^{k+1} \tag{4-4}$$

式中，V_{id} 为粒子速度；$i = 1, 2, \cdots, n$；$d = 1, 2, \cdots, D$；k 为当前迭代次数；ω 为惯性权重；r_1 和 r_2 为分布于 [0, 1] 之间的随机数；c_1 和 c_2 为加速度因子，是非负的常数。位置和速度一般限制在一定的区间 $[-X_{max}, X_{max}]$、$[-V_{max}, V_{max}]$，以防止粒子盲目搜索。

（5）建立 PSO-GRNN 神经网络模型。将粒子群算法得到的最优种群粒子解码，得到 GRNN 神经网络最优扩展参数 SPREAD，建立 PSO-GRNN 神经网络模型。

（6）使用 MIV 算法计算自变量影响值。依次增减自变量原值，其他自变量原值不变，获得 2 个新样本后，输入 PSO-GRNN 神经网络模型仿真测试，计算 2 个新样本预测差值的平均值（MIV），根据 MIV 值绝对值大小和正负情况判断自变量对因变量的影响大小和影响方向。

4.4.3　PSO-GRNN 神经网络模型仿真测试

本书使用 MATLAB 软件模拟产生 100 个银行同业借贷网络，每个银行同业借贷网络包含 100~1000 个借贷银行，最终生成 9760 条数据记录。数据记录按照 7∶1 的比例被拆分为训练样本（8540 条）和测试样本（1220 条）。本书分别以系统风险传播概率、银行财务破产传播概率、银行资金周转违约传播概率为输出变量，采用训练样本集，以粒子群优化算法搜寻最佳 SPREED 参数，建立 3 个 PSO-GRNN 模型，接着以测试样本集验证 3 个 PSO-GRNN 模型的准确性和鲁棒性，最终获得 3 个 PSO-GRNN 模型的最佳 SPREED 参数、误差总和、平均误差百分比、均方根误差（见表 4-3），粒子群优化算法搜寻过程如图 4-5~图 4-13 所示。

仿真测试结果表明，银行资金周转违约传播概率 PSO-GRNN 预测模型预测准确度较差，其他两个模型的预测准确度十分精确。

表 4-3　实验对比测试结果

SPREED 参数	误差总和	平均误差百分比/%	均方根误差
0.00065692	0.03930000	00.000812	0.00007826
0.00065730	0.04370000	00.000841	0.00009156
0.58810000	1115.80000000	40.550000	0.20700000

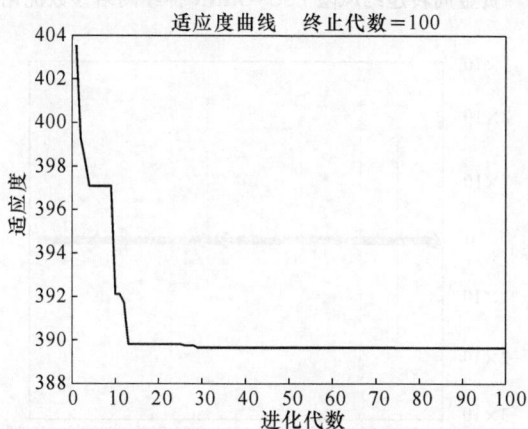

图 4-5　系统风险 PSO-GRNN 神经网络参数优化过程

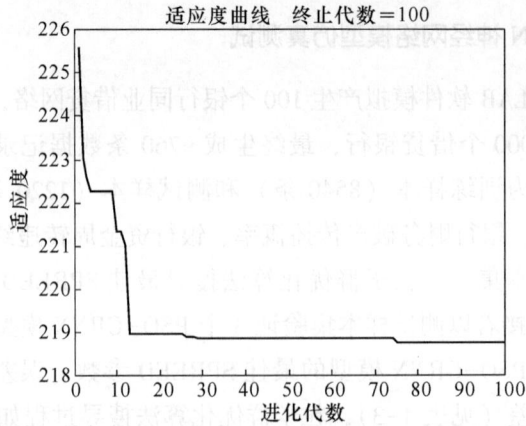

图 4-6　财务破产风险 PSO-GRNN 神经网络参数优化过程

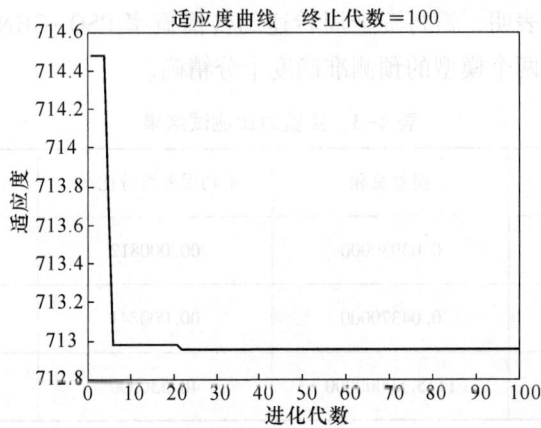

图 4-7　资金周转违约风险 PSO-GRNN 神经网络参数优化过程

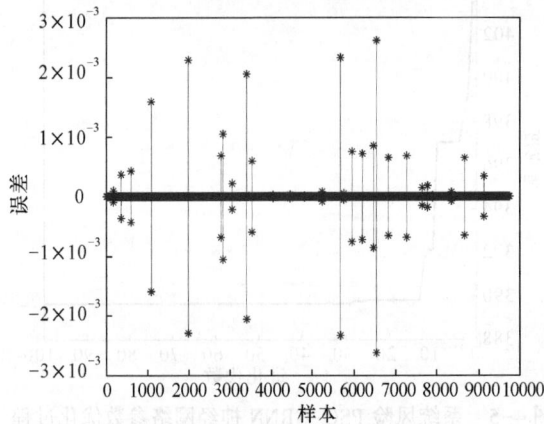

图 4-8　系统风险 PSO-GRNN 神经网络预测误差

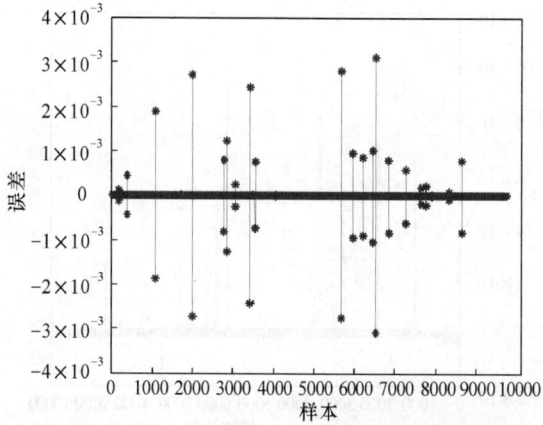

图 4-9 财务破产风险 PSO-GRNN 神经网络预测误差

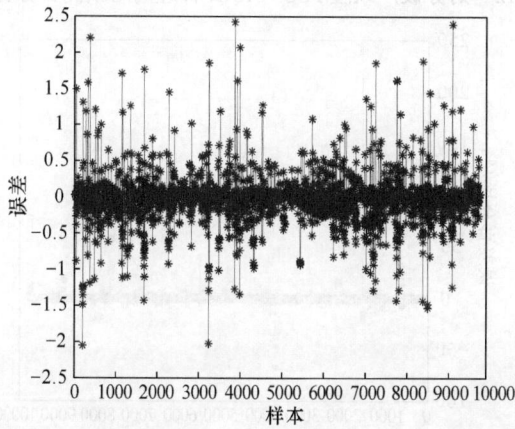

图 4-10 资金周转违约风险 PSO-GRNN 神经网络预测误差

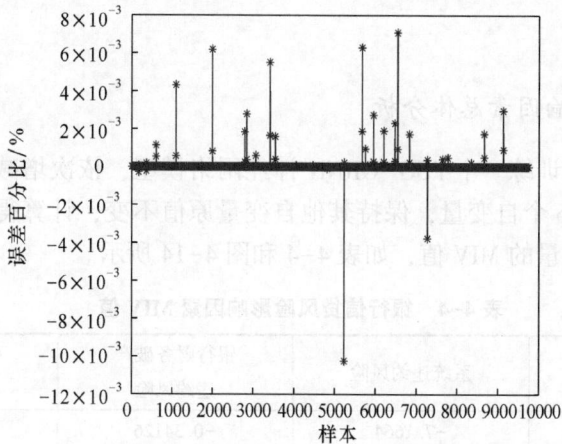

图 4-11 系统风险传播概率 PSO-GRNN 神经网络预测百分比误差

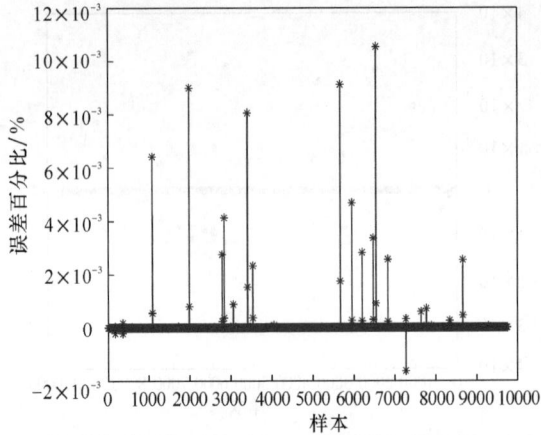

图 4-12 财务破产风险 PSO-GRNN 神经网络预测百分比误差

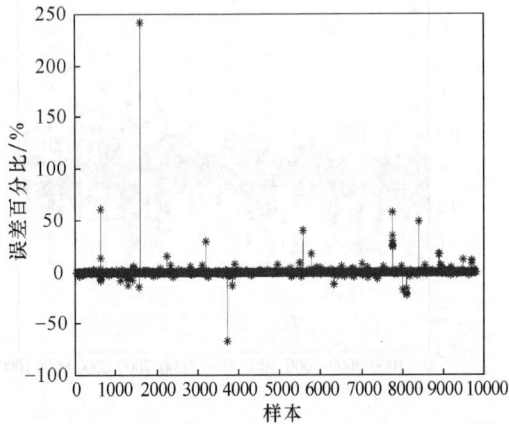

图 4-13 资金周转违约风险 PSO-GRNN 神经网络预测百分比误差

4.4.4 结果分析

4.4.4.1 影响因素总体分析

使用原始数据训练一个 PSO-GRNN 神经网络模型，依次增减影响银行信贷风险影响因素的 16 个自变量，保持其他自变量原值不变，计算得到银行信贷风险影响因素各自变量的 MIV 值，如表 4-4 和图 4-14 所示。

表 4-4 银行信贷风险影响因素 MIV 值

影响因素	系统违约风险	银行财务破产违约风险	银行资金周转违约风险
现金资产率	−7.1664	−0.34126	−0.4313
可抵押资产率	−1.0238	−3.2988	−1.1000

影响因素	系统违约风险	银行财务破产违约风险	银行资金周转违约风险
银行所有者权益占比	-3.697	-0.93846	-0.7927
同业贷款资产率	0.51189	4.607	2.5000
同业借款比率	7.2802	5.4601	0.9225
其他短期负债利率	-2.9576	-7.337	0.1350
长期负债利率	1.8769	12.797	0.5053
可抵押资产折价率	0.2275	5.972	0.6472
投资性资产折价率	10.408	4.7207	0.0286
贷款损失率	1.1944	2.6163	0.8430
贷款召回比率	-3.4126	-3.0144	-0.5412
风险触发个体	49	54	-4.0000
网络平均度	1.9338	5.972	0.4850
网络平均路径长度	-1.4788	-0.45501	-0.0981
网络聚类系数	2.1613	1.3082	0.1146
幂律指数	-2.7301	-3.1282	-0.8908

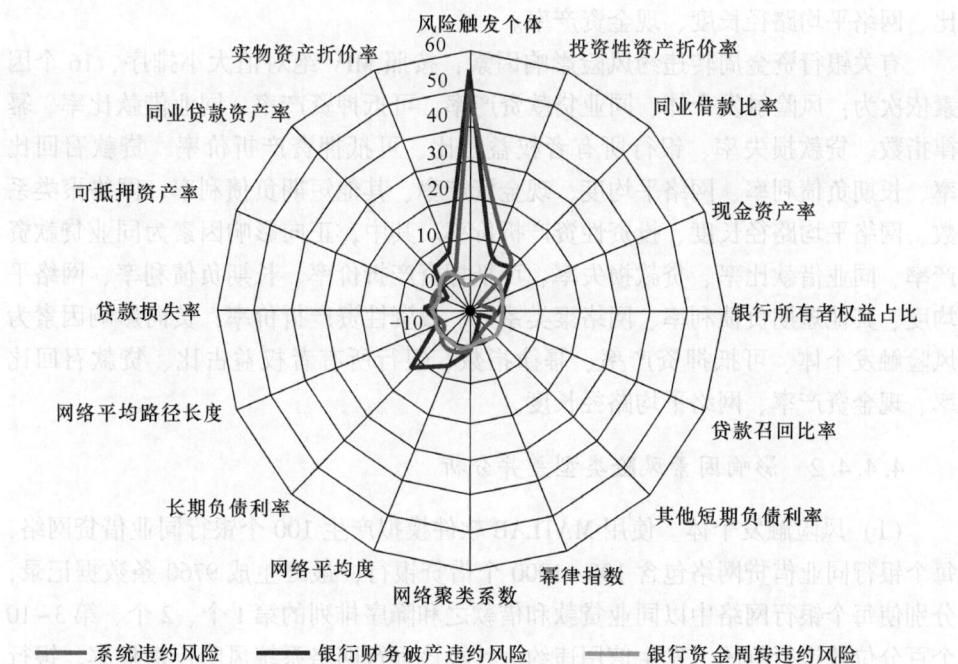

图 4-14 银行信贷风险影响因素 MIV 值对比

从表 4-4 和图 4-14 可以看出，有关系统违约风险影响因素，按照 MIV 绝对值大小排序，影响银行信贷风险的 16 个因素依次为：风险触发个体、投资性资产折价率、同业借款比率、现金资产率、银行所有者权益占比、贷款召回比率、其他短期负债利率、幂律指数、网络聚类系数、网络平均度、长期负债利率、网络平均路径长度、贷款损失率、可抵押资产率、同业贷款资产率、可抵押资产折价率。其中，正向影响因素为风险触发个体、投资性资产折价率、同业借款比率、网络聚类系数、网络平均度、长期负债利率、贷款损失率、同业贷款资产率、可抵押资产折价率；负向影响因素为现金资产率、银行所有者权益占比、贷款召回比率、其他短期负债利率、幂律指数、网络平均路径长度、可抵押资产率。

有关银行财务破产违约风险影响因素，按照 MIV 绝对值大小排序，16 个因素依次为：风险触发个体、长期负债利率、其他短期负债利率、可抵押资产折价率、网络平均度、同业借款比率、投资性资产折价率、同业贷款资产率、可抵押资产率、幂律指数、贷款召回比率、贷款损失率、网络聚类系数、银行所有者权益占比、网络平均路径长度、现金资产率。其中，正向影响因素为风险触发个体、长期负债利率、可抵押资产折价率、网络平均度、同业借款比率、投资性资产折价率、同业贷款资产率、贷款损失率、网络聚类系数；负向影响因素为其他短期负债利率、可抵押资产率、幂律指数、贷款召回比率、银行所有者权益占比、网络平均路径长度、现金资产率。

有关银行资金周转违约风险影响因素，按照 MIV 绝对值大小排序，16 个因素依次为：风险触发个体、同业贷款资产率、可抵押资产率、同业借款比率、幂律指数、贷款损失率、银行所有者权益占比、可抵押资产折价率、贷款召回比率、长期负债利率、网络平均度、现金资产率、其他短期负债利率、网络聚类系数、网络平均路径长度、投资性资产折价率。其中，正向影响因素为同业贷款资产率、同业借款比率、贷款损失率、可抵押资产折价率、长期负债利率、网络平均度、其他短期负债利率、网络聚类系数、投资性资产折价率；负向影响因素为风险触发个体、可抵押资产率、幂律指数、银行所有者权益占比、贷款召回比率、现金资产率、网络平均路径长度。

4.4.4.2　影响因素风险类型差异分析

（1）风险触发个体。使用 MATLAB 软件模拟产生 100 个银行同业借贷网络，每个银行同业借贷网络包含 100~1000 个借贷银行，最终生成 9760 条数据记录，分别使每个银行网络中以同业贷款和借款之和降序排列的第 1 个、2 个、第 3~10 个百分位数银行倒闭，发生信用违约，计算该银行网络系统风险传播概率、银行财务破产违约风险传播概率、银行资金周转违约风险传播概率。

仿真结果表明，风险触发个体是影响银行系统风险传播的最重要因素，原因是触发银行同业借贷款占比最高，而同业借贷款是系统风险传播的"土壤"和"策源地"。需要注意的是风险触发个体与银行财务破产传播概率正相关，但与银行资金周转违约传播概率负相关，原因在于银行资金周转困难违约是风险从出借银行向借款银行转移，银行财务破产违约是风险从借款银行向出借银行传播，两者传染机理不同，而风险触发银行大部分为同业借款，同业贷款占比很少。

（2）投资性资产折价率。仿真结果表明，投资性资产折价率是影响银行网络系统风险传播概率的次要因素，但对银行财务破产风险传播概率，尤其是银行资金周转违约传播概率影响相对较小，原因是投资性资产折价率越低，银行通过出售投资性资产获得的现金资金越多，其因资不抵债导致的系统风险和财务破产风险概率就越小。

（3）同业借款比率。同业借款比率为同业借款与其他短期负债之比，其值越大，说明银行网络同业借款越多。仿真结果表明，同业借款比率与银行网络系统风险传播概率、银行财务破产违约风险传播概率、银行资金周转违约风险传播概率正相关。

（4）现金资产率。现金资产率越高，银行可立即用于还款的资产就越多，抵御风险尤其是资金周转困难风险的能力就越强，反之亦然。仿真结果表明，现金资产率与银行网络系统风险传播概率、银行财务破产违约风险传播概率、银行资金周转违约风险传播概率呈反比关系。

（5）银行所有者权益占比。银行所有者权益占比越大，银行总资产就越大于银行总负债，系统风险尤其是财务破产风险的抵御能力就越强，反之亦然。仿真结果表明，银行所有者权益占比与银行网络系统风险传播概率、银行财务破产违约风险传播概率、银行资金周转违约风险传播概率呈反比关系。

（6）贷款召回比率。仿真结果表明，贷款召回比率与银行网络系统风险传播概率、银行财务破产违约风险传播概率、银行资金周转违约风险传播概率呈反比关系，原因是贷款召回比率越高，出借银行能够召回抵御风险的同业借款就越多，银行系统风险发生的概率就越小，反之亦然。

（7）其他短期负债利率。其他短期负债利率越高，银行每月需偿还的利息支出就越多，抵御风险尤其是资金周转困难风险的现金资产就越少，反之亦然。仿真结果表明，其他短期负债利率与银行网络系统风险传播概率、银行财务破产违约风险传播概率、银行资金周转违约风险传播概率呈反比关系。

（8）幂律指数。幂律指数越大，说明网络节点的节点强度越不均衡，即少数节点点强度越大，大多数节点强度很小，表现在银行系统网络中，银行系统同业借贷关系中，少数银行具有垄断支配地位，其他银行之间借贷关系很少。仿真结果表明，幂律指数与银行网络系统风险传播概率、银行财务破产违约风险传播概率、银行资金周转违约风险传播概率呈反比关系。

（9）网络聚类系数。仿真结果表明，网络聚类系数与银行网络系统风险传播概率、银行财务破产违约风险传播概率、银行资金周转违约风险传播概率正相关，原因是聚集系数越大，同一个银行系统内任意两个银行之间发生同业借贷关系的可能性就越大。

（10）网络平均度。仿真结果表明，网络平均度与银行网络系统风险传播概率、银行财务破产违约风险传播概率、银行资金周转违约风险传播概率呈正比关系，原因是网络平均度越高，银行网络中银行节点之间同业借贷的关系越密切，反之亦然。

（11）长期负债利率。仿真结果表明，长期负债利率是影响银行财务破产违约风险传播概率的主要因素。长期负债利率越高，债务利息支出就越大，银行长期内所有者权益减损越明显，因而长期负债利率与银行网络系统风险传播概率、银行财务破产违约风险传播概率、银行资金周转违约风险传播概率呈反比关系。

（12）网络平均路径长度。仿真结果表明，网络平均路径长度与银行网络系统风险传播概率、银行财务破产违约风险传播概率、银行资金周转违约风险传播概率呈正比关系，原因是网络平均路径长度越大，从一个银行到达另一个银行所经过的平均最少连边数越多，银行之间借贷关系越少，银行系统风险传播概率越低，反之亦然。

（13）贷款损失率。仿真结果表明，贷款损失率与银行网络系统风险传播概率、银行财务破产违约风险传播概率、银行资金周转违约风险传播概率正相关，原因是贷款损失率越大，出借银行能够召回的同业贷款越少，银行系统风险传播概率越大，反之亦然。

（14）可抵押资产率。可抵押资产率越高，银行通过质押资产可获得现金资产就越多，抵御资金周转违约风险的能力就越强，发生系统风险的概率就越低，反之亦然。仿真结果表明，可抵押资产率与银行网络系统风险传播概率、银行财务破产违约风险传播概率、银行资金周转违约风险传播概率呈反比关系。

（15）同业贷款资产率。同业贷款资产率越高，所有银行同业贷款总额占银行资产总额之比就越大，银行系统违约风险发生概率就越大。仿真结果表明，同业贷款资产率与银行网络系统风险传播概率、银行财务破产违约风险传播概率、银行资金周转违约风险传播概率正相关。

（16）可抵押资产折价率。仿真结果表明，可抵押资产折价率是影响财务破产风险传播概率的重要因素，但银行资金周转违约传播概率影响相对较小，原因是可抵押资产折价率越低，银行通过出售可抵押资产获得的现金资金越多，其因资不抵债导致的系统风险和财务破产风险概率就越小。

4.5　结论与讨论

本书以商业银行系统同业拆借行为带来的信用风险为研究对象，从银行资产负债结构特征、同业拆借网络结构特征，同业拆借系统整体特征三个方面选取风险传染概率的影响因素指标，采用粒子群算法优化的广义回归神经网络模型（PSO-GRNN），通过敏感度分析指标和仿真模拟数据，揭示了不同影响因素指标对银行整体信用违约风险、银行财务破产违约风险与银行资金周转违约风险的影响大小和差异，研究结果表明：

（1）从资产负债结构指标来看，同业借款比率、现金资产率、银行所有者权益占比对银行系统风险传播概率影响较大，原因非常明显，银行同业借款是银行系统风险发生的原因，因此，其值越大，银行系统风险、破产违约风险与资金周转违约风险越大；银行现金资产率越高，银行可立刻变现归还同业借款的现金就越多，发生资金周转违约风险的概率越小；银行所有者权益占比越高，银行资产与负债的余额就越大，因资不债发生破产违约风险的概率就越低。

（2）从网络结构特征类指标来看，幂律指数、网络聚类系数、网络平均度、网络平均路径长度对银行系统风险传播概率影响较大。幂律指数越大，银行系统同业借贷关系中，少数银行具有垄断支配地位，其他银行之间借贷关系很少。少数具有支配地位的银行，往往是银行系统内规模较大与经营收益较好的个体，其发生信用违约的概率较小，因而整个银行系统内发生连锁信用违约的可能性就越小。网络聚类系数和网络平均度越大，网络平均路径长度越短，银行系统内任意两个银行之间发生同业借贷关系的可能性就越大，银行之间同业拆借关系越密切，风险传播距离越短，传播效率越高，因而，银行系统发生信用违约的概率就越大。反之亦然。

（3）从网络系统类指标来看，风险触发个体、投资性资产折价率、贷款召回比率和其他短期负债利率对银行系统风险传播概率影响较大，尤其是风险触发个体是影响银行系统风险传播的决定因素。触发银行同业借贷款占比最高，而同业借贷款是系统风险传播的"土壤"和"策源地"，但由于银行财务破产风险与银行资金周转违约风险两者传播机理不同，因而，风险触发个体与银行财务破产传播概率正相关，但与银行资金周转违约传播概率负相关。投资性资产折价率是影响银行系统风险传播概率的次要因素，原因是投资性资产折价率越低，银行通过出售投资性资产获得的现金资金越多，其因资不抵债导致的系统风险和财务破产风险概率就越小。同样地，贷款召回比率越高，出借银行能够召回抵御风险的同业借款就越多，银行系统风险发生的概率就越小。

虽然在研究视角和研究方法有所创新，但本章研究依然存在仿真程序与真实银行系统有所差异，参数设置合理性需进一步讨论，输入变量过多，某些变量之间相关性较强等不足，同时 PSO-GRNN 模型的预测精度和鲁棒性需要通过在其他经济与管理领域中的应用进一步验证和改善。

参 考 文 献

［1］丁含，耿建新．金融部门资产负债表的构建——国际经验与实现路径［J］.金融论坛，2020，25（11）：69-80.

［2］张兰波．重塑中小银行资产负债表［J］.中国金融，2020（21）：22-24.

［3］Krause A，Giansante S．Interbank lending and the spread of bank failures：A network model of systemic risk［J］.Social Science Electronic Publishing，2012，83（3）：583-608.

［4］王占浩，郭菊娥，薛勇．资产负债表关联、价格关联与银行间风险传染［J］.管理工程学报，2016，30（2）：202-209.

［5］谭春枝．基于复杂网络理论的银行间市场系统风险传染机制研究［M］.北京：经济管理出版社，2018.

［6］李永奎．基于复杂网络的关联信用风险传染延迟效应研究［M］.成都：西南财经大学出版社，2017.

［7］周晓君．商业银行资产负债管理模式转变的思考——基于商业银行资产负债变动分析［J］.新金融，2014（11）：38-40.

［8］卢永艳，王维国．财务困境预测中的变量筛选——基于平均影响值的 SVM 方法［J］.系统工程，2011，29（8）：73-78.

［9］蔡云，张靖好．基于 BP 神经网络优化算法的工业企业经济效益评估［J］.统计与对策，2012（10）：63-65.

［10］王小川，史峰，郁磊，等．Matlab 神经网络 43 个案例分析［M］.北京：北京航空航天大学出版社，2013.

［11］Yongli Z，Sanggyun N，Jianguang N，et al．The influencing factors，regional difference and temporal variation of industrial technology innovation：evidence with the FOA-GRNN model［J］.Sustainability，2018，10（2）：187.

［12］Zhang Y，Niu J，Na S．A novel nonlinear function fitting model based on FOA and GRNN［J］.Mathematical Problems in Engineering，2019，2019（3）：1-10.

5　个人信用贷款风险传播实证研究

5.1　引言

大数据背景下，一方面，电子商务企业的蓬勃发展改变了企业和个人的金融行为和习惯，传统金融业务领域和盈利空间不断受到挤压；另一方面，金融企业在运营过程中，客户交易行为累积了海量数据，大数据技术和人工智能算法的发展为金融企业信息化风险监控创造了技术条件。

预测变量和拟合函数是风险预测的关键。有关预测变量，目前国内外学者主要采用借贷双方或贷款本身的特征数据作为影响因素预测信贷风险，如借款人（机构）特征、放贷人（机构）商业特征、放贷人（机构）运行方式、贷款特征、市场与宏观因素[1-3]，很少有从客户交易行为形成的资金往来中提取社会网络，进而利用网络拓扑性质作为预测变量对信贷风险进行预测的研究[4,5]。

社会网络对金融风险的影响被广泛认可[6-8]，如 Houston 等人发现社会关系促进了商业联系，网络中心银行在全球财团信贷市场中发挥着主导作用，对系统性风险防治和扩散影响也更大，同时，网络软信息对银行的健康运行有重要价值；王婷等人以资金互助会为例，研究了不同网络结构对民间金融的抑制或扩增风险的作用，发现越紧密的会内网络结构以及越大的网络规模越有利于民间金融风险的控制，跨会网络具有抑制和扩增风险两种作用，是协同监督和惩罚机制生效的基础，同时，跨会网络也构成了风险传播的通道，导致资金被分散到多个会中，提升了系统性风险；李庆海等人利用 2016 年新疆农户调查数据，揭示了社会网络不仅仅影响农户的信贷需求、信贷可得性和信贷获取渠道，还通过影响农户的信贷履约行为，最终影响贫困地区农户的信贷风险，且不同类型社会网络的影响存在差异。

有关社会网络对金融风险的影响主要存在两种观点。一种观点认为由地缘、亲缘等关系结成的社会网络促进了交易、信息与资源分享，其内部也往往存在着互助行为，从而发挥着非正式保险的作用，形成风险分担机制，抑制了信贷风险的发生[9-11]。如 Mizruchi 和 Stearns 研究发现不确定越高，大型商业银行客户经理的决策越依赖于关系密切的同事提供的建议和支持，但这种倾向降低了与公司客户交易成功的可能性；Uzzi 从社会嵌入理论的视角分析了社会关系和网络对公司获取财务资源机会和成本的影响，研究发现将商业交易嵌入到社会关系中的公司获得的贷款利率更低，嵌入式关系促进了网络成员资源共享，公平市场的正常关系有利于信息的获取；Cai 等人证明股票交易成本与公司社会关系显著正相关，外生关系的解除降低了关联方的交易成本和交易活动；Jiang 等人研究发现网络直径对风险分担有显著的负向影响，增加网络连通性能有效改善农村家庭风险分担能力；张敏等人以我国 2001~2012 年沪深上市公司为研究样本，研究发现社会网络有助于提升企业的风险承担水平，社会网络越丰富，企业负债越高，研发投入增长越快；Kovářík 和 Van der Leij 发现风险规避与局部网络聚类密切相关，规避风险的个人更愿意与朋友的朋友联系，高风险环境会产生更多集群化和不平等的网络。

另一种观点则认为，网络成员的广泛联系与资金往来极易导致风险随网络蔓延，继而提升了金融市场的系统性风险，增加了发生网络成员整体违约甚至金融危机的可能性[15-17]。如 Zhao 等人研究了融资比例、网络结构、网络规模等关键因素对供应链金融网络中信用风险扩散过程的影响，发现信用风险扩散的概率随网络平均特征度值上升而增加，信用风险的扩散在稀疏供应链金融网络中不稳定，初始风险节点的治愈对抑制信用风险的扩散十分重要；Li 和 Li 研究了存款人社交网络结构对银行挤兑的影响，发现随机网络中银行挤兑发生的概率大于小世界网络，但无标度网络中银行挤兑发生的概率随存款人比例的增加而从三种网络结构中最高降至最低，存款人网络特征度值对银行挤兑有显著影响；Kiss 等人实验发现三人存款网络中，其他储户行为的可观察性，尤其是观察到的特定行为（提款）对银行挤兑有较大影响。

有关预测方法，在信用风险问题可以抽象为一个二元分类问题，且自变量和因变量之间的关系可能较为复杂。经典的多重线性回归方法虽具有良好的解释性，但无法拟合变量之间的非线性关系，且存在许多严格的应用限制，如无偏性、同方差、无序列相关、正态性等。

相较于线性回归等数理统计方法，人工神经网络能够自我学习和自我组织逼近任意的非线性关系，对于因变量和自变量之间关系较为复杂的问题有着更好的拟合效果，其预测准确率更高、鲁棒性更强[18-20]。

不同于以往通过信贷客户特征信息对客户信用风险进行预测，本章通过客户之间的资金往来构建社会网络模型，从全新的社会网络模型的研究视角分析风险交叉传染机制，同时使用人工神经网络模型，建立具有强大的映射能力和泛化能力，可拟合任意非线性关系，预测精度更好、计算速度更快、稳定性更好的预测模型，为金融机构的信用风险交叉传染机制的分析和智能风险防范提供新思路和新方法。

5.2 模型与方法

5.2.1 社会网络与拓扑特征

按照特征载体不同，社会网络特征总体分为顶点拓扑特征和网络结构特征指标，按照特征内容可分为网络中心拓扑特征（度中心性、接近中心性、中介中心性、特征向量中心性等）、网络结构拓扑特征（连通组元数、聚集系数等）、等级拓扑特征（PR 值）等三个方面（表5-1）。

表 5-1　社会网络拓扑特征

类型	名称	备注
顶点特性	In-Degree	入度
	Out-Degree	出度
	Betweenness Centrality	中介中心性
	Closeness Centrality	接近中心性
	Eigenvector Centrality	特征向量中心性
	PageRank	顶点 PR 值
	Clustering Coefficient	聚集系数
网络特性	Vertices	节点数
	Unique Edges	独立边数
	Edges With Duplicates	重复边数
	Total Edges	总边数
	Self-Loops	自身环数
	Connected Components	连通组元数
	Single-Vertex Connected Components	单节点连通组元数
	Maximum Vertices in a Connected Component	组元最大顶点数
	Maximum Edges in a Connected Component	组元最大边数
	Maximum Geodesic Distance (Diameter)	最大距离
	Average Geodesic Distance	平均距离
	Graph Density	图密度
	Minimum In-Degree	入度最小值
	Maximum In-Degree	入度最大值
	Average In-Degree	入度平均值
	Median In-Degree	入度中位数

类型	名称	备注
网络特性	Minimum Out-Degree	出度最小值
	Maximum Out-Degree	出度最大值
	Average Out-Degree	出度平均值
	Median Out-Degree	出度中位数
	Minimum Betweenness Centrality	中介中心性最小值
	Maximum Betweenness Centrality	中介中心性最大值
	Average Betweenness Centrality	中介中心性平均值
	Median Betweenness Centrality	中介中心性中位数
	Minimum Closeness Centrality	接近中心性最小值
	Maximum Closeness Centrality	接近中心性最大值
	Average Closeness Centrality	接近中心性平均值
	Median Closeness Centrality	接近中心性中位数
	Minimum Eigenvector Centrality	特征向量中心性最小值
	Maximum Eigenvector Centrality	特征向量中心性最大值
	Average Eigenvector Centrality	特征向量中心性平均值
	Median Eigenvector Centrality	特征向量中心性中位数
	Minimum PageRank	顶点 PR 最小值
	Maximum PageRank	顶点 PR 最大值
	Average PageRank	顶点 PR 平均值
	Median PageRank	顶点 PR 中位数
	Minimum Clustering Coefficient	聚集系数最小值
	Maximum Clustering Coefficient	聚集系数最大值
	Average Clustering Coefficient	聚集系数平均值
	Median Clustering Coefficient	聚集系数中位数

5.2.2　预测模型

5.2.2.1　决策树算法

决策树是以实例为基础的归纳学习算法。它是从一组无次序、无规则的元组中推理出决策树表示形式的分类规则。它采用自顶向下的递归方式，在决策树的内部结点进行属性值的比较，并根据不同的属性值从该结点向下分支，叶结点是要学习划分的类。从根到叶结点的一条路径就对应着一条合取规则，整个决策树就对应着一组析取表达式规则。1986 年 Quinlan 提出了著名的 ID3 算法。在 ID3 算法的基础上，1993 年 Quinlan 又提出了 C4.5 算法。为了适应处理大规模数据集的需要，后来又提出了若干改进的算法，其中 SLIQ（Super-vised Learning In Quest）和 SPRINT（Scalable Parallelizableinduction of Decision Trees）是比较有代表性的两个算法[21,22]。

A ID3 算法

ID3 算法的核心是，在决策树各级结点上选择属性时，用信息增益（Information Gain）作为属性的选择标准，以使得在每一个非叶结点进行测试时能获得关于被测试记录最大的类别信息。其具体方法是，检测所有的属性，选择信息增益最大的属性产生决策树结点，通过该属性的不同取值建立分支，再对各分支的子集递归调用该方法建立决策树结点的分支，直到所有子集仅包含同一类别的数据为止；最后得到一棵决策树，它可以用来对新的样本进行分类。

某属性的信息增益按下列方法计算：通过计算每个属性的信息增益，并比较它们的大小，获得具有最大信息增益的属性。

设 S 是 s 个数据样本的集合。假定类标号属性具有 m 个不同值，定义 m 个不同类 C_i（$i=1, \cdots, m$）。设 s_i 是类 C_i 中的样本数。对一个给定的样本分类所需的期望信息由式（5-1）给出。

$$I(s_1, s_2, \cdots, s_m) = - \sum_{i=1}^{m} p_i \lg_2(p_i) \tag{5-1}$$

式中，p_i 为任意样本属于 C_i 的概率，一般可用 s_i/s 来估计。注意，对数函数以 2 为底，因为信息用二进位码。

设属性 A 具有 v 个不同值 $\{a_1, a_2, \cdots, a_v\}$，可以用属性 A 将 S 划分为 v 个子集 $\{S_1, S_2, \cdots, S_v\}$。其中，$S_j$ 中的样本在属性 A 上具有相同的值 a_j（$j=1, 2, \cdots, v$）。

设 s_{ij} 是子集 S_j 中类 C_i 的样本数，则由 A 划分成子集的熵或信息期望由式（5-2）给出。

$$E(A) = - \sum_{j=1}^{v} \frac{s_{1j} + s_{2j} + \cdots + s_{mj}}{s} I(s_{1j}, s_{2j}, \cdots, s_{mj}) \tag{5-2}$$

熵值越小，子集划分的纯度越高。对于给定的子集 S_j，其信息期望为：

$$I(s_{1j}, s_{2j}, \cdots, s_{mj}) = - \sum_{i=1}^{m} p_{ij} \lg_2(p_{ij}) \tag{5-3}$$

式中，$p_{ij} = \dfrac{s_{ij}}{|s_j|}$ 为 S_j 中样本属于 C_i 的概率。

在属性 A 上分枝将获得的信息增益是：

$$\text{Gain}(A) = I(s_j, \ s_j, \ \cdots, \ s_j) - E(A) \tag{5-4}$$

ID3 算法的优点：算法的理论清晰、方法简单、学习能力较强。

ID3 算法的缺点：只对比较小的数据集有效，且对噪声比较敏感，当训练数据集加大时，决策树可能会随之改变。

B C4.5 算法

C4.5 算法继承了 ID3 算法的优点，并在以下几方面对 ID3 算法进行了改进：

(1) 用信息增益率来选择属性，克服了用信息增益选择属性时偏向选择取值多的属性的不足。信息增益率的计算公式为：

$$\text{GainRatio}(A) = \frac{\text{Gain}(A)}{\text{SplitI}(A)} \tag{5-5}$$

其中，$\text{SplitI}(A) = -\sum_{j=1}^{v} p_j \lg_2(p_j)$。

(2) 在树构造过程中进行剪枝。

(3) 能够完成对连续属性的离散化处理。

(4) 能够对不完整数据进行处理。

C4.5 算法与其他分类算法如统计方法、神经网络等比较起来有如下优点：产生的分类规则易于理解，准确率较高。

C4.5 算法的缺点：在构造树的过程中，需要对数据集进行多次的顺序扫描和排序，因而导致算法的低效。此外，C4.5 只适合于能够驻留于内存的数据集，当训练集大得无法在内存容纳时程序无法运行。

C SLIQ 算法

SLIQ 算法对 C4.5 决策树分类算法的实现方法进行了改进，在决策树的构造过程中采用了"预排序"和"广度优先策略"两种技术：

(1) 预排序：对于连续属性在每个内部结点寻找其最优分裂标准时，都需要对训练集按照该属性的取值进行排序，而排序是很浪费时间的操作。为此，SLIQ 算法采用了预排序技术。所谓预排序，就是针对每个属性的取值，把所有的记录按照从小到大的顺序进行排序，以消除在决策树的每个结点对数据集进行的排序。具体实现时，需要为训练数据集的每个属性创建一个属性列表，为类别属性创建一个类别列表。

(2) 广度优先策略：在 C4.5 算法中，树的构造是按照深度优先策略完成的，需要对每个属性列表在每个结点处都进行一遍扫描，费时很多，为此，SLIQ 采用广度优先策略构造决策树，即在决策树的每一层只需对每个属性列表扫描一次，就可以为当前决策树中每个叶子结点找到最优分裂标准。

SLIQ 算法由于采用了上述两种技术，使得该算法能够处理比 C4.5 大得多的训练集，在一定范围内具有良好的随记录个数和属性个数增长的可伸缩性。

然而它仍然存在如下缺点：

（1）由于需要将类别列表存放于内存，而类别列表的元组数与训练集的元组数是相同的，这就一定程度上限制了可以处理的数据集的大小。

（2）由于采用了预排序技术，而排序算法的复杂度本身并不是与记录个数呈线性关系，因此，使得 SLIQ 算法不可能达到随记录数目增长的线性可伸缩性。

D SPRINT 算法

为了减少驻留于内存的数据量，SPRINT 算法进一步改进了决策树算法的数据结构，去掉了在 SLIQ 中需要驻留于内存的类别列表，将它的类别列合并到每个属性列表中。这样，在遍历每个属性列表寻找当前结点的最优分裂标准时，不必参照其他信息，将对结点的分裂表现在对属性列表的分裂，即将每个属性列表分成两个，分别存放属于各个结点的记录。

SPRINT 算法的优点是在寻找每个结点的最优分裂标准时变得更简单。

SPRINT 算法的缺点是对非分裂属性的属性列表进行分裂变得很困难。

解决的办法是对分裂属性进行分裂时用哈希表记录下每个记录属于哪个子结点，若内存能够容纳下整个哈希表，其他属性列表的分裂只需参照该哈希表即可。由于哈希表的大小与训练集的大小成正比，当训练集很大时，哈希表可能无法在内存容纳，此时分裂只能分批执行，这使得 SPRINT 算法的可伸缩性仍然不是很好。

5.2.2.2 神经网络算法

人工神经网络（ANN）是一种试图模拟人的神经系统建立起来的非线性动力系统，是多学科交叉的边缘学科。这些学科包括：神经学、心理学、信息学、数学、物理学、系统科学等，特别是统计物理学、工程学、控制论等学科分支的发展直接推动了神经网络方法的发展与应用。

BP 神经网络是一种有监督学习的多层前馈神经网络，也是目前使用最广泛的神经网络模型。当输入节点数为 n，输出节点为 m 时，BP 神经网络可映射为 n 个自变量到 m 个因变量的非线性函数。BP 神经网络模型训练时，按照误差反向传播机制不断调整网络权值和阈值，不断逼近期望输出值，因此，BP 神经网络可以拟合任意连续函数，自我学习，自我组织，灵活性很大。

BP 神经网络一般包含输入层、隐含层和输出层，隐含层层数和神经元个数、学习速度等参数可灵活设定。BP 神经网络一次完整的训练过程可分为初始化网络、计算隐含层输出、计算输出层输出、计算误差、更新权值和更新阈值几个步骤。节点转移函数用于计算隐含层和输出层神经元的输出值，且对预测精度有较大影响。一般而言，隐含层节点选用 tansig 转移函数或 logsig 转移函数，输出节点选用 purelin 转移函数或 tansig 转移函数。

5.3　实证分析

5.3.1　数据来源

　　本书使用某商业银行支行已退出市场的某种信贷产品 2014 年 9 月～2015 年 5 月历史交易数据，将数据脱敏处理后，以信贷客户间资金往来关系为基础，以信贷客户为节点，以客户间资金往来为有向边，绘制各个月的时序社会网络模型，考察不同时期社会网络信贷风险传播过程（图 5-1、图 5-2）。

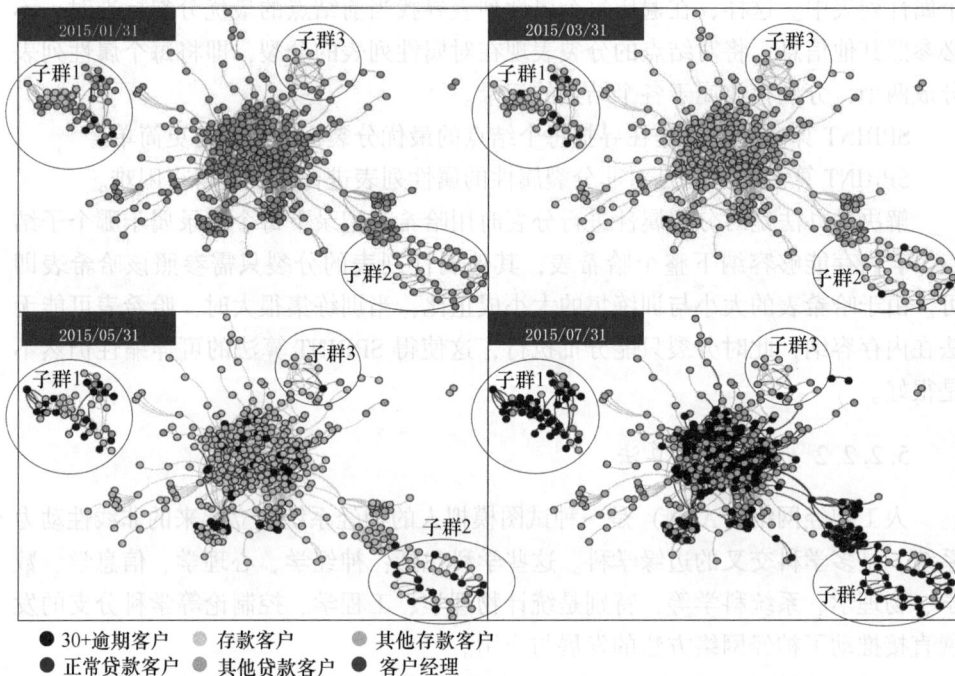

● 30+逾期客户　　● 存款客户　　● 其他存款客户
● 正常贷款客户　　● 其他贷款客户　　● 客户经理

图 5-1　商业银行信贷产品时序社会网络模型

5.3.2　模型训练

　　模型训练以 2014 年 9 月～2015 年 1 月交易数据为观察期（T0），构建时序社会网络模型，提取每个月的社会网络拓扑特征作为输入变量，以 6 个月后客户是否出现 30 天以上逾期作为输出变量，违约设置为 1，未违约设置为 0。

　　以神经网络模型为预测模型，将 28965 条网络拓扑特征数据随机拆分为训练数据集（23172 条）和测试数据集（5793）两部分，使用训练模型对神经网络模

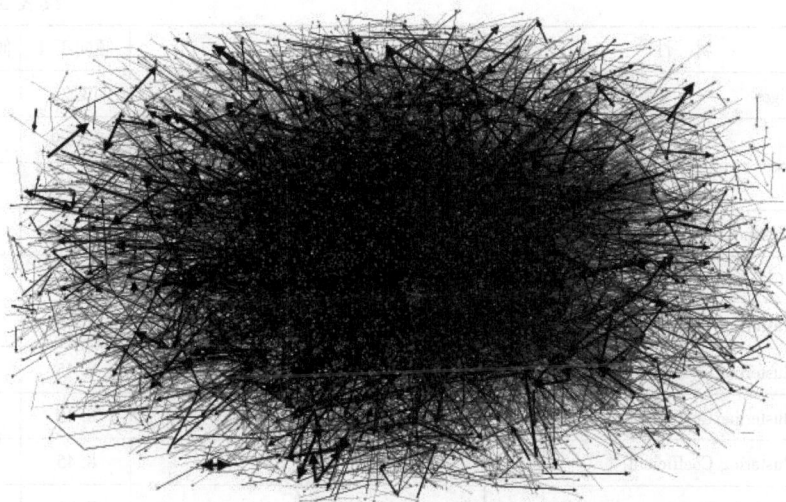

图 5-2 商业银行信贷产品社会网络模型

型进行训练，所得规则见表 5-2 和表 5-3。

表 5-2 神经网络模型训练结果

属 性	值	倾向于 1	倾向于 0
In_Degree	5.529-14.029	63.79	
Median PageRank	0.843-0.959	61.06	
Maximum In_Degree	549.000-618.280	52.86	
Maximum Vertices in a Connected Component	6,993.134-7,718.000	41.61	
Maximum Out_Degree	829.215-1,309.000	32.12	
Average Closeness Centrality	0.212-0.239	31.78	
Average Betweenness Centrality	2,177.808-18,080.929	22.62	
Average Geodesic Distance	12.230-13.242	22.61	
Maximum In_Degree	618.280-719.197	19.95	
Maximum Edges in a Connected Component	15,200.481-17,159.000	16.95	
Maximum Vertices in a Connected Component	5,639.985-6,993.134	16.71	
Median Closeness Centrality	0.026-0.063	16.24	
Maximum Geodesic Distance_Diameter	35.000-36.753	14.33	
Graph Density	0.000-0.000	14	
Average Eigenvector Centrality	0.000-0.000	13.81	
Median PageRank	0.802-0.843	13.34	

属　性	值	倾向于 1	倾向于 0
Unique Edges	12,561.000-18,317.505	13.25	
PageRank	0.212-0.721	12.09	
In_Degree	3.064-5.529	10.08	
Average Closeness Centrality	0.239-0.254	8.83	
Minimum Closeness Centrality	0.000-0.000	8.66	
Median Clustering Coefficient	0.000-0.000	8.45	
Median Clustering Coefficient	0.000-0.000	8.45	
Median Clustering Coefficient	0.000-0.000	8.45	
Median Clustering Coefficient	0.000-0.000	8.45	
Average Geodesic Distance	11.361-12.230	7.35	
Maximum Out_Degree	654.014-829.215	7.23	
Total Edges	23,585.668-24,593.000	7.2	
Maximum Edges in a Connected Component	12,030.134-15,200.481	6.64	
Maximum Eigenvector Centrality	0.001-0.010	6.37	
Graph Density	0.000-0.000	6.13	
Maximum Geodesic Distance_Diameter	36.753-39.439	6.09	
Average Betweenness Centrality	18,080.929-25,583.816	5.69	
Average Clustering Coefficient	0.061-0.067	5.45	
Maximum PageRank	397.807-520.749	5.33	
Closeness Centrality	0.000-0.000	5.04	
Minimum Closeness Centrality	0.000-0.000	4.49	
PageRank	0.721-1.145	3.86	
Average Eigenvector Centrality	0.000-0.000	3.43	
Unique Edges	18,317.505-20,951.587	3.35	
Total Edges	20,951.587-23,585.668	3.03	
Median Closeness Centrality	0.013-0.026	2.93	
Connected Components	2,409.546-2,536.000	2.92	
Minimum PageRank	0.180-0.191	2.9	
Closeness Centrality	0.000-0.121	2.52	
Maximum Eigenvector Centrality	0.010-0.017	2.26	

属　性	值	倾向于 1	倾向于 0
Clustering Coefficient	0.000-0.026	1.89	
Average Clustering Coefficient	0.067-0.074	1.87	
Maximum PageRank	362.148-397.807	1.37	
Minimum PageRank	0.191-0.206	1	
Maximum In_Degree	820.113-1,168.054		100
Maximum Vertices in a Connected Component	1,013.000-4,286.836		71.4
Maximum Betweenness Centrality	750,296.000-2,958,466.000		68.08
Maximum Betweenness Centrality	2,958,466.000-2,958,466.000		64.29
Maximum Betweenness Centrality	2,958,466.000-2,958,466.000		64.29
Maximum Betweenness Centrality	2,958,466.000-2,958,466.000		64.29
Eigenvector Centrality	0.000-0.001		53.35
Average Closeness Centrality	0.268-0.306		42.54
Maximum Out_Degree	35.000-478.813		34.03
Median PageRank	0.737-0.760		33.91
In_Degree	0.000-0.599		33.25
Minimum Closeness Centrality	0.000-0.000		29.74
Average Geodesic Distance	8.816-10.492		29.35
Maximum Edges in a Connected Component	1,899.000-8,859.787		25.8
Closeness Centrality	0.312-0.969		21.7
Graph Density	0.000-0.000		21.26
Maximum In_Degree	719.197-820.113		20.12
PageRank	1.569-3.031		20.05
Maximum Geodesic Distance_Diameter	42.125-46.000		19.9
Average Betweenness Centrality	33,086.702-40,424.667		16.9
Maximum Vertices in a Connected Component	4,286.836-5,639.985		16.8
Median PageRank	0.760-0.802		13.36
Total Edges	12,561.000-18,317.505		12.27
In_Degree	0.599-3.064		11.63
Eigenvector Centrality	0.000-0.000		10.7
Average Closeness Centrality	0.254-0.268		9.15

续表 5-2

属　性	值	倾向于 1	倾向于 0
Unique Edges	23,585.668-24,593.000		8.07
Average Eigenvector Centrality	0.000-0.000		8.06
Average Geodesic Distance	10.492-11.361		7.46
Maximum Out_Degree	478.813-654.014		7.41
Maximum Geodesic Distance_Diameter	39.439-42.125		6.73
Maximum Edges in a Connected Component	8,859.787-12,030.134		6.65
Average Clustering Coefficient	0.080-0.088		6.47
Minimum Closeness Centrality	0.000-0.000		6.47
Graph Density	0.000-0.000		6.26
Average Betweenness Centrality	25,583.816-33,086.702		5.72
Maximum Eigenvector Centrality	0.024-0.026		5.63
Median Closeness Centrality	0.000-0.000		5.36
Closeness Centrality	0.121-0.312		3.99
Maximum PageRank	289.951-326.490		3.95
PageRank	1.145-1.569		3.88
Out_Degree	5.576-14.200		3.77
Average Eigenvector Centrality	0.000 0.000		3.51
Clustering Coefficient	0.386-1.000		3.46
Unique Edges	20,951.587-23,585.668		3.39
Total Edges	18,317.505-20,951.587		3.01
Out_Degree	0.000-0.572		2.89
Median Closeness Centrality	0.000-0.013		2.74
Connected Components	1,939.000-2,105.741		2.71
Maximum Eigenvector Centrality	0.017-0.024		2.44
Minimum PageRank	0.221-0.235		2.18
Average Out_Degree	1.569-1.719		2.04
Average Clustering Coefficient	0.074-0.080		1.91
Maximum PageRank	326.490-362.148		1.39
Average In_Degree	1.569-1.719		1.04

表 5-3 神经网络模型训练结果(Score 大于 10 的)

属 性	值	倾向于 1	倾向于 0
Maximum In_Degree	820.113-1,168.054		■■■■
Maximum Vertices in a Connected Component	1,013.000-4,286.836		■■■■
Maximum Betweenness Centrality	750,296.000-2,958,466.000		■■■■
Maximum Betweenness Centrality	2,958,466.000-2,958,466.000		■■■■
Maximum Betweenness Centrality	2,958,466.000-2,958,466.000		■■■■
Maximum Betweenness Centrality	2,958,466.000-2,958,466.000		■■■■
In_Degree	5.529-14.029	■■■	
Median PageRank	0.843-0.959	■■■	
Eigenvector Centrality	0.000-0.001		■■■
Maximum In_Degree	549.000-618.280	■■	
Average Closeness Centrality	0.268-0.306		■■
Maximum Vertices in a Connected Component	6,993.134-7,718.000	■■	
Maximum Out_Degree	35.000-478.813		■■
Median PageRank	0.737-0.760		■■
In_Degree	0.000-0.599		■■
Maximum Out_Degree	829.215-1,309.000		■■
Average Closeness Centrality	0.212-0.239		■
Maximum Closeness Centrality	0.000-0.000		■
Average Geodesic Distance	8.816-10.492		■
Maximum Edges in a Connected Component	1,899.000-8,859.787		■
Average Betweenness Centrality	2,177.808-18,080.929	■	
Average Geodesic Distance	12.230-13.242	■	
Closeness Centrality	0.312-0.969		■
Graph Density	0.000-0.000		■
Maximum In_Degree	719.197-820.113		■
PageRank	1.569-3.031		■
Maximum In_Degree	618.280-719.197		■
Maximum Geodesic Distance_Diameter	42.125-46.000		■
Maximum Edges in a Connected Component	15,200.481-17,159.000	■	
Average Betweenness Centrality	33,086.702-40,424.667		■
Maximum Vertices in a Connected Component	4,286.836-5,639.985		■
Maximum Vertices in a Connected Component	5,639.985-6,993.134	■	
Median Closeness Centrality	0.026-0.063	■	
Maximum Geodesic Distance_Diameter	35.000-36.753	■	

属　性	值	倾向于 1	倾向于 0
Graph Density	0.000-0.000	▌	
Average Eigenvector Centrality	0.000-0.000	▌	
Median PageRank	0.760-0.802		▌
Median PageRank	0.802-0.843	▌	
Unique Edges	12,561.000-18,317.505	▌	
Total Edges	12,561.000-18,317.505		▌
PageRank	0.212-0.721	▌	
In_Degree	0.599-3.064		▌
Eigenvector Centrality	0.000-0.000		▌
In_Degree	3.064-5.529	▌	

神经网络算法对每个与可预测状态相关的 AV 的影响进行评估，基于以下分数进行分类：

$$\text{Score} = P(AV \mid \text{Predictable\_State\_1}) / P(AV \mid \text{Predictable\_State\_2}) \quad (5-6)$$

神经网络可快速计算 P（Predictable_State_1 | AV）。此时，输入属性的取值被拆分为 AV 和其他值两类以计算可预测属性状态的概率。因为 P(Predictable_State_1)、P(Predictable_State_2) 和 P（AV）已知，故可使用贝叶斯法则导出 P(AV | Predictable_State_1)。

$$P(AV \mid \text{Predictable\_State\_1})$$

$$= P(\text{Predictable\_State\_1} \mid AV) \cdot P(AV) / P(\text{Predictable\_State\_1})$$

$$(5-7)$$

表 5-2 结果显示的是与可预测状态相关的属性/值对（Attribute/Value pair, AV）的影响。表 5-3 为得分大于 10 的属性/值对的可视化结果对比。

表 5-2 和表 5-3 的结果表明，信贷客户违约状态影响因素依此为：In_Degree（63.79）、Median PageRank（61.06）、Maximum In_Degree（52.86）、Maximum Vertices in a Connected Component（41.61）、Maximum Out_Degree（32.12）、Average Closeness Centrality（31.78）、Average Betweenness Centrality（22.62）、Average Geodesic Distance（22.61）、Maximum In_Degree（19.95）、Maximum Edges in a Connected Component（16.95）、Maximum Vertices in a Connected Component（16.71）、Median Closeness Centrality（16.24）、Maximum Geodesic Distance_Diameter（14.33）、Graph Density（14）、Average Eigenvector Centrality（13.81）、Median PageRank（13.34）、Unique Edges（13.25）、PageRank（12.09）、In_Degree（10.08）。这表明节点统计特征中的入度、网络

统计特征 PR 中位数、入度最大值、连通子图最大节点数、出度最大值、接近中心性平均值、中介中心性平均值、网络平均距离等因素对信贷客户违约具有重要影响。

信贷客户继续履约正常状态影响因素依此为：Maximum In_Degree（100）、Maximum Vertices in a Connected Component（71.4）、Maximum Betweenness Centrality（68.08）、Eigenvector Centrality（53.35）、Average Closeness Centrality（42.54）、Maximum Out_Degree（34.03）、Median PageRank（33.91）、In_Degree（33.25）、Minimum Closeness Centrality（29.74）、Average Geodesic Distance（29.35）、Maximum Edges in a Connected Component（25.8）、Closeness Centrality（21.7）、Graph Density（21.26）、Maximum In_Degree（20.12）、PageRank（20.05）、Maximum Geodesic Distance_Diameter（19.9）、Average Betweenness Centrality（16.9）、Maximum Vertices in a Connected Component（16.8）、Median PageRank（13.36）、Total Edges（12.27）、In_Degree（11.63）、Eigenvector Centrality（10.7）。这表明网络统计特征入度最大值、连通子图最大节点数、中介中心性最大值、接近中心性平均值、出度最大值、顶点 PR 中位数，节点统计特征中的特征向量中心性、入度等因素对信贷客户继续履约具有重要影响。

5.3.3 模型测试

5.3.3.1 准确性图表

准确性图表通过创建提升图评估数据挖掘模型的性能，本书将建立的神经网络模型和决策树模型与准确性为 100% 理想模型与随机模型进行对比，结果显示相对于随机模型，神经网络模型的提升幅度为 115.86%，决策树提升幅度为 104.91%，神经网络模型预测性能更好（图 5-3、表 5-4）。

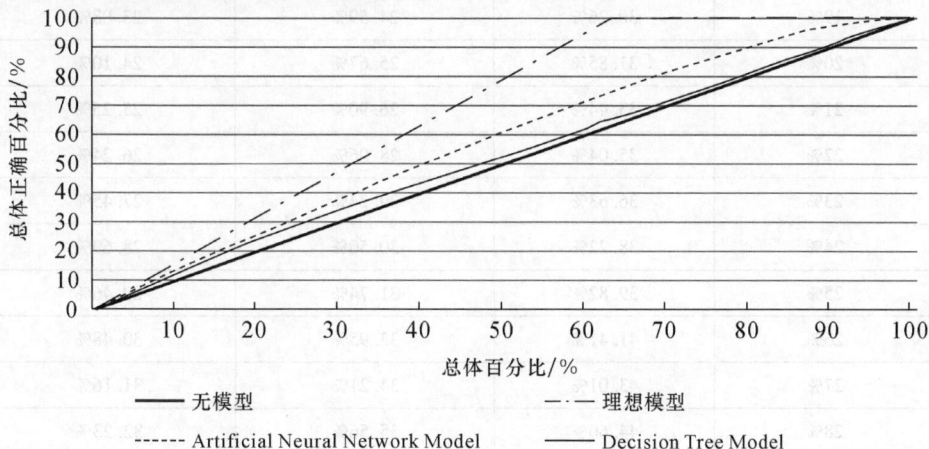

图 5-3 模型提升图

表 5-4   模型准确性对比

百分位数	理想模型	神经网络模型	决策树模型
0%	0.00%	0.00%	0.00%
1%	1.59%	1.40%	1.13%
2%	3.19%	2.83%	2.36%
3%	4.78%	4.07%	3.52%
4%	6.38%	5.47%	4.75%
5%	7.97%	6.76%	5.99%
6%	9.56%	8.13%	7.20%
7%	11.16%	9.48%	8.52%
8%	12.75%	10.91%	9.89%
9%	14.34%	12.23%	11.35%
10%	15.94%	13.36%	12.59%
11%	17.53%	14.65%	13.85%
12%	19.13%	15.97%	15.14%
13%	20.72%	17.23%	16.38%
14%	22.31%	18.44%	17.61%
15%	23.88%	19.59%	18.80%
16%	25.47%	20.86%	20.01%
17%	27.07%	22.01%	21.16%
18%	28.66%	23.33%	22.12%
19%	30.26%	24.59%	23.08%
20%	31.85%	25.67%	24.10%
21%	33.44%	26.90%	25.25%
22%	35.04%	28.06%	26.24%
23%	36.63%	29.24%	27.45%
24%	38.22%	30.50%	28.69%
25%	39.82%	31.74%	29.46%
26%	41.41%	32.95%	30.48%
27%	43.01%	34.21%	31.16%
28%	44.60%	35.56%	32.23%
29%	46.17%	36.88%	33.25%

百分位数	理想模型	神经网络模型	决策树模型
30%	47.76%	37.84%	34.08%
31%	49.35%	38.99%	35.20%
32%	50.95%	40.18%	36.30%
33%	52.54%	41.44%	37.10%
34%	54.14%	42.79%	38.20%
35%	55.73%	44.00%	39.08%
36%	57.32%	45.26%	39.85%
37%	58.92%	46.36%	40.73%
38%	60.51%	47.43%	41.71%
39%	62.10%	48.58%	42.59%
40%	63.70%	49.71%	43.58%
41%	65.29%	50.76%	44.66%
42%	66.89%	51.94%	45.59%
43%	68.45%	53.06%	46.63%
44%	70.05%	54.36%	47.49%
45%	71.64%	55.59%	48.42%
46%	73.23%	56.86%	49.35%
47%	74.83%	57.96%	50.29%
48%	76.42%	59.08%	51.03%
49%	78.02%	60.32%	51.83%
50%	79.61%	61.36%	52.76%
51%	81.20%	62.19%	53.61%
52%	82.80%	63.31%	54.47%
53%	84.39%	64.39%	55.48%
54%	85.99%	65.51%	56.66%
55%	87.58%	66.47%	57.60%
56%	89.17%	67.77%	58.40%
57%	90.77%	68.81%	59.30%
58%	92.33%	69.91%	60.21%
59%	93.93%	70.95%	61.20%

百分位数	理想模型	神经网络模型	决策树模型
60%	95.52%	71.97%	62.21%
61%	97.11%	73.15%	63.37%
62%	98.71%	74.25%	64.58%
63%	100.00%	75.41%	65.46%
64%	100.00%	76.34%	66.14%
65%	100.00%	77.27%	67.05%
66%	100.00%	78.18%	67.79%
67%	100.00%	79.03%	68.76%
68%	100.00%	80.02%	69.80%
69%	100.00%	80.87%	70.60%
70%	100.00%	81.70%	71.67%
71%	100.00%	82.52%	72.55%
72%	100.00%	83.46%	73.54%
73%	100.00%	84.31%	74.53%
74%	100.00%	85.11%	75.57%
75%	100.00%	85.82%	76.61%
76%	100.00%	86.67%	77.55%
77%	100.00%	87.50%	78.68%
78%	100.00%	88.35%	79.72%
79%	100.00%	89.31%	80.79%
80%	100.00%	90.13%	81.81%
81%	100.00%	91.01%	82.74%
82%	100.00%	91.89%	83.62%
83%	100.00%	92.72%	84.31%
84%	100.00%	93.68%	85.38%
85%	100.00%	94.48%	86.51%
86%	100.00%	95.30%	87.47%
87%	100.00%	96.02%	88.16%
88%	100.00%	96.51%	89.04%
89%	100.00%	96.81%	90.05%

续表 5-4

百分位数	理想模型	神经网络模型	决策树模型
90%	100.00%	97.25%	91.18%
91%	100.00%	97.61%	92.25%
92%	100.00%	97.94%	93.40%
93%	100.00%	98.19%	94.45%
94%	100.00%	98.52%	95.47%
95%	100.00%	98.90%	96.29%
96%	100.00%	99.07%	97.03%
97%	100.00%	99.29%	97.83%
98%	100.00%	99.53%	98.49%
99%	100.00%	99.78%	99.20%
100%	100.00%	100.00%	100.00%

5.3.3.2 分类矩阵

模型分类矩阵显示神经网络模型预测正确分类记录共 4109 条，占比 70.93%；错误分类记录共 1684 条，占比 29.07%；决策树模型预测正确分类记录共 3639 条，占比 62.82%，错误分类记录共 2154 条，占比 37.18%，详细信息见表 5-5 和表 5-6。

表 5-5　神经网络模型预测分类矩阵

项目	0（实际）	1（实际）
0	680（31.57%）	210（5.77%）
1	1474（68.43%）	3429（94.23%）

表 5-6　决策树模型预测分类矩阵

项目	0（实际）	1（实际）
0	0（0.00%）	0（0.00%）
1	2154（100.00%）	3639（100.00%）

5.3.3.3 利润图

利润图用于评估与预测模型相关联的利润增长。利润图的 Y 轴表示利润，X 轴表示银行客户总体的百分比。利润图将根据成本收益数据计算银行利润最高点及对应客户未违约概率阈值。

本节将固定成本设置为 5000 元，信贷客户总体设为 50000 人，每信贷客户单项成本为 3 元，未违约情况下，每信贷客户的单项收入为 8 元，结果显示相对于决策树模型，神经网络模型可以获得更高利润，最大利润值为 ¥25726，目标客户未违约的概率阈值为 34.95%，如图 5-4、表 5-7 和表 5-8 所示。

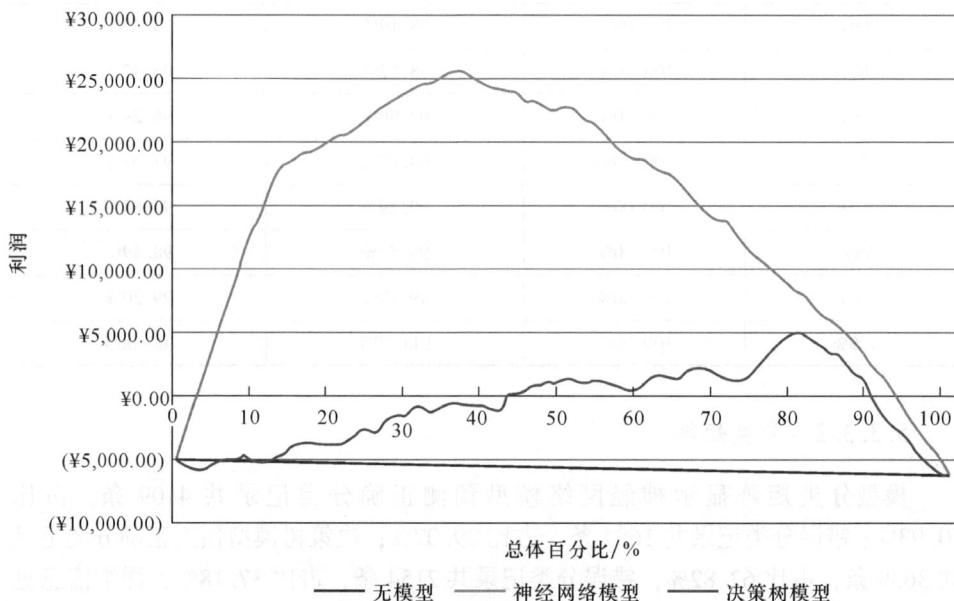

图 5-4 预测模型利润图

表 5-7 模型最大利润及概率阈值对比

模型名称	神经网络模型	决策树模型
最大利润	¥25,726.74	¥4,934.40
概率阈值	34.95%	33.33%

表 5-8 模型利润及概率阈值详细对比

百分位数	随机推测利润	神经网络总体正确百分比	神经网络利润	神经网络概率	决策树总体正确百分比	决策树利润	决策树概率
0%	（¥5,000.00）	0.00%	（¥5,000.00）	100.00%	0.00%	（¥5,000.00）	100.00%
1%	（¥5,012.70）	2.18%	（¥3,256.52）	89.52%	0.84%	（¥5,258.93）	40.80%
2%	（¥5,025.41）	4.64%	（¥1,098.74）	86.95%	1.58%	（¥5,655.96）	40.80%
3%	（¥5,038.11）	6.87%	¥713.79	85.60%	2.41%	（¥5,914.90）	40.80%

百分位数	随机推测利润	神经网络总体正确百分比	神经网络利润	神经网络概率	决策树总体正确百分比	决策树利润	决策树概率
4%	（￥5,050.81）	9.19%	￥2,664.42	84.91%	3.57%	（￥5,690.49）	40.80%
5%	（￥5,063.52）	11.61%	￥4,753.15	84.37%	4.97%	（￥5,120.84）	40.80%
6%	（￥5,076.22）	13.60%	￥6,220.44	84.00%	6.04%	（￥5,034.52）	40.80%
7%	（￥5,088.92）	15.78%	￥7,963.92	82.97%	7.06%	（￥5,017.26）	40.80%
8%	（￥5,101.62）	18.06%	￥9,845.50	82.17%	8.08%	（￥5,000.00）	40.80%
9%	（￥5,114.33）	20.19%	￥11,519.94	80.87%	9.29%	（￥4,706.54）	40.80%
10%	（￥5,127.03）	22.28%	￥13,125.32	79.60%	9.98%	（￥5,172.62）	40.80%
11%	（￥5,139.73）	24.23%	￥14,523.56	77.36%	10.96%	（￥5,224.41）	40.80%
12%	（￥5,152.44）	26.42%	￥16,267.05	72.72%	12.21%	（￥4,861.90）	40.80%
13%	（￥5,165.14）	28.37%	￥17,665.29	56.88%	13.28%	（￥4,775.59）	40.80%
14%	（￥5,177.84）	29.76%	￥18,234.94	54.30%	14.44%	（￥4,551.18）	40.80%
15%	（￥5,190.33）	31.01%	￥18,623.34	51.27%	15.83%	（￥3,955.64）	40.80%
16%	（￥5,203.03）	32.36%	￥19,123.94	46.70%	16.99%	（￥3,731.23）	40.80%
17%	（￥5,215.73）	33.38%	￥19,141.20	45.94%	18.01%	（￥3,713.97）	40.80%
18%	（￥5,228.44）	34.68%	￥19,572.76	44.93%	19.13%	（￥3,558.61）	40.80%
19%	（￥5,241.14）	35.84%	￥19,797.17	44.15%	20.01%	（￥3,748.49）	40.80%
20%	（￥5,253.84）	37.14%	￥20,228.73	44.12%	21.03%	（￥3,731.23）	40.80%
21%	（￥5,266.55）	38.44%	￥20,660.28	43.67%	22.05%	（￥3,713.97）	40.80%
22%	（￥5,279.25）	39.51%	￥20,746.59	43.30%	23.26%	（￥3,420.51）	40.80%
23%	（￥5,291.95）	40.76%	￥21,109.10	42.67%	24.33%	（￥3,334.20）	40.80%
24%	（￥5,304.65）	42.06%	￥21,540.66	42.24%	25.81%	（￥2,626.44）	40.80%
25%	（￥5,317.36）	43.31%	￥21,903.16	41.74%	26.79%	（￥2,678.23）	40.80%
26%	（￥5,330.06）	44.80%	￥22,610.91	41.40%	27.67%	（￥2,868.12）	40.80%
27%	（￥5,342.76）	46.10%	￥23,042.46	41.09%	29.29%	（￥1,953.22）	40.80%
28%	（￥5,355.47）	47.26%	￥23,266.87	40.78%	30.50%	（￥1,659.76）	40.80%
29%	（￥5,367.95）	48.47%	￥23,586.23	40.62%	31.43%	（￥1,754.71）	40.80%
30%	（￥5,380.65）	49.77%	￥24,017.78	40.13%	32.73%	（￥1,323.15）	40.80%
31%	（￥5,393.36）	51.07%	￥24,449.33	39.50%	34.12%	（￥753.50）	40.80%
32%	（￥5,406.06）	52.27%	￥24,742.79	38.75%	35.05%	（￥874.33）	40.80%

百分位数	随机推测利润	神经网络总体正确百分比	神经网络利润	神经网络概率	决策树总体正确百分比	决策树利润	决策树概率
33%	(￥5,418.76)	53.20%	￥24,621.96	37.67%	35.75%	(￥1,340.41)	40.80%
34%	(￥5,431.47)	54.55%	￥25,122.56	37.21%	37.00%	(￥977.91)	40.80%
35%	(￥5,444.17)	55.71%	￥25,346.97	36.16%	38.30%	(￥546.35)	40.80%
36%	(￥5,456.87)	56.87%	￥25,571.38	35.25%	39.32%	(￥529.08)	40.80%
37%	(￥5,469.58)	57.99%	￥25,726.74	34.95%	40.30%	(￥580.87)	40.80%
38%	(￥5,482.28)	58.73%	￥25,329.70	34.32%	41.41%	(￥425.52)	40.80%
39%	(￥5,494.98)	59.52%	￥25,001.73	33.97%	42.25%	(￥684.44)	40.80%
40%	(￥5,507.68)	60.26%	￥24,604.70	33.54%	43.18%	(￥805.28)	40.80%
41%	(￥5,520.39)	61.19%	￥24,483.86	33.21%	44.01%	(￥1,064.21)	40.80%
42%	(￥5,533.09)	62.02%	￥24,224.92	32.87%	45.08%	(￥977.91)	40.80%
43%	(￥5,545.57)	62.91%	￥24,060.93	32.68%	46.80%	￥100.99	40.80%
44%	(￥5,558.28)	63.83%	￥23,940.10	32.35%	47.86%	￥187.29	40.80%
45%	(￥5,570.98)	64.39%	￥23,266.87	32.17%	49.03%	￥411.70	40.80%
46%	(￥5,583.68)	65.41%	￥23,284.13	32.03%	50.37%	￥912.31	40.80%
47%	(￥5,596.39)	66.25%	￥23,025.21	31.79%	51.25%	￥722.43	40.80%
48%	(￥5,609.09)	67.08%	￥22,766.27	31.48%	52.65%	￥1,292.08	40.80%
49%	(￥5,621.79)	67.92%	￥22,507.34	31.19%	53.44%	￥964.10	40.80%
50%	(￥5,634.50)	69.17%	￥22,869.84	30.91%	54.69%	￥1,326.60	40.80%
51%	(￥5,647.20)	70.15%	￥22,818.06	30.57%	55.76%	￥1,412.92	40.80%
52%	(￥5,659.90)	70.71%	￥22,144.83	30.39%	56.55%	￥1,084.93	40.80%
53%	(￥5,672.61)	71.49%	￥21,816.85	30.21%	57.66%	￥1,240.29	40.80%
54%	(￥5,685.31)	72.33%	￥21,557.92	30.02%	58.54%	￥1,050.40	40.80%
55%	(￥5,698.01)	72.89%	￥20,884.69	29.67%	59.47%	￥929.57	40.80%
56%	(￥5,710.71)	73.49%	￥20,280.51	29.32%	60.35%	￥739.69	40.80%
57%	(￥5,723.42)	74.00%	￥19,538.23	29.03%	61.33%	￥687.90	40.80%
58%	(￥5,735.90)	74.74%	￥19,167.09	28.73%	62.21%	￥523.91	40.80%
59%	(￥5,748.60)	75.44%	￥18,701.02	28.50%	63.18%	￥472.12	40.80%
60%	(￥5,761.31)	76.37%	￥18,580.18	28.33%	64.35%	￥696.53	40.80%
61%	(￥5,774.01)	77.16%	￥18,252.20	28.11%	65.83%	￥1,404.28	40.80%

百分位数	随机推测利润	神经网络总体正确百分比	神经网络利润	神经网络概率	决策树总体正确百分比	决策树利润	决策树概率
62%	（￥5,786.71）	77.90%	￥17,855.17	27.82%	67.04%	￥1,697.74	40.80%
63%	（￥5,799.42）	78.78%	￥17,665.29	27.59%	67.97%	￥1,576.91	40.80%
64%	（￥5,812.12）	79.67%	￥17,475.41	27.33%	68.85%	￥1,387.02	40.80%
65%	（￥5,824.82）	80.18%	￥16,733.13	26.98%	69.78%	￥1,266.19	40.80%
66%	（￥5,837.53）	80.83%	￥16,198.00	26.69%	71.36%	￥2,112.02	40.80%
67%	（￥5,850.23）	81.29%	￥15,386.67	26.47%	72.56%	￥2,405.49	40.80%
68%	（￥5,862.93）	81.85%	￥14,713.44	25.96%	73.26%	￥1,939.41	40.80%
69%	（￥5,875.63）	82.50%	￥14,178.32	25.70%	74.23%	￥1,887.63	40.80%
70%	（￥5,888.34）	83.29%	￥13,850.34	25.07%	75.02%	￥1,559.65	40.80%
71%	（￥5,901.04）	84.35%	￥13,936.65	24.73%	75.81%	￥1,231.65	40.80%
72%	（￥5,913.53）	84.73%	￥13,013.11	24.29%	76.74%	￥1,136.71	40.80%
73%	（￥5,926.23）	85.14%	￥12,132.75	23.87%	77.86%	￥1,292.08	40.80%
74%	（￥5,938.93）	85.70%	￥11,459.52	23.43%	79.16%	￥1,723.63	40.80%
75%	（￥5,951.63）	86.35%	￥10,924.39	23.21%	80.55%	￥2,293.29	40.80%
76%	（￥5,964.34）	86.95%	￥10,320.22	23.02%	81.94%	￥2,862.94	40.80%
77%	（￥5,977.04）	87.56%	￥9,716.04	22.57%	83.52%	￥3,708.79	40.80%
78%	（￥5,989.74）	88.25%	￥9,249.95	22.33%	84.91%	￥4,278.43	40.80%
79%	（￥6,002.45）	88.95%	￥8,783.88	22.20%	86.30%	￥4,848.10	33.33%
80%	（￥6,015.15）	89.60%	￥8,248.75	22.13%	87.37%	￥4,934.40	33.33%
81%	（￥6,027.85）	90.48%	￥8,058.87	21.74%	88.35%	￥4,882.61	33.33%
82%	（￥6,040.56）	91.04%	￥7,385.64	21.60%	89.09%	￥4,485.59	33.33%
83%	（￥6,053.26）	91.46%	￥6,505.27	21.30%	89.93%	￥4,226.65	22.88%
84%	（￥6,065.96）	92.20%	￥6,108.23	20.97%	90.48%	￥3,553.43	22.88%
85%	（￥6,078.66）	92.76%	￥5,435.01	20.67%	91.36%	￥3,363.55	22.88%
86%	（￥6,091.15）	93.50%	￥5,063.87	20.15%	92.06%	￥2,923.36	22.88%
87%	（￥6,103.85）	94.10%	￥4,459.69	19.73%	92.48%	￥2,042.98	22.88%
88%	（￥6,116.55）	94.66%	￥3,786.47	19.23%	93.27%	￥1,715.01	22.88%
89%	（￥6,129.26）	95.17%	￥3,044.20	18.88%	93.87%	￥1,110.83	22.88%
90%	（￥6,141.96）	95.64%	￥2,232.86	18.37%	94.01%	（￥183.85）	22.88%

续表 5-8

百分位数	随机推测利润	神经网络总体正确百分比	神经网络利润	神经网络概率	决策树总体正确百分比	决策树利润	决策树概率
91%	（¥6,154.66）	96.43%	¥1,904.89	17.95%	94.34%	（¥1,202.31）	22.88%
92%	（¥6,167.37）	96.89%	¥1,093.56	17.30%	94.89%	（¥1,875.55）	22.88%
93%	（¥6,180.07）	97.17%	¥6.04	16.74%	95.45%	（¥2,548.77）	22.88%
94%	（¥6,192.77）	97.59%	（¥874.33）	16.19%	96.01%	（¥3,221.98）	22.88%
95%	（¥6,205.48）	98.00%	（¥1,754.71）	15.26%	96.52%	（¥3,964.27）	22.88%
96%	（¥6,218.18）	98.47%	（¥2,566.03）	14.55%	97.03%	（¥4,706.54）	22.88%
97%	（¥6,230.88）	98.79%	（¥3,584.49）	13.33%	97.77%	（¥5,103.56）	22.88%
98%	（¥6,243.59）	99.40%	（¥4,188.68）	12.18%	98.38%	（¥5,707.76）	22.88%
99%	（¥6,256.29）	99.68%	（¥5,276.19）	10.73%	99.07%	（¥6,173.83）	22.88%
100%	（¥6,268.77）	100.00%	（¥6,268.77）	5.00%	100.00%	（¥6,268.77）	22.88%

5.3.4　模型预测

按照利润图设置的成本收入数据，采用神经网络预测模型，当客户不发生违约的概率不小于 34.95% 时，银行可获得的利润最大，即未违约概率不小于 34.95% 的信贷客户为商业银行目标客户。因此，以当前继续履约的 1737 名信贷客户之间资金往来社会网络拓扑特征为输入变量，神经网络算法为预测模型，预测每位客户 6 个月后履约状态及继续履约的概率，从中找出 6 个月后继续履约概率不小于 34.95% 的目标客户，共计 623 名，见表 5-9。

表 5-9　神经网络模型预测

序号	顶点	日期	是否违约	正常履约概率
1	600017421247	2015/5/1	0	89.98%
2	600021884862	2015/5/1	0	89.98%
3	600032791265	2015/5/1	0	89.98%
4	600039683503	2015/5/1	0	89.98%
5	600039882145	2015/5/1	0	89.98%
6	600040134719	2015/5/1	0	89.98%
7	600041472177	2015/5/1	0	89.98%
8	600045802603	2015/5/1	0	89.98%

续表 5-9

序号	顶点	日期	是否违约	正常履约概率
9	600045991187	2015/5/1	0	89.98%
10	600021036808	2015/5/1	0	89.52%
⋮	⋮	⋮	⋮	⋮
614	600039105929	2014/11/1	1	35.00%
615	600020901256	2015/1/1	1	34.99%
616	600032456470	2015/1/1	1	34.99%
617	600033395726	2015/1/1	1	34.99%
618	600034455218	2015/1/1	1	34.99%
619	600035821349	2015/1/1	1	34.99%
620	600035907891	2015/1/1	1	34.99%
621	600038981814	2015/1/1	1	34.99%
622	600040943670	2015/1/1	1	34.99%
623	600044142126	2015/1/1	1	34.99%

5.4 结论与建议

预测变量和拟合函数是风险预测的关键。本章通过信贷客户之间资金往来构建社会网络模型，提取网络统计特征作为预测变量，同时建立人工神经网络模型和决策树模型，经模型训练和模型准确性测试后，选定预测准确率更高的人工神经网络模型为预测模型，通过成本收益数据获得了最大化利润对应的目标客户履约概率阈值，最终完成潜在客户的筛选。研究结果如下。

（1）节点统计特征中的入度、网络统计特征 PR 中位数、入度最大值、连通子图最大节点数、出度最大值、接近中心性平均值、中介中心性平均值、网络平均距离等因素对信贷客户违约具有重要影响。

（2）网络统计特征入度最大值、连通子图最大节点数、中介中心性最大值、接近中心性平均值、出度最大值、顶点 PR 中位数，节点统计特征中的特征向量中心性、入度等因素对信贷客户继续履约具有重要影响。

（3）准确性图表和分类矩阵表明，神经网络模型预测性能高于决策树模型。

（4）将固定成本设置为 5000 元，信贷客户总体设为 50000 人，单项成本和单项收入分别设为 3 元和 8 元，神经网络模型获得最大利润值的目标客户履约概率阈值为 34.95%。

（5）利用目标客户概率阈值，可以通过人工神经网络模型进行模型预测，获得目标客户。目标客户为履约概率不小于 34.95% 的客户，选定这些目标客户，商业银行可获得最大利润。

　　本章将关系数据和人工神经网络作为预测变量和预测模型，完成了个人客户信贷风险预测数据挖掘的完整流程，流程包括数据准备、模型建立、模型训练、模型测试和模型预测等步骤。研究虽采用了新视角和新方法，但依然存在预测变量过多、部分变量预测性能不佳等问题，未来研究可纳入信贷客户属性特征数据、综合使用属性和关系数据作为预测变量，构建个人信贷风险预测模型。

参 考 文 献

［1］ Tra Pham T T, Lensink R. Household borrowing in Vietnam：A comparative study of default risks of formal, informal and semi-formal credit ［J］. Journal of Emerging Market Finance, 2008, 7 (3)：237-261.

［2］ Ojiako I A, Ogbukwa B C. Economic analysis of loan repayment capacity of smallholder coopera-tive farmers in Yewa North Local Government Area of Ogun State, Nigeria ［J］. African Journal of Agricultural Research, 2012, 7 (13)：2051-2062.

［3］ Dufhues T, Buchenrieder G, Quoc H D, et al. Social capital and loan repayment performance in Southeast Asia ［J］. The Journal of Socio-Economics, 2011, 40 (5)：679-691.

［4］ Mochón M C. Social network analysis and big data tools applied to the systemic risk supervision ［J］. Ijimai, 2016, 3 (6)：34-37.

［5］ Worrell J, Wasko M, Johnston A. Social network analysis in accounting information systems re-search ［J］. International Journal of Accounting Information Systems, 2013, 14 (2)：127-137.

［6］ Houston J F, Lee J, Suntheim F. Social networks in the global banking sector ［J］. Journal of Accounting and Economics, 2018, 65 (2-3)：237-269.

［7］ 王婷, 史晋川, 娄姚荣. 社会网络对民间金融风险的作用——基于社会网络结构的理论与实证分析 ［J］. 浙江大学学报：人文社会科学版, 2018, 48 (1)：97-114.

［8］ 李庆海, 孙光林, 何婧. 社会网络对贫困地区农户信贷违约风险的影响：抑制还是激励？ ［J］. 中国农村观察, 2018 (5)：45-66.

［9］ Mizruchi M S, Stearns L B. Getting deals done：The use of social networks in bank decision-making ［J］. American Sociological Review, 2001：647-671.

［10］ Uzzi B. Embeddedness in the making of financial capital：How social relations and networks benefit firms seeking financing ［J］. American Sociological Review, 1999：481-505.

［11］ Cai J, Walkling R A, Yang K. The price of street friends：Social networks, informed trading, and shareholder costs ［J］. Journal of Financial and Quantitative Analysis, 2016, 51 (3)：801-837.

［12］ Jiang B, Kim J S, Li C, et al. Social network structure and risk sharing in villages ［J］. The BE Journal of Economic Analysis & Policy, 2018, 20170263.

［13］ 张敏, 童丽静, 许浩然. 社会网络与企业风险承担——基于我国上市公司的经验证据

[J]. 管理世界, 2015 (11): 161-175.

[14] Kovářík J, Van der Leij M J. Risk aversion and social networks [J]. Review of Network Economics, 2014, 13 (2): 121-155.

[15] Zhao Z, Chen D, Wang L, et al. Credit risk diffusion in supply chain finance: A complex networks perspective [J]. Sustainability, 2018, 10 (12): 4608.

[16] Li S, Li J. Social network structures and bank runs [J]. The European Physical Journal B, 2016, 89 (5): 116.

[17] Kiss H J, Rodriguez-Lara I, Rosa-García A. Do social networks prevent or promote bank runs? [J]. Journal of Economic Behavior & Organization, 2014, 101: 87-99.

[18] Hua Z, Wang Y, Xu X, et al. Predicting corporate financial distress based on integration of support vector machine and logistic regression [J]. Expert Systems with Applications, 2007, 33 (2): 434-440.

[19] Zhang Y, Na S, Niu J, et al. The influencing factors, regional difference and temporal variation of industrial technology innovation: Evidence with the FOA-GRNN Model [J]. Sustainability, 2018, 10 (1): 187.

[20] Dengiz B, Alabas-Uslu C, Dengiz O. Optimization of manufacturing systems using a neural network metamodel with a new training approach [J]. Journal of the Operational Research Society, 2009, 60 (9): 1191-1197.

[21] 毛国君, 段立娟, 王实, 石云. 数据挖掘原理与算法 [M]. 北京: 清华大学出版社, 2005.

[22] 陈文伟, 黄金才, 赵新. 数据挖掘技术 [M]. 北京: 北京工业大学出版社, 2002.

附录 1 银行系统风险传播仿真模拟数据

序号	银行数	现金资产率	可抵押资产率	所有者权益占比	同业贷款占比	同业借款占比	其他短期负债利率	长期负债利率	可抵押资产折价率	投资资产折价率	贷款损失率	贷款召回比率	风险触发个体	风险触发个体百分位	网络平均度	网络平均路径长度	网络聚类系数	幂律指数	系统风险传播概率	财务破产传播概率	资金周转违约传播概率
1	837	0.0205	0.0123	0.0325	0.3683	4.2369	0.0560	0.0069	0.0105	0.2416	0.2843	0.3834	1	0.12%	2.8065	2.6033	0.3418	0.9498	99.52%	99.52%	0.24%
2	837	0.0205	0.0123	0.0325	0.3683	4.2369	0.0560	0.0069	0.0105	0.2416	0.2843	0.3834	2	0.24%	2.8065	2.6033	0.3418	0.9498	0.12%	0.00%	0.12%
3	837	0.0205	0.0123	0.0325	0.3683	4.2369	0.0560	0.0069	0.0105	0.2416	0.2843	0.3834	250	29.87%	2.8065	2.6033	0.3418	0.9498	0.24%	0.12%	0.24%
4	837	0.0205	0.0123	0.0325	0.3683	4.2369	0.0560	0.0069	0.0105	0.2416	0.2843	0.3834	334	39.90%	2.8065	2.6033	0.3418	0.9498	0.24%	0.12%	0.24%
5	837	0.0205	0.0123	0.0325	0.3683	4.2369	0.0560	0.0069	0.0105	0.2416	0.2843	0.3834	417	49.82%	2.8065	2.6033	0.3418	0.9498	0.24%	0.12%	0.24%
6	837	0.0205	0.0123	0.0325	0.3683	4.2369	0.0560	0.0069	0.0105	0.2416	0.2843	0.3834	500	59.74%	2.8065	2.6033	0.3418	0.9498	0.24%	0.12%	0.24%
7	837	0.0205	0.0123	0.0325	0.3683	4.2369	0.0560	0.0069	0.0105	0.2416	0.2843	0.3834	584	69.77%	2.8065	2.6033	0.3418	0.9498	0.24%	0.12%	0.24%
8	837	0.0205	0.0123	0.0325	0.3683	4.2369	0.0560	0.0069	0.0105	0.2416	0.2843	0.3834	667	79.69%	2.8065	2.6033	0.3418	0.9498	0.24%	0.12%	0.24%
9	837	0.0205	0.0123	0.0325	0.3683	4.2369	0.0560	0.0069	0.0105	0.2416	0.2843	0.3834	750	89.61%	2.8065	2.6033	0.3418	0.9498	0.24%	0.12%	0.24%
10	837	0.0205	0.0123	0.0325	0.3683	4.2369	0.0560	0.0069	0.0105	0.2416	0.2843	0.3834	833	99.52%	2.8065	2.6033	0.3418	0.9498	0.24%	0.12%	0.24%
11	919	0.0022	0.0906	0.0452	0.1173	5.7279	0.0531	0.0643	0.0551	0.0080	0.2031	0.2553	1	0.11%	2.5800	2.6033	0.2373	0.9027	0.11%	0.00%	0.11%
12	919	0.0022	0.0906	0.0452	0.1173	5.7279	0.0531	0.0643	0.0551	0.0080	0.2031	0.2553	2	0.22%	2.5800	2.6033	0.2373	0.9027	0.11%	0.00%	0.11%
13	919	0.0022	0.0906	0.0452	0.1173	5.7279	0.0531	0.0643	0.0551	0.0080	0.2031	0.2553	275	29.92%	2.5800	2.6033	0.2373	0.9027	0.11%	0.00%	0.11%
14	919	0.0022	0.0906	0.0452	0.1173	5.7279	0.0531	0.0643	0.0551	0.0080	0.2031	0.2553	366	39.83%	2.5800	2.6033	0.2373	0.9027	0.11%	0.00%	0.11%
15	919	0.0022	0.0906	0.0452	0.1173	5.7279	0.0531	0.0643	0.0551	0.0080	0.2031	0.2553	458	49.84%	2.5800	2.6033	0.2373	0.9027	0.11%	0.00%	0.11%
16	919	0.0022	0.0906	0.0452	0.1173	5.7279	0.0531	0.0643	0.0551	0.0080	0.2031	0.2553	549	59.74%	2.5800	2.6033	0.2373	0.9027	0.11%	0.00%	0.11%
17	919	0.0022	0.0906	0.0452	0.1173	5.7279	0.0531	0.0643	0.0551	0.0080	0.2031	0.2553	641	69.75%	2.5800	2.6033	0.2373	0.9027	0.11%	0.00%	0.11%
18	919	0.0022	0.0906	0.0452	0.1173	5.7279	0.0531	0.0643	0.0551	0.0080	0.2031	0.2553	732	79.65%	2.5800	2.6033	0.2373	0.9027	0.11%	0.00%	0.11%
19	919	0.0022	0.0906	0.0452	0.1173	5.7279	0.0531	0.0643	0.0551	0.0080	0.2031	0.2553	824	89.66%	2.5800	2.6033	0.2373	0.9027	0.11%	0.00%	0.11%
20	919	0.0022	0.0906	0.0452	0.1173	5.7279	0.0531	0.0643	0.0551	0.0080	0.2031	0.2553	915	99.56%	2.5800	2.6033	0.2373	0.9027	0.11%	0.00%	0.11%

续附录1

序号	银行数	现金资产率	可抵押资产率	所有者权益占比	同业贷款占比	同业借款占比	其他短期负债利率	长期负债利率	可抵押资产折价率	投资资产折价率	贷款损失率	贷款召回比率	风险触发个体	风险触发个体百分位	网络平均度	网络平均路径长度	网络聚类系数	幂律指数	系统风险传播概率	财务风险破产传播概率	资金周转违约传播概率
21	218	0.0190	0.0255	0.0346	0.0479	3.6697	0.0165	0.0126	0.0644	0.2199	0.2866	0.3539	1	0.46%	2.6697	2.5758	0.3455	0.8376	0.00%	0.00%	0.00%
22	218	0.0190	0.0255	0.0346	0.0479	3.6697	0.0165	0.0126	0.0644	0.2199	0.2866	0.3539	2	0.92%	2.6697	2.5758	0.3455	0.8376	0.00%	0.00%	0.00%
23	218	0.0190	0.0255	0.0346	0.0479	3.6697	0.0165	0.0126	0.0644	0.2199	0.2866	0.3539	65	29.82%	2.6697	2.5758	0.3455	0.8376	0.00%	0.00%	0.00%
24	218	0.0190	0.0255	0.0346	0.0479	3.6697	0.0165	0.0126	0.0644	0.2199	0.2866	0.3539	86	39.45%	2.6697	2.5758	0.3455	0.8376	0.00%	0.00%	0.00%
25	218	0.0190	0.0255	0.0346	0.0479	3.6697	0.0165	0.0126	0.0644	0.2199	0.2866	0.3539	107	49.08%	2.6697	2.5758	0.3455	0.8376	0.00%	0.00%	0.00%
26	218	0.0190	0.0255	0.0346	0.0479	3.6697	0.0165	0.0126	0.0644	0.2199	0.2866	0.3539	129	59.17%	2.6697	2.5758	0.3455	0.8376	0.00%	0.00%	0.00%
27	218	0.0190	0.0255	0.0346	0.0479	3.6697	0.0165	0.0126	0.0644	0.2199	0.2866	0.3539	150	68.81%	2.6697	2.5758	0.3455	0.8376	0.00%	0.00%	0.00%
28	218	0.0190	0.0255	0.0346	0.0479	3.6697	0.0165	0.0126	0.0644	0.2199	0.2866	0.3539	172	78.90%	2.6697	2.5758	0.3455	0.8376	0.00%	0.00%	0.00%
29	218	0.0190	0.0255	0.0346	0.0479	3.6697	0.0165	0.0126	0.0644	0.2199	0.2866	0.3539	193	88.53%	2.6697	2.5758	0.3455	0.8376	0.00%	0.00%	0.00%
30	218	0.0190	0.0255	0.0346	0.0479	3.6697	0.0165	0.0126	0.0644	0.2199	0.2866	0.3539	214	98.17%	2.6697	2.5758	0.3455	0.8376	0.00%	0.00%	0.00%
31	926	0.0025	0.0955	0.0449	0.1104	5.4482	0.0265	0.0002	0.0687	0.2902	0.0354	0.2580	1	0.11%	2.6555	2.5950	0.2712	0.9248	0.11%	0.00%	0.11%
32	926	0.0025	0.0955	0.0449	0.1104	5.4482	0.0265	0.0002	0.0687	0.2902	0.0354	0.2580	2	0.22%	2.6555	2.5950	0.2712	0.9248	0.11%	0.00%	0.11%
33	926	0.0025	0.0955	0.0449	0.1104	5.4482	0.0265	0.0002	0.0687	0.2902	0.0354	0.2580	277	29.91%	2.6555	2.5950	0.2712	0.9248	0.11%	0.00%	0.11%
34	926	0.0025	0.0955	0.0449	0.1104	5.4482	0.0265	0.0002	0.0687	0.2902	0.0354	0.2580	369	39.85%	2.6555	2.5950	0.2712	0.9248	0.11%	0.00%	0.11%
35	926	0.0025	0.0955	0.0449	0.1104	5.4482	0.0265	0.0002	0.0687	0.2902	0.0354	0.2580	461	49.78%	2.6555	2.5950	0.2712	0.9248	0.11%	0.00%	0.11%
36	926	0.0025	0.0955	0.0449	0.1104	5.4482	0.0265	0.0002	0.0687	0.2902	0.0354	0.2580	554	59.83%	2.6555	2.5950	0.2712	0.9248	0.11%	0.00%	0.11%
37	926	0.0025	0.0955	0.0449	0.1104	5.4482	0.0265	0.0002	0.0687	0.2902	0.0354	0.2580	646	69.76%	2.6555	2.5950	0.2712	0.9248	0.11%	0.00%	0.11%
38	926	0.0025	0.0955	0.0449	0.1104	5.4482	0.0265	0.0002	0.0687	0.2902	0.0354	0.2580	738	79.70%	2.6555	2.5950	0.2712	0.9248	0.11%	0.00%	0.11%
39	926	0.0025	0.0955	0.0449	0.1104	5.4482	0.0265	0.0002	0.0687	0.2902	0.0354	0.2580	830	89.63%	2.6555	2.5950	0.2712	0.9248	0.11%	0.00%	0.11%
40	926	0.0025	0.0955	0.0449	0.1104	5.4482	0.0265	0.0002	0.0687	0.2902	0.0354	0.2580	922	99.57%	2.6555	2.5950	0.2712	0.9248	0.11%	0.00%	0.11%
41	673	0.0001	0.0949	0.0159	0.1741	3.3572	0.0167	0.0315	0.0345	0.1239	0.2258	0.2076	1	0.15%	2.9554	2.5575	0.4013	0.9496	0.15%	0.00%	0.15%
42	673	0.0001	0.0949	0.0159	0.1741	3.3572	0.0167	0.0315	0.0345	0.1239	0.2258	0.2076	2	0.30%	2.9554	2.5575	0.4013	0.9496	0.15%	0.00%	0.15%

续附录 1

序号	银行数	现金资产率	可抵押资产率	所有者权益占比	同业贷款占比	同业借款占比	其他短期负债利率	长期负债利率	可抵押资产折价率	投资资产折价率	贷款损失率	贷款召回比率	风险触发个体数	风险触发个体百分位	网络平均度	网络平均路径长度	网络聚类系数	幂律指数	系统风险传播概率	财务破产传播概率	资金周转违约传播概率
43	673	0.0001	0.0949	0.0159	0.1741	3.3572	0.0167	0.0315	0.0345	0.1239	0.2258	0.2076	201	29.87%	2.9554	2.5575	0.4013	0.9496	0.15%	0.00%	0.15%
44	673	0.0001	0.0949	0.0159	0.1741	3.3572	0.0167	0.0315	0.0345	0.1239	0.2258	0.2076	268	39.82%	2.9554	2.5575	0.4013	0.9496	0.15%	0.00%	0.15%
45	673	0.0001	0.0949	0.0159	0.1741	3.3572	0.0167	0.0315	0.0345	0.1239	0.2258	0.2076	335	49.78%	2.9554	2.5575	0.4013	0.9496	0.15%	0.00%	0.15%
46	673	0.0001	0.0949	0.0159	0.1741	3.3572	0.0167	0.0315	0.0345	0.1239	0.2258	0.2076	402	59.73%	2.9554	2.5575	0.4013	0.9496	0.15%	0.00%	0.15%
47	673	0.0001	0.0949	0.0159	0.1741	3.3572	0.0167	0.0315	0.0345	0.1239	0.2258	0.2076	469	69.69%	2.9554	2.5575	0.4013	0.9496	0.15%	0.00%	0.15%
48	673	0.0001	0.0949	0.0159	0.1741	3.3572	0.0167	0.0315	0.0345	0.1239	0.2258	0.2076	536	79.64%	2.9554	2.5575	0.4013	0.9496	0.15%	0.00%	0.15%
49	673	0.0001	0.0949	0.0159	0.1741	3.3572	0.0167	0.0315	0.0345	0.1239	0.2258	0.2076	603	89.60%	2.9554	2.5575	0.4013	0.9496	0.15%	0.00%	0.15%
50	673	0.0001	0.0949	0.0159	0.1741	3.3572	0.0167	0.0315	0.0345	0.1239	0.2258	0.2076	669	99.41%	2.9554	2.5575	0.4013	0.9496	0.15%	0.00%	0.15%
51	192	0.0014	0.0191	0.0084	0.2273	8.7863	0.0414	0.0690	0.0628	0.0999	0.0412	0.3771	1	0.52%	3.3542	2.4913	0.4374	0.9389	1.04%	0.00%	1.04%
52	192	0.0014	0.0191	0.0084	0.2273	8.7863	0.0414	0.0690	0.0628	0.0999	0.0412	0.3771	2	1.04%	3.3542	2.4913	0.4374	0.9389	0.52%	0.00%	0.52%
53	192	0.0014	0.0191	0.0084	0.2273	8.7863	0.0414	0.0690	0.0628	0.0999	0.0412	0.3771	57	29.69%	3.3542	2.4913	0.4374	0.9389	1.04%	0.00%	1.04%
54	192	0.0014	0.0191	0.0084	0.2273	8.7863	0.0414	0.0690	0.0628	0.0999	0.0412	0.3771	76	39.58%	3.3542	2.4913	0.4374	0.9389	1.04%	0.00%	1.04%
55	192	0.0014	0.0191	0.0084	0.2273	8.7863	0.0414	0.0690	0.0628	0.0999	0.0412	0.3771	94	48.96%	3.3542	2.4913	0.4374	0.9389	1.04%	0.00%	1.04%
56	192	0.0014	0.0191	0.0084	0.2273	8.7863	0.0414	0.0690	0.0628	0.0999	0.0412	0.3771	113	58.85%	3.3542	2.4913	0.4374	0.9389	1.04%	0.00%	1.04%
57	192	0.0014	0.0191	0.0084	0.2273	8.7863	0.0414	0.0690	0.0628	0.0999	0.0412	0.3771	132	68.75%	3.3542	2.4913	0.4374	0.9389	1.04%	0.00%	1.04%
58	192	0.0014	0.0191	0.0084	0.2273	8.7863	0.0414	0.0690	0.0628	0.0999	0.0412	0.3771	151	78.65%	3.3542	2.4913	0.4374	0.9389	1.04%	0.00%	1.04%
59	192	0.0014	0.0191	0.0084	0.2273	8.7863	0.0414	0.0690	0.0628	0.0999	0.0412	0.3771	170	88.54%	3.3542	2.4913	0.4374	0.9389	1.04%	0.00%	1.04%
60	192	0.0014	0.0191	0.0084	0.2273	8.7863	0.0414	0.0690	0.0628	0.0999	0.0412	0.3771	188	97.92%	3.3542	2.4913	0.4374	0.9389	1.04%	0.00%	1.04%
61	355	0.0071	0.0296	0.0414	0.3206	1.5059	0.0780	0.0472	0.0580	0.2049	0.0765	0.3353	1	0.28%	2.6394	2.5884	0.2796	0.8838	0.28%	0.00%	0.28%
62	355	0.0071	0.0296	0.0414	0.3206	1.5059	0.0780	0.0472	0.0580	0.2049	0.0765	0.3353	2	0.56%	2.6394	2.5884	0.2796	0.8838	0.28%	0.00%	0.28%
63	355	0.0071	0.0296	0.0414	0.3206	1.5059	0.0780	0.0472	0.0580	0.2049	0.0765	0.3353	106	29.86%	2.6394	2.5884	0.2796	0.8838	0.28%	0.00%	0.28%
64	355	0.0071	0.0296	0.0414	0.3206	1.5059	0.0780	0.0472	0.0580	0.2049	0.0765	0.3353	141	39.72%	2.6394	2.5884	0.2796	0.8838	0.28%	0.00%	0.28%

续附录 1

序号	银行数	现金资产率	可抵押资产率	所有者权益占比	同业贷款占比	同业借款占比	其他短期负债利率	长期负债利率	可抵押资产折价率	投资资产折价率	贷款损失率	贷款召回比率	风险触发个体个数	风险触发个体百分位	网络平均度	网络平均路径长度	网络聚类系数	幂律指数	系统风险传播概率	财务破产传播概率	资金周转违约传播概率
65	355	0.0071	0.0296	0.0414	0.3206	1.5059	0.0780	0.0472	0.0580	0.2049	0.0765	0.3353	176	49.58%	2.6394	2.5884	0.2796	0.8838	0.28%	0.00%	0.28%
66	355	0.0071	0.0296	0.0414	0.3206	1.5059	0.0780	0.0472	0.0580	0.2049	0.0765	0.3353	211	59.44%	2.6394	2.5884	0.2796	0.8838	0.28%	0.00%	0.28%
67	355	0.0071	0.0296	0.0414	0.3206	1.5059	0.0780	0.0472	0.0580	0.2049	0.0765	0.3353	246	69.30%	2.6394	2.5884	0.2796	0.8838	0.28%	0.00%	0.28%
68	355	0.0071	0.0296	0.0414	0.3206	1.5059	0.0780	0.0472	0.0580	0.2049	0.0765	0.3353	281	79.15%	2.6394	2.5884	0.2796	0.8838	0.28%	0.00%	0.28%
69	355	0.0071	0.0296	0.0414	0.3206	1.5059	0.0780	0.0472	0.0580	0.2049	0.0765	0.3353	316	89.01%	2.6394	2.5884	0.2796	0.8838	0.28%	0.00%	0.28%
70	355	0.0071	0.0296	0.0414	0.3206	1.5059	0.0780	0.0472	0.0580	0.2049	0.0765	0.3353	351	98.87%	2.6394	2.5884	0.2796	0.8838	0.28%	0.00%	0.28%
71	596	0.0130	0.0600	0.0060	0.4924	0.4647	0.0655	0.0101	0.0730	0.2541	0.2439	0.3229	1	0.17%	2.8876	2.5635	0.3592	0.9356	99.83%	99.83%	0.17%
72	596	0.0130	0.0600	0.0060	0.4924	0.4647	0.0655	0.0101	0.0730	0.2541	0.2439	0.3229	2	0.34%	2.8876	2.5635	0.3592	0.9356	99.83%	99.83%	0.17%
73	596	0.0130	0.0600	0.0060	0.4924	0.4647	0.0655	0.0101	0.0730	0.2541	0.2439	0.3229	178	29.87%	2.8876	2.5635	0.3592	0.9356	0.17%	0.00%	0.17%
74	596	0.0130	0.0600	0.0060	0.4924	0.4647	0.0655	0.0101	0.0730	0.2541	0.2439	0.3229	237	39.77%	2.8876	2.5635	0.3592	0.9356	0.17%	0.00%	0.17%
75	596	0.0130	0.0600	0.0060	0.4924	0.4647	0.0655	0.0101	0.0730	0.2541	0.2439	0.3229	296	49.66%	2.8876	2.5635	0.3592	0.9356	0.17%	0.00%	0.17%
76	596	0.0130	0.0600	0.0060	0.4924	0.4647	0.0655	0.0101	0.0730	0.2541	0.2439	0.3229	356	59.73%	2.8876	2.5635	0.3592	0.9356	0.17%	0.00%	0.17%
77	596	0.0130	0.0600	0.0060	0.4924	0.4647	0.0655	0.0101	0.0730	0.2541	0.2439	0.3229	415	69.63%	2.8876	2.5635	0.3592	0.9356	0.17%	0.00%	0.17%
78	596	0.0130	0.0600	0.0060	0.4924	0.4647	0.0655	0.0101	0.0730	0.2541	0.2439	0.3229	474	79.53%	2.8876	2.5635	0.3592	0.9356	0.17%	0.00%	0.17%
79	596	0.0130	0.0600	0.0060	0.4924	0.4647	0.0655	0.0101	0.0730	0.2541	0.2439	0.3229	533	89.43%	2.8876	2.5635	0.3592	0.9356	0.17%	0.00%	0.17%
80	596	0.0130	0.0600	0.0060	0.4924	0.4647	0.0655	0.0101	0.0730	0.2541	0.2439	0.3229	592	99.33%	2.8876	2.5635	0.3592	0.9356	0.17%	0.00%	0.17%
81	966	0.0235	0.0101	0.0225	0.4426	7.7284	0.0988	0.0052	0.0030	0.4205	0.0522	0.1245	1	0.10%	2.6346	2.5975	0.3119	0.9033	0.10%	0.00%	0.10%
82	966	0.0235	0.0101	0.0225	0.4426	7.7284	0.0988	0.0052	0.0030	0.4205	0.0522	0.1245	2	0.21%	2.6346	2.5975	0.3119	0.9033	0.10%	0.00%	0.10%
83	966	0.0235	0.0101	0.0225	0.4426	7.7284	0.0988	0.0052	0.0030	0.4205	0.0522	0.1245	289	29.92%	2.6346	2.5975	0.3119	0.9033	0.10%	0.00%	0.10%
84	966	0.0235	0.0101	0.0225	0.4426	7.7284	0.0988	0.0052	0.0030	0.4205	0.0522	0.1245	385	39.86%	2.6346	2.5975	0.3119	0.9033	0.10%	0.00%	0.10%
85	966	0.0235	0.0101	0.0225	0.4426	7.7284	0.0988	0.0052	0.0030	0.4205	0.0522	0.1245	481	49.79%	2.6346	2.5975	0.3119	0.9033	0.10%	0.00%	0.10%
86	966	0.0235	0.0101	0.0225	0.4426	7.7284	0.0988	0.0052	0.0030	0.4205	0.0522	0.1245	578	59.83%	2.6346	2.5975	0.3119	0.9033	0.10%	0.00%	0.10%

续附录 1

序号	银行数	现金资产率	可抵押资产率	所有者权益占比	同业贷款占比	同业借款占比	其他短期负债利率	长期负债利率	可抵押资产折价率	投资资产折价率	贷款损失率	贷款召回比率	风险触发个体	风险触发个体百分位	网络平均度	网络平均路径长度	网络聚类系数	帕律指数	系统风险传播概率	财务破产传播概率	资金周转逆约传播概率
87	966	0.0235	0.0101	0.0225	0.4426	7.7284	0.0988	0.0052	0.0030	0.4205	0.0522	0.1245	674	69.77%	2.6346	2.5975	0.3119	0.9033	0.10%	0.00%	0.10%
88	966	0.0235	0.0101	0.0225	0.4426	7.7284	0.0988	0.0052	0.0030	0.4205	0.0522	0.1245	770	79.71%	2.6346	2.5975	0.3119	0.9033	0.10%	0.00%	0.10%
89	966	0.0235	0.0101	0.0225	0.4426	7.7284	0.0988	0.0052	0.0030	0.4205	0.0522	0.1245	866	89.65%	2.6346	2.5975	0.3119	0.9033	0.10%	0.00%	0.10%
90	966	0.0235	0.0101	0.0225	0.4426	7.7284	0.0988	0.0052	0.0030	0.4205	0.0522	0.1245	962	99.59%	2.6346	2.5975	0.3119	0.9033	0.10%	0.00%	0.10%
91	972	0.0037	0.0530	0.0292	0.1861	0.3589	0.0665	0.0613	0.0692	0.0410	0.1690	0.3135	1	0.10%	3.0802	2.5700	0.4520	0.9564	0.21%	0.00%	0.21%
92	972	0.0037	0.0530	0.0292	0.1861	0.3589	0.0665	0.0613	0.0692	0.0410	0.1690	0.3135	2	0.21%	3.0802	2.5700	0.4520	0.9564	0.10%	0.00%	0.10%
93	972	0.0037	0.0530	0.0292	0.1861	0.3589	0.0665	0.0613	0.0692	0.0410	0.1690	0.3135	291	29.94%	3.0802	2.5700	0.4520	0.9564	0.21%	0.00%	0.21%
94	972	0.0037	0.0530	0.0292	0.1861	0.3589	0.0665	0.0613	0.0692	0.0410	0.1690	0.3135	388	39.92%	3.0802	2.5700	0.4520	0.9564	0.21%	0.00%	0.21%
95	972	0.0037	0.0530	0.0292	0.1861	0.3589	0.0665	0.0613	0.0692	0.0410	0.1690	0.3135	484	49.79%	3.0802	2.5700	0.4520	0.9564	0.21%	0.00%	0.21%
96	972	0.0037	0.0530	0.0292	0.1861	0.3589	0.0665	0.0613	0.0692	0.0410	0.1690	0.3135	581	59.77%	3.0802	2.5700	0.4520	0.9564	0.21%	0.00%	0.21%
97	972	0.0037	0.0530	0.0292	0.1861	0.3589	0.0665	0.0613	0.0692	0.0410	0.1690	0.3135	678	69.75%	3.0802	2.5700	0.4520	0.9564	0.21%	0.00%	0.21%
98	972	0.0037	0.0530	0.0292	0.1861	0.3589	0.0665	0.0613	0.0692	0.0410	0.1690	0.3135	775	79.73%	3.0802	2.5700	0.4520	0.9564	0.21%	0.00%	0.21%
99	972	0.0037	0.0530	0.0292	0.1861	0.3589	0.0665	0.0613	0.0692	0.0410	0.1690	0.3135	872	89.71%	3.0802	2.5700	0.4520	0.9564	0.21%	0.00%	0.21%
100	972	0.0037	0.0530	0.0292	0.1861	0.3589	0.0665	0.0613	0.0592	0.0410	0.1690	0.3135	968	99.59%	3.0802	2.5700	0.4520	0.9564	0.21%	0.00%	0.21%
101	246	0.0080	0.0386	0.0141	0.1326	2.8443	0.0394	0.0087	0.0435	0.0580	0.3014	0.2076	1	0.41%	2.7236	2.5718	0.3046	0.8792	99.19%	99.19%	0.00%
102	246	0.0080	0.0386	0.0141	0.1326	2.8443	0.0394	0.0087	0.0435	0.0580	0.3014	0.2076	2	0.81%	2.7236	2.5718	0.3046	0.8792	99.19%	99.19%	0.00%
103	246	0.0080	0.0386	0.0141	0.1326	2.8443	0.0394	0.0087	0.0435	0.0580	0.3014	0.2076	73	29.67%	2.7236	2.5718	0.3046	0.8792	0.00%	0.00%	0.00%
104	246	0.0080	0.0386	0.0141	0.1326	2.8443	0.0394	0.0087	0.0435	0.0580	0.3014	0.2076	97	39.43%	2.7236	2.5718	0.3046	0.8792	0.00%	0.00%	0.00%
105	246	0.0080	0.0386	0.0141	0.1326	2.8443	0.0394	0.0087	0.0435	0.0580	0.3014	0.2076	121	49.19%	2.7236	2.5718	0.3046	0.8792	0.00%	0.00%	0.00%
106	246	0.0080	0.0386	0.0141	0.1326	2.8443	0.0394	0.0087	0.0435	0.0580	0.3014	0.2076	146	59.35%	2.7236	2.5718	0.3046	0.8792	0.00%	0.00%	0.00%
107	246	0.0080	0.0386	0.0141	0.1326	2.8443	0.0394	0.0087	0.0435	0.0580	0.3014	0.2076	170	69.11%	2.7236	2.5718	0.3046	0.8792	0.00%	0.00%	0.00%
108	246	0.0080	0.0386	0.0141	0.1326	2.8443	0.0394	0.0087	0.0435	0.0580	0.3014	0.2076	194	78.86%	2.7236	2.5718	0.3046	0.8792	0.00%	0.00%	0.00%

续附录 1

序号	银行数	现金资产率	可抵押资产率	所有者权益占比	同业贷款占比	同业借款占比	其他短期负债利率	长期负债利率	可抵押资产折价率	投资资产折价率	贷款损失率	贷款召回比率	风险触发个体数	风险触发个体百分位	网络平均度	网络平均路径长度	网络聚类系数	幂律指数	系统风险传播概率	财务破产传播概率	资金周转率违约传播概率
109	246	0.0080	0.0386	0.0141	0.1326	2.8443	0.0394	0.0087	0.0435	0.0580	0.3014	0.2076	218	88.62%	2.7236	2.5718	0.3046	0.8792	0.00%	0.00%	0.00%
110	246	0.0080	0.0386	0.0141	0.1326	2.8443	0.0394	0.0087	0.0435	0.0580	0.3014	0.2076	242	98.37%	2.7236	2.5718	0.3046	0.8792	0.00%	0.00%	0.00%
111	978	0.0011	0.0661	0.0044	0.1277	4.5768	0.0139	0.0343	0.0263	0.1994	0.0604	0.3254	1	0.10%	2.8006	2.5805	0.3324	0.9580	0.10%	0.00%	0.10%
112	978	0.0011	0.0661	0.0044	0.1277	4.5768	0.0139	0.0343	0.0263	0.1994	0.0604	0.3254	2	0.20%	2.8006	2.5805	0.3324	0.9580	0.10%	0.00%	0.10%
113	978	0.0011	0.0661	0.0044	0.1277	4.5768	0.0139	0.0343	0.0263	0.1994	0.0604	0.3254	293	29.96%	2.8006	2.5805	0.3324	0.9580	0.10%	0.00%	0.10%
114	978	0.0011	0.0661	0.0044	0.1277	4.5768	0.0139	0.0343	0.0263	0.1994	0.0604	0.3254	390	39.88%	2.8006	2.5805	0.3324	0.9580	0.10%	0.00%	0.10%
115	978	0.0011	0.0661	0.0044	0.1277	4.5768	0.0139	0.0343	0.0263	0.1994	0.0604	0.3254	487	49.80%	2.8006	2.5805	0.3324	0.9580	0.10%	0.00%	0.10%
116	978	0.0011	0.0661	0.0044	0.1277	4.5768	0.0139	0.0343	0.0263	0.1994	0.0604	0.3254	585	59.82%	2.8006	2.5805	0.3324	0.9580	0.10%	0.00%	0.10%
117	978	0.0011	0.0661	0.0044	0.1277	4.5768	0.0139	0.0343	0.0263	0.1994	0.0604	0.3254	682	69.73%	2.8006	2.5805	0.3324	0.9580	0.10%	0.00%	0.10%
118	978	0.0011	0.0661	0.0044	0.1277	4.5768	0.0139	0.0343	0.0263	0.1994	0.0604	0.3254	780	79.75%	2.8006	2.5805	0.3324	0.9580	0.10%	0.00%	0.10%
119	978	0.0011	0.0661	0.0044	0.1277	4.5768	0.0139	0.0343	0.0263	0.1994	0.0604	0.3254	877	89.67%	2.8006	2.5805	0.3324	0.9580	0.10%	0.00%	0.10%
120	978	0.0011	0.0661	0.0044	0.1277	4.5768	0.0139	0.0343	0.0263	0.1994	0.0604	0.3254	974	99.59%	2.8006	2.5805	0.3324	0.9580	0.10%	0.00%	0.10%
121	965	0.0189	0.0786	0.0190	0.2761	1.5199	0.0289	0.0520	0.0688	0.2663	0.3360	0.3023	1	0.10%	2.9326	2.5633	0.3855	0.9606	99.79%	99.79%	0.10%
122	965	0.0189	0.0786	0.0190	0.2761	1.5199	0.0289	0.0520	0.0688	0.2663	0.3360	0.3023	2	0.21%	2.9326	2.5633	0.3855	0.9606	99.79%	99.79%	0.10%
123	965	0.0189	0.0786	0.0190	0.2761	1.5199	0.0289	0.0520	0.0688	0.2663	0.3360	0.3023	289	29.95%	2.9326	2.5633	0.3855	0.9606	99.79%	99.79%	0.10%
124	965	0.0189	0.0786	0.0190	0.2761	1.5199	0.0289	0.0520	0.0688	0.2663	0.3360	0.3023	385	39.90%	2.9326	2.5633	0.3855	0.9606	0.10%	0.00%	0.10%
125	965	0.0189	0.0786	0.0190	0.2761	1.5199	0.0289	0.0520	0.0688	0.2663	0.3360	0.3023	481	49.84%	2.9326	2.5633	0.3855	0.9606	0.10%	0.00%	0.10%
126	965	0.0189	0.0786	0.0190	0.2761	1.5199	0.0289	0.0520	0.0688	0.2663	0.3360	0.3023	577	59.79%	2.9326	2.5633	0.3855	0.9606	0.10%	0.00%	0.10%
127	965	0.0189	0.0786	0.0190	0.2761	1.5199	0.0289	0.0520	0.0688	0.2663	0.3360	0.3023	673	69.74%	2.9326	2.5633	0.3855	0.9606	0.10%	0.00%	0.10%
128	965	0.0189	0.0786	0.0190	0.2761	1.5199	0.0289	0.0520	0.0688	0.2663	0.3360	0.3023	769	79.69%	2.9326	2.5633	0.3855	0.9606	0.10%	0.00%	0.10%
129	965	0.0189	0.0786	0.0190	0.2761	1.5199	0.0289	0.0520	0.0688	0.2663	0.3360	0.3023	865	89.64%	2.9326	2.5633	0.3855	0.9606	0.10%	0.00%	0.10%
130	965	0.0189	0.0786	0.0190	0.2761	1.5199	0.0289	0.0520	0.0688	0.2663	0.3360	0.3023	961	99.59%	2.9326	2.5633	0.3855	0.9606	0.10%	0.00%	0.10%

续附录 1

序号	银行数	现金资产率	可抵押资产率	所有者权益占比	同业贷款占比	同业借款占比	其他短期负债利率	长期负债利率	可抵押资产折价率	投资资产折价率	贷款损失率	贷款召回比率	风险触发个体	风险触发个体百分位	网络平均度	网络平均路径长度	网络聚类系数	赫律指数	系统风险传播概率	财务破产传播概率	资金周转违约传播概率
131	541	0.0214	0.0925	0.0137	0.3121	7.8904	0.0210	0.0422	0.0926	0.0339	0.1099	0.3947	1	0.18%	2.5213	2.6069	0.2074	0.8783	97.60%	97.60%	0.18%
132	541	0.0214	0.0925	0.0137	0.3121	7.8904	0.0210	0.0422	0.0926	0.0339	0.1099	0.3947	2	0.37%	2.5213	2.6069	0.2074	0.8783	14.23%	13.86%	0.18%
133	541	0.0214	0.0925	0.0137	0.3121	7.8904	0.0210	0.0422	0.0926	0.0339	0.1099	0.3947	162	29.94%	2.5213	2.6069	0.2074	0.8783	0.18%	0.00%	0.18%
134	541	0.0214	0.0925	0.0137	0.3121	7.8904	0.0210	0.0422	0.0926	0.0339	0.1099	0.3947	215	39.74%	2.5213	2.6069	0.2074	0.8783	0.18%	0.00%	0.18%
135	541	0.0214	0.0925	0.0137	0.3121	7.8904	0.0210	0.0422	0.0926	0.0339	0.1099	0.3947	269	49.72%	2.5213	2.6069	0.2074	0.8783	0.18%	0.00%	0.18%
136	541	0.0214	0.0925	0.0137	0.3121	7.8904	0.0210	0.0422	0.0926	0.0339	0.1099	0.3947	323	59.70%	2.5213	2.6069	0.2074	0.8783	0.18%	0.00%	0.18%
137	541	0.0214	0.0925	0.0137	0.3121	7.8904	0.0210	0.0422	0.0926	0.0339	0.1099	0.3947	376	69.50%	2.5213	2.6069	0.2074	0.8783	0.18%	0.00%	0.18%
138	541	0.0214	0.0925	0.0137	0.3121	7.8904	0.0210	0.0422	0.0926	0.0339	0.1099	0.3947	430	79.48%	2.5213	2.6069	0.2074	0.8783	0.18%	0.00%	0.18%
139	541	0.0214	0.0925	0.0137	0.3121	7.8904	0.0210	0.0422	0.0926	0.0339	0.1099	0.3947	484	89.46%	2.5213	2.6069	0.2074	0.8783	0.18%	0.00%	0.18%
140	541	0.0214	0.0925	0.0137	0.3121	7.8904	0.0210	0.0422	0.0926	0.0339	0.1099	0.3947	537	99.26%	2.5213	2.6069	0.2074	0.8783	0.18%	0.00%	0.18%
141	824	0.0123	0.0806	0.0175	0.3697	7.6932	0.0475	0.0016	0.0987	0.3120	0.3667	0.2101	1	0.12%	3.3362	2.5116	0.5267	0.9625	99.76%	99.76%	0.12%
142	824	0.0123	0.0806	0.0175	0.3697	7.6932	0.0475	0.0016	0.0987	0.3120	0.3667	0.2101	2	0.24%	3.3362	2.5116	0.5267	0.9625	99.76%	99.76%	0.12%
143	824	0.0123	0.0806	0.0175	0.3697	7.6932	0.0475	0.0016	0.0987	0.3120	0.3667	0.2101	246	29.85%	3.3362	2.5116	0.5267	0.9625	0.12%	0.12%	0.12%
144	824	0.0123	0.0806	0.0175	0.3697	7.6932	0.0475	0.0016	0.0987	0.3120	0.3667	0.2101	328	39.81%	3.3362	2.5116	0.5267	0.9625	0.12%	0.12%	0.12%
145	824	0.0123	0.0806	0.0175	0.3697	7.6932	0.0475	0.0016	0.0987	0.3120	0.3667	0.2101	410	49.76%	3.3362	2.5116	0.5267	0.9625	0.12%	0.00%	0.12%
146	824	0.0123	0.0806	0.0175	0.3697	7.6932	0.0475	0.0016	0.0987	0.3120	0.3667	0.2101	492	59.71%	3.3362	2.5116	0.5267	0.9625	0.12%	0.00%	0.12%
147	824	0.0123	0.0806	0.0175	0.3697	7.6932	0.0475	0.0016	0.0987	0.3120	0.3667	0.2101	574	69.66%	3.3362	2.5116	0.5267	0.9625	0.12%	0.00%	0.12%
148	824	0.0123	0.0806	0.0175	0.3697	7.6932	0.0475	0.0016	0.0987	0.3120	0.3667	0.2101	656	79.61%	3.3362	2.5116	0.5267	0.9625	0.12%	0.00%	0.12%
149	824	0.0123	0.0806	0.0175	0.3697	7.6932	0.0475	0.0016	0.0987	0.3120	0.3667	0.2101	738	89.56%	3.3362	2.5116	0.5267	0.9625	0.12%	0.00%	0.12%
150	824	0.0123	0.0806	0.0175	0.3697	7.6932	0.0475	0.0016	0.0987	0.3120	0.3667	0.2101	820	99.51%	3.3362	2.5116	0.5267	0.9625	0.12%	0.00%	0.12%
151	232	0.0167	0.0823	0.0233	0.3860	0.8085	0.0372	0.0065	0.0267	0.1033	0.2154	0.0597	1	0.43%	3.1293	2.5190	0.4748	0.9200	93.97%	93.97%	0.43%
152	232	0.0167	0.0823	0.0233	0.3860	0.8085	0.0372	0.0065	0.0267	0.1033	0.2154	0.0597	2	0.86%	3.1293	2.5190	0.4748	0.9200	24.14%	23.28%	0.43%

续附录 1

序号	银行数	现金资产率	可抵押资产率	所有者权益占比	同业贷款占比	同业借款占比	其他短期负债利率	长期负债利率	可抵押资产折价率	投资资产折价率	贷款损失率	贷款召回比率	风险触发个体	风险触发个体百分位	网络平均度	网络平均路径长度	网络聚类系数	事律指数	系统风险传播概率	财务破产传播概率	资金周转违约传播概率
153	232	0.0167	0.0823	0.0233	0.3860	0.8085	0.0372	0.0065	0.0267	0.1033	0.2154	0.0597	69	29.74%	3.1293	2.5190	0.4748	0.9200	0.43%	0.00%	0.43%
154	232	0.0167	0.0823	0.0233	0.3860	0.8085	0.0372	0.0065	0.0267	0.1033	0.2154	0.0597	92	39.66%	3.1293	2.5190	0.4748	0.9200	0.43%	0.00%	0.43%
155	232	0.0167	0.0823	0.0233	0.3860	0.8085	0.0372	0.0065	0.0267	0.1033	0.2154	0.0597	114	49.14%	3.1293	2.5190	0.4748	0.9200	0.43%	0.00%	0.43%
156	232	0.0167	0.0823	0.0233	0.3860	0.8085	0.0372	0.0065	0.0267	0.1033	0.2154	0.0597	137	59.05%	3.1293	2.5190	0.4748	0.9200	0.43%	0.00%	0.43%
157	232	0.0167	0.0823	0.0233	0.3860	0.8085	0.0372	0.0065	0.0267	0.1033	0.2154	0.0597	160	68.97%	3.1293	2.5190	0.4748	0.9200	0.43%	0.00%	0.43%
158	232	0.0167	0.0823	0.0233	0.3860	0.8085	0.0372	0.0065	0.0267	0.1033	0.2154	0.0597	183	78.88%	3.1293	2.5190	0.4748	0.9200	0.43%	0.00%	0.43%
159	232	0.0167	0.0823	0.0233	0.3860	0.8085	0.0372	0.0065	0.0267	0.1033	0.2154	0.0597	206	88.79%	3.1293	2.5190	0.4748	0.9200	0.43%	0.00%	0.43%
160	232	0.0167	0.0823	0.0233	0.3860	0.8085	0.0372	0.0065	0.0267	0.1033	0.2154	0.0597	228	98.28%	3.1293	2.5190	0.4748	0.9200	0.43%	0.00%	0.43%
161	484	0.0152	0.0876	0.0376	0.0556	4.7539	0.0388	0.0098	0.0062	0.1871	0.2639	0.2179	1	0.21%	2.8120	2.5717	0.3343	0.9259	0.00%	0.00%	0.00%
162	484	0.0152	0.0876	0.0376	0.0556	4.7539	0.0388	0.0098	0.0062	0.1871	0.2639	0.2179	2	0.41%	2.8120	2.5717	0.3343	0.9259	0.00%	0.00%	0.00%
163	484	0.0152	0.0876	0.0376	0.0556	4.7539	0.0388	0.0098	0.0062	0.1871	0.2639	0.2179	144	29.75%	2.8120	2.5717	0.3343	0.9259	0.00%	0.00%	0.00%
164	484	0.0152	0.0876	0.0376	0.0556	4.7539	0.0388	0.0098	0.0062	0.1871	0.2639	0.2179	192	39.67%	2.8120	2.5717	0.3343	0.9259	0.00%	0.00%	0.00%
165	484	0.0152	0.0876	0.0376	0.0556	4.7539	0.0388	0.0098	0.0062	0.1871	0.2639	0.2179	240	49.59%	2.8120	2.5717	0.3343	0.9259	0.00%	0.00%	0.00%
166	484	0.0152	0.0876	0.0376	0.0556	4.7539	0.0388	0.0098	0.0062	0.1871	0.2639	0.2179	288	59.50%	2.8120	2.5717	0.3343	0.9259	0.00%	0.00%	0.00%
167	484	0.0152	0.0876	0.0376	0.0556	4.7539	0.0388	0.0098	0.0062	0.1871	0.2639	0.2179	336	69.42%	2.8120	2.5717	0.3343	0.9259	0.00%	0.00%	0.00%
168	484	0.0152	0.0876	0.0376	0.0556	4.7539	0.0388	0.0098	0.0062	0.1871	0.2639	0.2179	384	79.34%	2.8120	2.5717	0.3343	0.9259	0.00%	0.00%	0.00%
169	484	0.0152	0.0876	0.0376	0.0556	4.7539	0.0388	0.0098	0.0062	0.1871	0.2639	0.2179	432	89.26%	2.8120	2.5717	0.3343	0.9259	0.00%	0.00%	0.00%
170	484	0.0152	0.0876	0.0376	0.0556	4.7539	0.0388	0.0098	0.0062	0.1871	0.2639	0.2179	480	99.17%	2.8120	2.5717	0.3343	0.9259	0.00%	0.00%	0.00%
171	928	0.0163	0.0746	0.0116	0.2225	5.0842	0.0050	0.0097	0.0476	0.4825	0.2288	0.0273	1	0.11%	2.5603	2.6059	0.2426	0.9047	99.89%	99.89%	0.11%
172	928	0.0163	0.0746	0.0116	0.2225	5.0842	0.0050	0.0097	0.0476	0.4825	0.2288	0.0273	2	0.22%	2.5603	2.6059	0.2426	0.9047	99.89%	99.89%	0.11%
173	928	0.0163	0.0746	0.0116	0.2225	5.0842	0.0050	0.0097	0.0476	0.4825	0.2288	0.0273	278	29.96%	2.5603	2.6059	0.2426	0.9047	0.11%	0.00%	0.11%
174	928	0.0163	0.0746	0.0116	0.2225	5.0842	0.0050	0.0097	0.0476	0.4825	0.2288	0.0273	370	39.87%	2.5603	2.6059	0.2426	0.9047	0.11%	0.00%	0.11%

续附录 1

序号	银行数	现金资产率	可抵押资产率	所有者权益占比	同业贷款占比	同业借款占比	其他短期负债利率	长期负债利率	可抵押资产折价率	投资资产折价率	贷款损失率	贷款召回比率	风险触发个体	风险触发个体百分位	网络平均度	网络平均路径长度	网络聚类系数	幂律指数	系统风险传播概率	财务破产传播概率	资金周转逆约传播概率
175	928	0.0163	0.0746	0.0116	0.2225	5.0842	0.0050	0.0097	0.0476	0.4825	0.2288	0.0273	462	49.78%	2.5603	2.6059	0.2426	0.9047	0.11%	0.00%	0.11%
176	928	0.0163	0.0746	0.0116	0.2225	5.0842	0.0050	0.0097	0.0476	0.4825	0.2288	0.0273	555	59.81%	2.5603	2.6059	0.2426	0.9047	0.11%	0.00%	0.11%
177	928	0.0163	0.0746	0.0116	0.2225	5.0842	0.0050	0.0097	0.0476	0.4825	0.2288	0.0273	647	69.72%	2.5603	2.6059	0.2426	0.9047	0.11%	0.00%	0.11%
178	928	0.0163	0.0746	0.0116	0.2225	5.0842	0.0050	0.0097	0.0476	0.4825	0.2288	0.0273	740	79.74%	2.5603	2.6059	0.2426	0.9047	0.11%	0.00%	0.11%
179	928	0.0163	0.0746	0.0116	0.2225	5.0842	0.0050	0.0097	0.0476	0.4825	0.2288	0.0273	832	89.66%	2.5603	2.6059	0.2426	0.9047	0.11%	0.00%	0.11%
180	928	0.0163	0.0746	0.0116	0.2225	5.0842	0.0050	0.0097	0.0476	0.4825	0.2288	0.0273	924	99.57%	2.5603	2.6059	0.2426	0.9047	0.11%	0.00%	0.24%
181	817	0.0127	0.0594	0.0333	0.3774	0.8768	0.0772	0.0101	0.0443	0.2357	0.2700	0.0201	1	0.12%	2.6879	2.6053	0.3220	0.9140	70.26%	70.26%	0.24%
182	817	0.0127	0.0594	0.0333	0.3774	0.8768	0.0772	0.0101	0.0443	0.2357	0.2700	0.0201	2	0.24%	2.6879	2.6053	0.3220	0.9140	22.40%	22.40%	0.24%
183	817	0.0127	0.0594	0.0333	0.3774	0.8768	0.0772	0.0101	0.0443	0.2357	0.2700	0.0201	244	29.87%	2.6879	2.6053	0.3220	0.9140	0.24%	0.12%	0.24%
184	817	0.0127	0.0594	0.0333	0.3774	0.8768	0.0772	0.0101	0.0443	0.2357	0.2700	0.0201	326	39.90%	2.6879	2.6053	0.3220	0.9140	0.24%	0.12%	0.24%
185	817	0.0127	0.0594	0.0333	0.3774	0.8768	0.0772	0.0101	0.0443	0.2357	0.2700	0.0201	407	49.82%	2.6879	2.6053	0.3220	0.9140	0.24%	0.00%	0.24%
186	817	0.0127	0.0594	0.0333	0.3774	0.8768	0.0772	0.0101	0.0443	0.2357	0.2700	0.0201	488	59.73%	2.6879	2.6053	0.3220	0.9140	0.24%	0.00%	0.24%
187	817	0.0127	0.0594	0.0333	0.3774	0.8768	0.0772	0.0101	0.0443	0.2357	0.2700	0.0201	570	69.77%	2.6879	2.6053	0.3220	0.9140	0.24%	0.00%	0.24%
188	817	0.0127	0.0594	0.0333	0.3774	0.8768	0.0772	0.0101	0.0443	0.2357	0.2700	0.0201	651	79.68%	2.6879	2.6053	0.3220	0.9140	0.24%	0.00%	0.24%
189	817	0.0127	0.0594	0.0333	0.3774	0.8768	0.0772	0.0101	0.0443	0.2357	0.2700	0.0201	732	89.60%	2.6879	2.6053	0.3220	0.9140	0.24%	0.00%	0.24%
190	817	0.0127	0.0594	0.0333	0.3774	0.8768	0.0772	0.0101	0.0443	0.2357	0.2700	0.0201	813	99.51%	2.6879	2.6053	0.3220	0.9140	0.24%	0.00%	0.24%
191	968	0.0126	0.0629	0.0338	0.0856	1.2567	0.0478	0.0359	0.0996	0.2461	0.3809	0.0074	1	0.10%	2.8667	2.5923	0.3999	0.9354	0.21%	0.00%	0.21%
192	968	0.0126	0.0629	0.0338	0.0856	1.2567	0.0478	0.0359	0.0996	0.2461	0.3809	0.0074	2	0.21%	2.8667	2.5923	0.3999	0.9354	0.21%	0.00%	0.21%
193	968	0.0126	0.0629	0.0338	0.0856	1.2567	0.0478	0.0359	0.0996	0.2461	0.3809	0.0074	290	29.96%	2.8667	2.5923	0.3999	0.9354	0.21%	0.00%	0.21%
194	968	0.0126	0.0629	0.0338	0.0856	1.2567	0.0478	0.0359	0.0996	0.2461	0.3809	0.0074	386	39.88%	2.8667	2.5923	0.3999	0.9354	0.21%	0.00%	0.21%
195	968	0.0126	0.0629	0.0338	0.0856	1.2567	0.0478	0.0359	0.0996	0.2461	0.3809	0.0074	482	49.79%	2.8667	2.5923	0.3999	0.9354	0.21%	0.00%	0.21%
196	968	0.0126	0.0629	0.0338	0.0856	1.2567	0.0478	0.0359	0.0996	0.2461	0.3809	0.0074	579	59.81%	2.8667	2.5923	0.3999	0.9354	0.21%	0.00%	0.21%

续附录 1

序号	银行数	现金资产率	可抵押资产率	所有者权益占比	同业贷款占比	同业借款占比	其他短期负债利率	长期负债利率	可抵押资产产折价率	投资资产折价率	贷款损失率	贷款召回比率	风险触发个体数	风险触发个体百分位	网络平均度	网络平均路径长度	网络聚类系数	幂律指数	系统风险传播概率	财务破产传播概率	资金周转违约传播概率
197	968	0.0126	0.0629	0.0338	0.0856	1.2567	0.0478	0.0359	0.0996	0.2461	0.3809	0.0074	675	69.73%	2.8667	2.5923	0.3999	0.9354	0.21%	0.00%	0.21%
198	968	0.0126	0.0629	0.0338	0.0856	1.2567	0.0478	0.0359	0.0996	0.2461	0.3809	0.0074	772	79.75%	2.8667	2.5923	0.3999	0.9354	0.21%	0.00%	0.21%
199	968	0.0126	0.0629	0.0338	0.0856	1.2567	0.0478	0.0359	0.0996	0.2461	0.3809	0.0074	868	89.67%	2.8667	2.5923	0.3999	0.9354	0.21%	0.00%	0.21%
200	968	0.0126	0.0629	0.0338	0.0856	1.2567	0.0478	0.0359	0.0996	0.2461	0.3809	0.0074	964	99.59%	2.8667	2.5923	0.3999	0.9354	0.21%	0.00%	0.21%
201	694	0.0108	0.0451	0.0243	0.2596	9.7695	0.0109	0.0190	0.0728	0.0710	0.0581	0.0874	1	0.14%	2.5303	2.6084	0.1940	0.8914	0.29%	0.00%	0.14%
202	694	0.0108	0.0451	0.0243	0.2596	9.7695	0.0109	0.0190	0.0728	0.0710	0.0581	0.0874	2	0.29%	2.5303	2.6084	0.1940	0.8914	0.14%	0.00%	0.29%
203	694	0.0108	0.0451	0.0243	0.2596	9.7695	0.0109	0.0190	0.0728	0.0710	0.0581	0.0874	207	29.83%	2.5303	2.6084	0.1940	0.8914	0.29%	0.00%	0.29%
204	694	0.0108	0.0451	0.0243	0.2596	9.7695	0.0109	0.0190	0.0728	0.0710	0.0581	0.0874	276	39.77%	2.5303	2.6084	0.1940	0.8914	0.29%	0.00%	0.29%
205	694	0.0108	0.0451	0.0243	0.2596	9.7695	0.0109	0.0190	0.0728	0.0710	0.0581	0.0874	345	49.71%	2.5303	2.6084	0.1940	0.8914	0.29%	0.00%	0.29%
206	694	0.0108	0.0451	0.0243	0.2596	9.7695	0.0109	0.0190	0.0728	0.0710	0.0581	0.0874	414	59.65%	2.5303	2.6084	0.1940	0.8914	0.29%	0.00%	0.29%
207	694	0.0108	0.0451	0.0243	0.2596	9.7695	0.0109	0.0190	0.0728	0.0710	0.0581	0.0874	483	69.60%	2.5303	2.6084	0.1940	0.8914	0.29%	0.00%	0.29%
208	694	0.0108	0.0451	0.0243	0.2596	9.7695	0.0109	0.0190	0.0728	0.0710	0.0581	0.0874	552	79.54%	2.5303	2.6084	0.1940	0.8914	0.29%	0.00%	0.29%
209	694	0.0108	0.0451	0.0243	0.2596	9.7695	0.0109	0.0190	0.0728	0.0710	0.0581	0.0874	621	89.48%	2.5303	2.6084	0.1940	0.8914	0.29%	0.00%	0.29%
210	694	0.0108	0.0451	0.0243	0.2596	9.7695	0.0109	0.0190	0.0728	0.0710	0.0581	0.0874	690	99.42%	2.5303	2.6084	0.1940	0.8914	0.29%	0.00%	0.29%
211	136	0.0164	0.0302	0.0365	0.3420	9.7024	0.0271	0.0536	0.0615	0.2211	0.2116	0.3114	1	0.74%	2.8676	2.5579	0.3578	0.8665	2.21%	0.00%	1.47%
212	136	0.0164	0.0302	0.0365	0.3420	9.7024	0.0271	0.0536	0.0615	0.2211	0.2116	0.3114	2	1.47%	2.8676	2.5579	0.3578	0.8665	1.47%	0.00%	0.74%
213	136	0.0164	0.0302	0.0365	0.3420	9.7024	0.0271	0.0536	0.0615	0.2211	0.2116	0.3114	40	29.41%	2.8676	2.5579	0.3578	0.8665	2.21%	0.00%	1.47%
214	136	0.0164	0.0302	0.0365	0.3420	9.7024	0.0271	0.0536	0.0615	0.2211	0.2116	0.3114	53	38.97%	2.8676	2.5579	0.3578	0.8665	2.21%	0.00%	1.47%
215	136	0.0164	0.0302	0.0365	0.3420	9.7024	0.0271	0.0536	0.0615	0.2211	0.2116	0.3114	66	48.53%	2.8676	2.5579	0.3578	0.8665	2.21%	0.00%	1.47%
216	136	0.0164	0.0302	0.0365	0.3420	9.7024	0.0271	0.0536	0.0615	0.2211	0.2116	0.3114	80	58.82%	2.8676	2.5579	0.3578	0.8665	2.21%	0.00%	1.47%
217	136	0.0164	0.0302	0.0365	0.3420	9.7024	0.0271	0.0536	0.0615	0.2211	0.2116	0.3114	93	68.38%	2.8676	2.5579	0.3578	0.8665	2.21%	0.00%	1.47%
218	136	0.0164	0.0302	0.0365	0.3420	9.7024	0.0271	0.0536	0.0615	0.2211	0.2116	0.3114	106	77.94%	2.8676	2.5579	0.3578	0.8665	2.21%	0.00%	1.47%

续附录 1

序号	银行数	现金资产率	可抵押资产率	所有者权益占比	同业贷款占比	同业借款占比	其他短期负债利率	长期负债利率	可抵押资产折价率	投资资产折价率	贷款损失率	贷款召回比率	风险触发个体	风险触发个体百分位	网络平均度	网络平均路径长度	网络聚类系数	幂律指数	系统风险传播概率	财务致敏产传播概率	资金周转逆约传播概率
219	136	0.0164	0.0302	0.0365	0.3420	9.7024	0.0271	0.0536	0.0615	0.2211	0.2116	0.3114	119	87.50%	2.8676	2.5579	0.3578	0.8665	2.21%	0.00%	1.47%
220	136	0.0164	0.0302	0.0365	0.3420	9.7024	0.0271	0.0536	0.0615	0.2211	0.2116	0.3114	132	97.06%	2.8676	2.5579	0.3578	0.8665	2.21%	0.00%	1.47%
221	868	0.0103	0.0034	0.0307	0.4918	1.7798	0.0615	0.0105	0.0830	0.0222	0.3423	0.3238	1	0.12%	2.7823	2.5799	0.3342	0.9408	99.77%	99.77%	0.12%
222	868	0.0103	0.0034	0.0307	0.4918	1.7798	0.0615	0.0105	0.0830	0.0222	0.3423	0.3238	2	0.23%	2.7823	2.5799	0.3342	0.9408	99.77%	99.77%	0.12%
223	868	0.0103	0.0034	0.0307	0.4918	1.7798	0.0615	0.0105	0.0830	0.0222	0.3423	0.3238	260	29.95%	2.7823	2.5799	0.3342	0.9408	0.23%	0.00%	0.12%
224	868	0.0103	0.0034	0.0307	0.4918	1.7798	0.0615	0.0105	0.0830	0.0222	0.3423	0.3238	346	39.86%	2.7823	2.5799	0.3342	0.9408	0.23%	0.00%	0.12%
225	868	0.0103	0.0034	0.0307	0.4918	1.7798	0.0615	0.0105	0.0830	0.0222	0.3423	0.3238	432	49.77%	2.7823	2.5799	0.3342	0.9408	0.23%	0.00%	0.12%
226	868	0.0103	0.0034	0.0307	0.4918	1.7798	0.0615	0.0105	0.0830	0.0222	0.3423	0.3238	519	59.79%	2.7823	2.5799	0.3342	0.9408	0.23%	0.00%	0.12%
227	868	0.0103	0.0034	0.0307	0.4918	1.7798	0.0615	0.0105	0.0830	0.0222	0.3423	0.3238	605	69.70%	2.7823	2.5799	0.3342	0.9408	0.23%	0.00%	0.12%
228	868	0.0103	0.0034	0.0307	0.4918	1.7798	0.0615	0.0105	0.0830	0.0222	0.3423	0.3238	692	79.72%	2.7823	2.5799	0.3342	0.9408	0.23%	0.00%	0.12%
229	868	0.0103	0.0034	0.0307	0.4918	1.7798	0.0615	0.0105	0.0830	0.0222	0.3423	0.3238	778	89.63%	2.7823	2.5799	0.3342	0.9408	0.23%	0.00%	0.12%
230	868	0.0103	0.0034	0.0307	0.4918	1.7798	0.0615	0.0105	0.0830	0.0222	0.3423	0.3238	864	99.54%	2.7823	2.5799	0.3342	0.9408	0.23%	0.00%	0.12%
231	945	0.0001	0.0067	0.0069	0.1085	7.7805	0.0747	0.0166	0.0180	0.2873	0.3757	0.3432	1	0.11%	3.1450	Inf	0.4476	0.9688	99.68%	99.68%	0.32%
232	945	0.0001	0.0067	0.0069	0.1085	7.7805	0.0747	0.0166	0.0180	0.2873	0.3757	0.3432	2	0.21%	3.1450	Inf	0.4476	0.9688	0.21%	0.00%	0.21%
233	945	0.0001	0.0067	0.0069	0.1085	7.7805	0.0747	0.0166	0.0180	0.2873	0.3757	0.3432	283	29.95%	3.1450	Inf	0.4476	0.9688	0.32%	0.11%	0.32%
234	945	0.0001	0.0067	0.0069	0.1085	7.7805	0.0747	0.0166	0.0180	0.2873	0.3757	0.3432	377	39.89%	3.1450	Inf	0.4476	0.9688	0.32%	0.11%	0.32%
235	945	0.0001	0.0067	0.0069	0.1085	7.7805	0.0747	0.0166	0.0180	0.2873	0.3757	0.3432	471	49.84%	3.1450	Inf	0.4476	0.9688	0.32%	0.11%	0.32%
236	945	0.0001	0.0067	0.0069	0.1085	7.7805	0.0747	0.0166	0.0180	0.2873	0.3757	0.3432	565	59.79%	3.1450	Inf	0.4476	0.9688	0.32%	0.11%	0.32%
237	945	0.0001	0.0067	0.0069	0.1085	7.7805	0.0747	0.0166	0.0180	0.2873	0.3757	0.3432	659	69.74%	3.1450	Inf	0.4476	0.9688	0.32%	0.21%	0.32%
238	945	0.0001	0.0067	0.0069	0.1085	7.7805	0.0747	0.0166	0.0180	0.2873	0.3757	0.3432	753	79.68%	3.1450	Inf	0.4476	0.9688	0.32%	0.11%	0.32%
239	945	0.0001	0.0067	0.0069	0.1085	7.7805	0.0747	0.0166	0.0180	0.2873	0.3757	0.3432	847	89.63%	3.1450	Inf	0.4476	0.9688	0.32%	0.11%	0.32%
240	945	0.0001	0.0067	0.0069	0.1085	7.7805	0.0747	0.0166	0.0180	0.2873	0.3757	0.3432	941	99.58%	3.1450	Inf	0.4476	0.9688	0.32%	0.11%	0.32%

续附录 1

序号	银行序数	现金资产率	可抵押资产率	所有者权益占比	同业贷款占比	同业借款占比	其他短期负债利率	长期负债利率	可抵押资产折价率	投资资产折价率	贷款损失率	贷款召回比率	风险触发个体数	风险触发个体百分位	网络平均度	网络平均路径长度	网络聚类系数	幂律指数	系统风险传播概率	财务破产传播概率	资金周转违约传播率
241	715	0.0049	0.0480	0.0002	0.3644	9.3560	0.0565	0.0451	0.0664	0.3659	0.2815	0.2943	1	0.14%	2.8000	2.5931	0.3199	0.9406	99.86%	99.86%	0.28%
242	715	0.0049	0.0480	0.0002	0.3644	9.3560	0.0565	0.0451	0.0664	0.3659	0.2815	0.2943	2	0.28%	2.8000	2.5931	0.3199	0.9406	99.86%	99.86%	0.14%
243	715	0.0049	0.0480	0.0002	0.3644	9.3560	0.0565	0.0451	0.0664	0.3659	0.2815	0.2943	214	29.93%	2.8000	2.5931	0.3199	0.9406	99.86%	99.86%	0.28%
244	715	0.0049	0.0480	0.0002	0.3644	9.3560	0.0565	0.0451	0.0664	0.3659	0.2815	0.2943	285	39.86%	2.8000	2.5931	0.3199	0.9406	99.86%	99.86%	0.28%
245	715	0.0049	0.0480	0.0002	0.3644	9.3560	0.0565	0.0451	0.0664	0.3659	0.2815	0.2943	356	49.79%	2.8000	2.5931	0.3199	0.9406	99.86%	99.86%	0.28%
246	715	0.0049	0.0480	0.0002	0.3644	9.3560	0.0565	0.0451	0.0664	0.3659	0.2815	0.2943	427	59.72%	2.8000	2.5931	0.3199	0.9406	99.86%	99.86%	0.28%
247	715	0.0049	0.0480	0.0002	0.3644	9.3560	0.0565	0.0451	0.0664	0.3659	0.2815	0.2943	498	69.65%	2.8000	2.5931	0.3199	0.9406	99.86%	99.86%	0.28%
248	715	0.0049	0.0480	0.0002	0.3644	9.3560	0.0565	0.0451	0.0664	0.3659	0.2815	0.2943	569	79.58%	2.8000	2.5931	0.3199	0.9406	99.86%	99.86%	0.28%
249	715	0.0049	0.0480	0.0002	0.3644	9.3560	0.0565	0.0451	0.0664	0.3659	0.2815	0.2943	640	89.51%	2.8000	2.5931	0.3199	0.9406	99.86%	99.86%	0.28%
250	715	0.0049	0.0480	0.0002	0.3644	9.3560	0.0565	0.0451	0.0664	0.3659	0.2815	0.2943	711	99.44%	2.8000	2.5931	0.3199	0.9406	99.86%	99.86%	0.28%
251	786	0.0036	0.0482	0.0418	0.0764	8.0435	0.0336	0.0520	0.0645	0.2420	0.1457	0.3888	1	0.13%	2.9758	2.5556	0.4129	0.9499	0.13%	0.00%	0.13%
252	786	0.0036	0.0482	0.0418	0.0764	8.0435	0.0336	0.0520	0.0645	0.2420	0.1457	0.3888	2	0.25%	2.9758	2.5556	0.4129	0.9499	0.13%	0.00%	0.13%
253	786	0.0036	0.0482	0.0418	0.0764	8.0435	0.0336	0.0520	0.0645	0.2420	0.1457	0.3888	235	29.90%	2.9758	2.5556	0.4129	0.9499	0.13%	0.00%	0.13%
254	786	0.0036	0.0482	0.0418	0.0764	8.0435	0.0336	0.0520	0.0645	0.2420	0.1457	0.3888	313	39.82%	2.9758	2.5556	0.4129	0.9499	0.13%	0.00%	0.13%
255	786	0.0036	0.0482	0.0418	0.0764	8.0435	0.0336	0.0520	0.0645	0.2420	0.1457	0.3888	391	49.75%	2.9758	2.5556	0.4129	0.9499	0.13%	0.00%	0.13%
256	786	0.0036	0.0482	0.0418	0.0764	8.0435	0.0336	0.0520	0.0645	0.2420	0.1457	0.3888	470	59.80%	2.9758	2.5556	0.4129	0.9499	0.13%	0.00%	0.13%
257	786	0.0036	0.0482	0.0418	0.0764	8.0435	0.0336	0.0520	0.0645	0.2420	0.1457	0.3888	548	69.72%	2.9758	2.5556	0.4129	0.9499	0.13%	0.00%	0.13%
258	786	0.0036	0.0482	0.0418	0.0764	8.0435	0.0336	0.0520	0.0645	0.2420	0.1457	0.3888	626	79.64%	2.9758	2.5556	0.4129	0.9499	0.13%	0.00%	0.13%
259	786	0.0036	0.0482	0.0418	0.0764	8.0435	0.0336	0.0520	0.0645	0.2420	0.1457	0.3888	704	89.57%	2.9758	2.5556	0.4129	0.9499	0.13%	0.00%	0.13%
260	786	0.0036	0.0482	0.0418	0.0764	8.0435	0.0336	0.0520	0.0645	0.2420	0.1457	0.3888	782	99.49%	2.9758	2.5556	0.4129	0.9499	0.13%	0.00%	0.13%
261	773	0.0154	0.0950	0.0418	0.2769	4.8251	0.0761	0.0326	0.0610	0.2504	0.0272	0.1458	1	0.13%	3.2574	5.2230	0.5149	0.9593	0.13%	0.00%	0.13%
262	773	0.0154	0.0950	0.0418	0.2769	4.8251	0.0761	0.0326	0.0610	0.2504	0.0272	0.1458	2	0.26%	3.2574	5.2230	0.5149	0.9593	0.13%	0.00%	0.13%

续附录 1

序号	银行数	现金资产率	可抵押资产率	所有者权益占比	同业贷款占比	同业借款占比	其他短期负债利率	长期负债利率	可抵押资产折价率	投资资产折价率	贷款损失率	贷款召回比率	风险触发个体数	风险触发个体百分位	网络平均度	网络平均路径长度	网络聚类系数	幂律指数	系统风险传播概率	财务破产传播概率	资金周转违约传播概率
263	773	0.0154	0.0950	0.0418	0.2769	4.8251	0.0761	0.0326	0.0610	0.2504	0.0272	0.1458	231	29.88%	3.2574	2.5230	0.5149	0.9593	0.13%	0.00%	0.13%
264	773	0.0154	0.0950	0.0418	0.2769	4.8251	0.0761	0.0326	0.0610	0.2504	0.0272	0.1458	308	39.84%	3.2574	2.5230	0.5149	0.9593	0.13%	0.00%	0.13%
265	773	0.0154	0.0950	0.0418	0.2769	4.8251	0.0761	0.0326	0.0610	0.2504	0.0272	0.1458	385	49.81%	3.2574	2.5230	0.5149	0.9593	0.13%	0.00%	0.13%
266	773	0.0154	0.0950	0.0418	0.2769	4.8251	0.0761	0.0326	0.0610	0.2504	0.0272	0.1458	462	59.77%	3.2574	2.5230	0.5149	0.9593	0.13%	0.00%	0.13%
267	773	0.0154	0.0950	0.0418	0.2769	4.8251	0.0761	0.0326	0.0610	0.2504	0.0272	0.1458	539	69.73%	3.2574	2.5230	0.5149	0.9593	0.13%	0.00%	0.13%
268	773	0.0154	0.0950	0.0418	0.2769	4.8251	0.0761	0.0326	0.0610	0.2504	0.0272	0.1458	616	79.69%	3.2574	2.5230	0.5149	0.9593	0.13%	0.00%	0.13%
269	773	0.0154	0.0950	0.0418	0.2769	4.8251	0.0761	0.0326	0.0610	0.2504	0.0272	0.1458	693	89.65%	3.2574	2.5230	0.5149	0.9593	0.13%	0.00%	0.13%
270	773	0.0154	0.0950	0.0418	0.2769	4.8251	0.0761	0.0326	0.0610	0.2504	0.0272	0.1458	769	99.48%	3.2574	2.5230	0.5149	0.9593	0.13%	0.00%	0.13%
271	457	0.0008	0.0572	0.0433	0.3542	5.3326	0.0686	0.0087	0.0446	0.4809	0.3737	0.2642	1	0.22%	2.8928	2.5849	0.3686	0.9388	0.13%	0.00%	0.44%
272	457	0.0008	0.0572	0.0433	0.3542	5.3326	0.0686	0.0087	0.0446	0.4809	0.3737	0.2642	2	0.44%	2.8928	2.5849	0.3686	0.9388	98.69%	98.69%	0.44%
273	457	0.0008	0.0572	0.0433	0.3542	5.3326	0.0686	0.0087	0.0446	0.4809	0.3737	0.2642	136	29.76%	2.8928	2.5849	0.3686	0.9388	99.56%	99.56%	0.44%
274	457	0.0008	0.0572	0.0433	0.3542	5.3326	0.0686	0.0087	0.0446	0.4809	0.3737	0.2642	182	39.82%	2.8928	2.5849	0.3686	0.9388	0.66%	0.00%	0.44%
275	457	0.0008	0.0572	0.0433	0.3542	5.3326	0.0686	0.0087	0.0446	0.4809	0.3737	0.2642	227	49.67%	2.8928	2.5849	0.3686	0.9388	0.66%	0.00%	0.44%
276	457	0.0008	0.0572	0.0433	0.3542	5.3326	0.0686	0.0087	0.0446	0.4809	0.3737	0.2642	272	59.52%	2.8928	2.5849	0.3686	0.9388	0.66%	0.00%	0.44%
277	457	0.0008	0.0572	0.0433	0.3542	5.3326	0.0686	0.0087	0.0446	0.4809	0.3737	0.2642	318	69.58%	2.8928	2.5849	0.3686	0.9388	0.66%	0.00%	0.44%
278	457	0.0008	0.0572	0.0433	0.3542	5.3326	0.0686	0.0087	0.0446	0.4809	0.3737	0.2642	363	79.43%	2.8928	2.5849	0.3686	0.9388	0.66%	0.00%	0.44%
279	457	0.0008	0.0572	0.0433	0.3542	5.3326	0.0686	0.0087	0.0446	0.4809	0.3737	0.2642	408	89.28%	2.8928	2.5849	0.3686	0.9388	0.66%	0.00%	0.44%
280	457	0.0008	0.0572	0.0433	0.3542	5.3326	0.0686	0.0087	0.0446	0.4809	0.3737	0.2642	453	99.12%	2.8928	2.5849	0.3686	0.9388	0.66%	0.00%	0.44%
281	694	0.0201	0.0039	0.0377	0.3224	4.5769	0.0143	0.0101	0.0238	0.1022	0.0491	0.1883	1	0.14%	2.8256	2.5710	0.3835	0.9148	0.14%	0.00%	0.14%
282	694	0.0201	0.0039	0.0377	0.3224	4.5769	0.0143	0.0101	0.0238	0.1022	0.0491	0.1883	2	0.29%	2.8256	2.5710	0.3835	0.9148	0.14%	0.00%	0.14%
283	694	0.0201	0.0039	0.0377	0.3224	4.5769	0.0143	0.0101	0.0238	0.1022	0.0491	0.1883	207	29.83%	2.8256	2.5710	0.3835	0.9148	0.14%	0.00%	0.14%
284	694	0.0201	0.0039	0.0377	0.3224	4.5769	0.0143	0.0101	0.0238	0.1022	0.0491	0.1883	276	39.77%	2.8256	2.5710	0.3835	0.9148	0.14%	0.00%	0.14%

续附录 1

序号	银行数	现金资产率	可抵押资产率	所有者权益占比	同业贷款占比	同业借款占比	其他短期负债利率	长期负债利率	可抵押资产折价率	投资资产折价率	贷款损失率	贷款召回比率	风险触发个体	风险触发个体百分位	网络平均度	网络平均路径长度	网络聚类系数	幂律指数	系统风险传播概率	财务破产传播概率	资金周转违约传播概率
285	694	0.0201	0.0039	0.0377	0.3224	4.5769	0.0143	0.0101	0.0238	0.1022	0.0491	0.1883	345	49.71%	2.8256	2.5710	0.3835	0.9148	0.14%	0.00%	0.14%
286	694	0.0201	0.0039	0.0377	0.3224	4.5769	0.0143	0.0101	0.0238	0.1022	0.0491	0.1883	414	59.65%	2.8256	2.5710	0.3835	0.9148	0.14%	0.00%	0.14%
287	694	0.0201	0.0039	0.0377	0.3224	4.5769	0.0143	0.0101	0.0238	0.1022	0.0491	0.1883	483	69.60%	2.8256	2.5710	0.3835	0.9148	0.14%	0.00%	0.14%
288	694	0.0201	0.0039	0.0377	0.3224	4.5769	0.0143	0.0101	0.0238	0.1022	0.0491	0.1883	552	79.54%	2.8256	2.5710	0.3835	0.9148	0.14%	0.00%	0.14%
289	694	0.0201	0.0039	0.0377	0.3224	4.5769	0.0143	0.0101	0.0238	0.1022	0.0491	0.1883	621	89.48%	2.8256	2.5710	0.3835	0.9148	0.14%	0.00%	0.14%
290	694	0.0201	0.0039	0.0377	0.3224	4.5769	0.0143	0.0101	0.0238	0.1022	0.0491	0.1883	690	99.42%	2.8256	2.5710	0.3835	0.9148	0.14%	0.00%	0.14%
291	258	0.0096	0.0447	0.0247	0.1140	6.0056	0.0843	0.0539	0.0111	0.4062	0.0838	0.2084	1	0.39%	2.7791	3.2583	0.3108	0.8844	0.39%	0.00%	0.39%
292	258	0.0096	0.0447	0.0247	0.1140	6.0056	0.0843	0.0539	0.0111	0.4062	0.0838	0.2084	2	0.78%	2.7791	3.2583	0.3108	0.8844	0.00%	0.00%	0.00%
293	258	0.0096	0.0447	0.0247	0.1140	6.0056	0.0843	0.0539	0.0111	0.4062	0.0838	0.2084	77	29.84%	2.7791	3.2583	0.3108	0.8844	0.39%	0.00%	0.39%
294	258	0.0096	0.0447	0.0247	0.1140	6.0056	0.0843	0.0539	0.0111	0.4062	0.0838	0.2084	102	39.53%	2.7791	3.2583	0.3108	0.8844	0.39%	0.00%	0.39%
295	258	0.0096	0.0447	0.0247	0.1140	6.0056	0.0843	0.0539	0.0111	0.4062	0.0838	0.2084	127	49.22%	2.7791	3.2583	0.3108	0.8844	0.39%	0.00%	0.39%
296	258	0.0096	0.0447	0.0247	0.1140	6.0056	0.0843	0.0539	0.0111	0.4062	0.0838	0.2084	153	59.30%	2.7791	3.2583	0.3108	0.8844	0.39%	0.00%	0.39%
297	258	0.0096	0.0447	0.0247	0.1140	6.0056	0.0843	0.0539	0.0111	0.4062	0.0838	0.2084	178	68.99%	2.7791	3.2583	0.3108	0.8844	0.39%	0.00%	0.39%
298	258	0.0096	0.0447	0.0247	0.1140	6.0056	0.0843	0.0539	0.0111	0.4062	0.0838	0.2084	204	79.07%	2.7791	3.2583	0.3108	0.8844	0.39%	0.00%	0.39%
299	258	0.0096	0.0447	0.0247	0.1140	6.0056	0.0843	0.0539	0.0111	0.4062	0.0838	0.2084	229	88.76%	2.7791	3.2583	0.3108	0.8844	0.39%	0.00%	0.39%
300	258	0.0096	0.0447	0.0247	0.1140	6.0056	0.0843	0.0539	0.0111	0.4062	0.0838	0.2084	254	98.45%	2.7791	3.2583	0.3108	0.8844	0.39%	0.00%	0.39%
301	739	0.0177	0.0205	0.0033	0.0845	2.8454	0.0518	0.0345	0.0791	0.0683	0.0325	0.3802	1	0.14%	2.5643	2.6047	0.2104	0.9133	0.00%	0.00%	0.00%
302	739	0.0177	0.0205	0.0033	0.0845	2.8454	0.0518	0.0345	0.0791	0.0683	0.0325	0.3802	2	0.27%	2.5643	2.6047	0.2104	0.9133	0.00%	0.00%	0.00%
303	739	0.0177	0.0205	0.0033	0.0845	2.8454	0.0518	0.0345	0.0791	0.0683	0.0325	0.3802	221	29.91%	2.5643	2.6047	0.2104	0.9133	0.00%	0.00%	0.00%
304	739	0.0177	0.0205	0.0033	0.0845	2.8454	0.0518	0.0345	0.0791	0.0683	0.0325	0.3802	294	39.78%	2.5643	2.6047	0.2104	0.9133	0.00%	0.00%	0.00%
305	739	0.0177	0.0205	0.0033	0.0845	2.8454	0.0518	0.0345	0.0791	0.0683	0.0325	0.3802	368	49.80%	2.5643	2.6047	0.2104	0.9133	0.00%	0.00%	0.00%
306	739	0.0177	0.0205	0.0033	0.0845	2.8454	0.0518	0.0345	0.0791	0.0683	0.0325	0.3802	441	59.68%	2.5643	2.6047	0.2104	0.9133	0.00%	0.00%	0.00%

续附录1

序号	银行数	现金资产率	可抵押资产率	所有者权益占比	同业贷款占比	同业借款占比	其他短期负债利率	长期负债利率	可抵押资产折价率	投资资产折价率	贷款损失率	贷款召回比率	风险触发个体	风险触发个体百分位	网络平均度	网络平均路径长度	网络聚类系数	幂律指数	系统风险传播概率	财务破产传播概率	资金周转违约传播概率
307	739	0.0177	0.0205	0.0033	0.0845	2.8454	0.0518	0.0345	0.0791	0.0683	0.0325	0.3802	515	69.69%	2.5643	2.6047	0.2104	0.9133	0.00%	0.00%	0.00%
308	739	0.0177	0.0205	0.0033	0.0845	2.8454	0.0518	0.0345	0.0791	0.0683	0.0325	0.3802	588	79.57%	2.5643	2.6047	0.2104	0.9133	0.00%	0.00%	0.00%
309	739	0.0177	0.0205	0.0033	0.0845	2.8454	0.0518	0.0345	0.0791	0.0683	0.0325	0.3802	662	89.58%	2.5643	2.6047	0.2104	0.9133	0.00%	0.00%	0.00%
310	739	0.0177	0.0205	0.0033	0.0845	2.8454	0.0518	0.0345	0.0791	0.0683	0.0325	0.3802	735	99.46%	2.5643	2.6047	0.2104	0.9133	0.00%	0.00%	0.00%
311	133	0.0243	0.0668	0.0117	0.0888	1.7632	0.0613	0.0406	0.0402	0.4770	0.3722	0.2952	1	0.75%	2.9474	2.5285	0.4120	0.8903	94.74%	94.74%	0.00%
312	133	0.0243	0.0668	0.0117	0.0888	1.7632	0.0613	0.0406	0.0402	0.4770	0.3722	0.2952	2	1.50%	2.9474	2.5285	0.4120	0.8903	0.00%	0.00%	0.00%
313	133	0.0243	0.0668	0.0117	0.0888	1.7632	0.0613	0.0406	0.0402	0.4770	0.3722	0.2952	39	29.32%	2.9474	2.5285	0.4120	0.8903	0.00%	0.00%	0.00%
314	133	0.0243	0.0668	0.0117	0.0888	1.7632	0.0613	0.0406	0.0402	0.4770	0.3722	0.2952	52	39.10%	2.9474	2.5285	0.4120	0.8903	0.00%	0.00%	0.00%
315	133	0.0243	0.0668	0.0117	0.0888	1.7632	0.0613	0.0406	0.0402	0.4770	0.3722	0.2952	65	48.87%	2.9474	2.5285	0.4120	0.8903	0.00%	0.00%	0.00%
316	133	0.0243	0.0668	0.0117	0.0888	1.7632	0.0613	0.0406	0.0402	0.4770	0.3722	0.2952	78	58.65%	2.9474	2.5285	0.4120	0.8903	0.00%	0.00%	0.00%
317	133	0.0243	0.0668	0.0117	0.0888	1.7632	0.0613	0.0406	0.0402	0.4770	0.3722	0.2952	91	68.42%	2.9474	2.5285	0.4120	0.8903	0.00%	0.00%	0.00%
318	133	0.0243	0.0668	0.0117	0.0888	1.7632	0.0613	0.0406	0.0402	0.4770	0.3722	0.2952	104	78.20%	2.9474	2.5285	0.4120	0.8903	0.00%	0.00%	0.00%
319	133	0.0243	0.0668	0.0117	0.0888	1.7632	0.0613	0.0406	0.0402	0.4770	0.3722	0.2952	117	87.97%	2.9474	2.5285	0.4120	0.8903	0.00%	0.00%	0.00%
320	133	0.0243	0.0668	0.0117	0.0888	1.7632	0.0613	0.0406	0.0402	0.4770	0.3722	0.2952	129	96.99%	2.9474	2.5285	0.4120	0.8903	0.09%	0.00%	0.00%
321	353	0.0122	0.0968	0.0054	0.0361	0.8662	0.0655	0.0522	0.0511	0.2769	0.2210	0.1383	1	0.28%	3.1388	3.1352	0.4875	0.9367	0.28%	0.00%	0.28%
322	353	0.0122	0.0968	0.0054	0.0361	0.8662	0.0655	0.0522	0.0511	0.2769	0.2210	0.1383	2	0.57%	3.1388	3.1352	0.4875	0.9367	0.00%	0.00%	0.00%
323	353	0.0122	0.0968	0.0054	0.0361	0.8662	0.0655	0.0522	0.0511	0.2769	0.2210	0.1383	105	29.75%	3.1388	3.1352	0.4875	0.9367	0.28%	0.00%	0.28%
324	353	0.0122	0.0968	0.0054	0.0361	0.8662	0.0655	0.0522	0.0511	0.2769	0.2210	0.1383	140	39.66%	3.1388	3.1352	0.4875	0.9367	0.28%	0.00%	0.28%
325	353	0.0122	0.0968	0.0054	0.0361	0.8662	0.0655	0.0522	0.0511	0.2769	0.2210	0.1383	175	49.58%	3.1388	3.1352	0.4875	0.9367	0.28%	0.00%	0.28%
326	353	0.0122	0.0968	0.0054	0.0361	0.8662	0.0655	0.0522	0.0511	0.2769	0.2210	0.1383	210	59.49%	3.1388	3.1352	0.4875	0.9367	0.28%	0.00%	0.28%
327	353	0.0122	0.0968	0.0054	0.0361	0.8662	0.0655	0.0522	0.0511	0.2769	0.2210	0.1383	245	69.41%	3.1388	3.1352	0.4875	0.9367	0.28%	0.00%	0.28%
328	353	0.0122	0.0968	0.0054	0.0361	0.8662	0.0655	0.0522	0.0511	0.2769	0.2210	0.1383	280	79.32%	3.1388	3.1352	0.4875	0.9367	0.28%	0.00%	0.28%

续附录 1

序号	银行数	现金资产率	可抵押资产率	所有者权益占比	同业贷款占比	同业借款占比	其他短期负债利率	长期负债利率	可抵押资产折价率	投资资产折价率	贷款损失率	贷款召回比率	风险触发个体数	风险触发个体百分位	网络平均度	网络平均路径长度	网络聚类系数	幂律指数	系统风险传播概率	财务破产传播概率	资金周转违约传播概率
329	353	0.0122	0.0968	0.0054	0.0361	0.8662	0.0655	0.0522	0.0511	0.2769	0.2210	0.1383	315	89.24%	3.1388	3.1352	0.4875	0.9367	0.28%	0.00%	0.28%
330	353	0.0122	0.0968	0.0054	0.0361	0.8662	0.0655	0.0522	0.0511	0.2769	0.2210	0.1383	349	98.87%	3.1388	3.1352	0.4875	0.9367	0.28%	0.00%	0.28%
331	146	0.0068	0.0646	0.0060	0.2806	0.2762	0.0940	0.0300	0.0325	0.2011	0.3825	0.3280	1	0.68%	3.0342	2.5198	0.4331	0.9007	99.32%	99.32%	0.00%
332	146	0.0068	0.0646	0.0060	0.2806	0.2762	0.0940	0.0300	0.0325	0.2011	0.3825	0.3280	2	1.37%	3.0342	2.5198	0.4331	0.9007	99.32%	99.32%	0.00%
333	146	0.0068	0.0646	0.0060	0.2806	0.2762	0.0940	0.0300	0.0325	0.2011	0.3825	0.3280	43	29.45%	3.0342	2.5198	0.4331	0.9007	0.00%	0.00%	0.00%
334	146	0.0068	0.0646	0.0060	0.2806	0.2762	0.0940	0.0300	0.0325	0.2011	0.3825	0.3280	57	39.04%	3.0342	2.5198	0.4331	0.9007	0.00%	0.00%	0.00%
335	146	0.0068	0.0646	0.0060	0.2806	0.2762	0.0940	0.0300	0.0325	0.2011	0.3825	0.3280	71	48.63%	3.0342	2.5198	0.4331	0.9007	0.00%	0.00%	0.00%
336	146	0.0068	0.0646	0.0060	0.2806	0.2762	0.0940	0.0300	0.0325	0.2011	0.3825	0.3280	86	58.90%	3.0342	2.5198	0.4331	0.9007	0.00%	0.00%	0.00%
337	146	0.0068	0.0646	0.0060	0.2806	0.2762	0.0940	0.0300	0.0325	0.2011	0.3825	0.3280	100	68.49%	3.0342	2.5198	0.4331	0.9007	0.00%	0.00%	0.00%
338	146	0.0068	0.0646	0.0060	0.2806	0.2762	0.0940	0.0300	0.0325	0.2011	0.3825	0.3280	114	78.08%	3.0342	2.5198	0.4331	0.9007	0.00%	0.00%	0.00%
339	146	0.0068	0.0646	0.0060	0.2806	0.2762	0.0940	0.0300	0.0325	0.2011	0.3825	0.3280	128	87.67%	3.0342	2.5198	0.4331	0.9007	0.00%	0.00%	0.00%
340	146	0.0068	0.0646	0.0060	0.2806	0.2762	0.0940	0.0300	0.0325	0.2011	0.3825	0.3280	142	97.26%	3.0342	2.5198	0.4331	0.9007	0.00%	0.00%	0.00%
341	191	0.0012	0.0557	0.0146	0.1305	1.3983	0.0845	0.0656	0.0156	0.1480	0.0329	0.1178	1	0.52%	2.5393	2.5970	0.2205	0.8247	0.52%	0.00%	0.52%
342	191	0.0012	0.0557	0.0146	0.1305	1.3983	0.0845	0.0656	0.0156	0.1480	0.0329	0.1178	2	1.05%	2.5393	2.5970	0.2205	0.8247	0.00%	0.00%	0.00%
343	191	0.0012	0.0557	0.0146	0.1305	1.3983	0.0845	0.0656	0.0156	0.1480	0.0329	0.1178	57	29.84%	2.5393	2.5970	0.2205	0.8247	0.52%	0.00%	0.52%
344	191	0.0012	0.0557	0.0146	0.1305	1.3983	0.0845	0.0656	0.0156	0.1480	0.0329	0.1178	75	39.27%	2.5393	2.5970	0.2205	0.8247	0.52%	0.00%	0.52%
345	191	0.0012	0.0557	0.0146	0.1305	1.3983	0.0845	0.0656	0.0156	0.1480	0.0329	0.1178	94	49.21%	2.5393	2.5970	0.2205	0.8247	0.52%	0.00%	0.52%
346	191	0.0012	0.0557	0.0146	0.1305	1.3983	0.0845	0.0656	0.0156	0.1480	0.0329	0.1178	113	59.16%	2.5393	2.5970	0.2205	0.8247	0.52%	0.00%	0.52%
347	191	0.0012	0.0557	0.0146	0.1305	1.3983	0.0845	0.0656	0.0156	0.1480	0.0329	0.1178	131	68.59%	2.5393	2.5970	0.2205	0.8247	0.52%	0.00%	0.52%
348	191	0.0012	0.0557	0.0146	0.1305	1.3983	0.0845	0.0656	0.0156	0.1480	0.0329	0.1178	150	78.53%	2.5393	2.5970	0.2205	0.8247	0.52%	0.00%	0.52%
349	191	0.0012	0.0557	0.0146	0.1305	1.3983	0.0845	0.0656	0.0156	0.1480	0.0329	0.1178	169	88.48%	2.5393	2.5970	0.2205	0.8247	0.52%	0.00%	0.52%
350	191	0.0012	0.0557	0.0146	0.1305	1.3983	0.0845	0.0656	0.0156	0.1480	0.0329	0.1178	187	97.91%	2.5393	2.5970	0.2205	0.8247	0.52%	0.00%	0.52%

续附录 1

序号	银行数	现金资产率	可抵押资产率	所有者权益占比	同业贷款占比	同业借款占比	其他短期负债利率	长期负债利率	可抵押资产折价率	投资资产折价率	贷款损失率	贷款召回比率	风险触发个体	风险触发个体百分位	网络平均度	网络平均路径长度	网络聚类系数	幂律指数	系统风险传播概率	财务破产传播概率	资金周转违约传播概率
351	845	0.0172	0.0285	0.0345	0.1024	5.8910	0.0911	0.0489	0.0260	0.2088	0.0571	0.0754	1	0.12%	2.9337	2.5615	0.4001	0.9515	0.12%	0.00%	0.12%
352	845	0.0172	0.0285	0.0345	0.1024	5.8910	0.0911	0.0489	0.0260	0.2088	0.0571	0.0754	2	0.24%	2.9337	2.5615	0.4001	0.9515	0.12%	0.00%	0.12%
353	845	0.0172	0.0285	0.0345	0.1024	5.8910	0.0911	0.0489	0.0260	0.2088	0.0571	0.0754	253	29.94%	2.9337	2.5615	0.4001	0.9515	0.12%	0.00%	0.12%
354	845	0.0172	0.0285	0.0345	0.1024	5.8910	0.0911	0.0489	0.0260	0.2088	0.0571	0.0754	337	39.88%	2.9337	2.5615	0.4001	0.9515	0.12%	0.00%	0.12%
355	845	0.0172	0.0285	0.0345	0.1024	5.8910	0.0911	0.0489	0.0260	0.2088	0.0571	0.0754	421	49.82%	2.9337	2.5615	0.4001	0.9515	0.12%	0.00%	0.12%
356	845	0.0172	0.0285	0.0345	0.1024	5.8910	0.0911	0.0489	0.0260	0.2088	0.0571	0.0754	505	59.76%	2.9337	2.5615	0.4001	0.9515	0.12%	0.00%	0.12%
357	845	0.0172	0.0285	0.0345	0.1024	5.8910	0.0911	0.0489	0.0260	0.2088	0.0571	0.0754	589	69.70%	2.9337	2.5615	0.4001	0.9515	0.12%	0.00%	0.12%
358	845	0.0172	0.0285	0.0345	0.1024	5.8910	0.0911	0.0489	0.0260	0.2088	0.0571	0.0754	673	79.64%	2.9337	2.5615	0.4001	0.9515	0.12%	0.00%	0.12%
359	845	0.0172	0.0285	0.0345	0.1024	5.8910	0.0911	0.0489	0.0260	0.2088	0.0571	0.0754	757	89.59%	2.9337	2.5615	0.4001	0.9515	0.12%	0.00%	0.12%
360	845	0.0172	0.0285	0.0345	0.1024	5.8910	0.0911	0.0489	0.0260	0.2088	0.0571	0.0754	841	99.53%	2.9337	2.5615	0.4001	0.9515	0.12%	0.00%	0.12%
361	729	0.0123	0.0835	0.0406	0.2077	6.2753	0.0676	0.0523	0.0009	0.0692	0.3012	0.1070	1	0.14%	3.1660	2.5322	0.4582	0.9585	0.14%	0.00%	0.14%
362	729	0.0123	0.0835	0.0406	0.2077	6.2753	0.0676	0.0523	0.0009	0.0692	0.3012	0.1070	2	0.27%	3.1660	2.5322	0.4582	0.9585	0.14%	0.00%	0.14%
363	729	0.0123	0.0835	0.0406	0.2077	6.2753	0.0676	0.0523	0.0009	0.0692	0.3012	0.1070	218	29.90%	3.1660	2.5322	0.4582	0.9585	0.14%	0.00%	0.14%
364	729	0.0123	0.0835	0.0406	0.2077	6.2753	0.0676	0.0523	0.0009	0.0692	0.3012	0.1070	290	39.78%	3.1660	2.5322	0.4582	0.9585	0.14%	0.00%	0.14%
365	729	0.0123	0.0835	0.0406	0.2077	6.2753	0.0676	0.0523	0.0009	0.0692	0.3012	0.1070	363	49.79%	3.1660	2.5322	0.4582	0.9585	0.14%	0.00%	0.14%
366	729	0.0123	0.0835	0.0406	0.2077	6.2753	0.0676	0.0523	0.0009	0.0692	0.3012	0.1070	435	59.67%	3.1660	2.5322	0.4582	0.9585	0.14%	0.00%	0.14%
367	729	0.0123	0.0835	0.0406	0.2077	6.2753	0.0676	0.0523	0.0009	0.0692	0.3012	0.1070	508	69.68%	3.1660	2.5322	0.4582	0.9585	0.14%	0.00%	0.14%
368	729	0.0123	0.0835	0.0406	0.2077	6.2753	0.0676	0.0523	0.0009	0.0692	0.3012	0.1070	580	79.56%	3.1660	2.5322	0.4582	0.9585	0.14%	0.00%	0.14%
369	729	0.0123	0.0835	0.0406	0.2077	6.2753	0.0676	0.0523	0.0009	0.0692	0.3012	0.1070	653	89.57%	3.1660	2.5322	0.4582	0.9585	0.14%	0.00%	0.14%
370	729	0.0123	0.0835	0.0406	0.2077	6.2753	0.0676	0.0523	0.0009	0.0692	0.3012	0.1070	725	99.45%	3.1660	2.5322	0.4582	0.9585	0.14%	0.00%	0.14%
371	389	0.0012	0.0227	0.0020	0.4325	0.9644	0.0354	0.0455	0.0746	0.0471	0.2926	0.1882	1	0.26%	2.5861	2.5959	0.2655	0.8753	99.74%	99.74%	0.26%
372	389	0.0012	0.0227	0.0020	0.4325	0.9644	0.0354	0.0455	0.0746	0.0471	0.2926	0.1882	2	0.51%	2.5861	2.5959	0.2655	0.8753	99.74%	99.74%	0.26%

续附录 1

序号	银行数	现金资产率	可抵押资产率	所有者权益占比	同业贷款占比	同业借款占比	其他短期负债利率	长期负债利率	可抵押资产折价率	投资资产折价率	贷款损失率	贷款召回比率	风险触发个体	风险触发个体百分位	网络平均度	网络平均路径长度	网络聚类系数	事律指数	系统风险传播概率	财务破产传播概率	资金周转违约传播概率
373	389	0.0012	0.0227	0.0020	0.4325	0.9644	0.0354	0.0455	0.0746	0.0471	0.2926	0.1882	116	29.82%	2.5861	2.5959	0.2655	0.8753	99.74%	0.00%	0.26%
374	389	0.0012	0.0227	0.0020	0.4325	0.9644	0.0354	0.0455	0.0746	0.0471	0.2926	0.1882	154	39.59%	2.5861	2.5959	0.2655	0.8753	99.74%	0.00%	0.26%
375	389	0.0012	0.0227	0.0020	0.4325	0.9644	0.0354	0.0455	0.0746	0.0471	0.2926	0.1882	193	49.61%	2.5861	2.5959	0.2655	0.8753	99.74%	0.00%	0.26%
376	389	0.0012	0.0227	0.0020	0.4325	0.9644	0.0354	0.0455	0.0746	0.0471	0.2926	0.1882	231	59.38%	2.5861	2.5959	0.2655	0.8753	99.74%	0.00%	0.26%
377	389	0.0012	0.0227	0.0020	0.4325	0.9644	0.0354	0.0455	0.0746	0.0471	0.2926	0.1882	270	69.41%	2.5861	2.5959	0.2655	0.8753	99.74%	0.00%	0.26%
378	389	0.0012	0.0227	0.0020	0.4325	0.9644	0.0354	0.0455	0.0746	0.0471	0.2926	0.1882	308	79.18%	2.5861	2.5959	0.2655	0.8753	99.74%	0.00%	0.26%
379	389	0.0012	0.0227	0.0020	0.4325	0.9644	0.0354	0.0455	0.0746	0.0471	0.2926	0.1882	347	89.20%	2.5861	2.5959	0.2655	0.8753	99.74%	0.00%	0.26%
380	389	0.0012	0.0227	0.0020	0.4325	0.9644	0.0354	0.0455	0.0746	0.0471	0.2926	0.1882	385	98.97%	2.5861	2.5959	0.2655	0.8753	99.74%	0.00%	0.26%
381	959	0.0149	0.0966	0.0493	0.3906	2.2822	0.0916	0.0116	0.0097	0.4897	0.3321	0.0773	1	0.10%	2.8707	2.5695	0.3890	0.9441	62.77%	62.77%	0.10%
382	959	0.0149	0.0966	0.0493	0.3906	2.2822	0.0916	0.0116	0.0097	0.4897	0.3321	0.0773	2	0.21%	2.8707	2.5695	0.3890	0.9441	76.02%	76.02%	0.10%
383	959	0.0149	0.0966	0.0493	0.3906	2.2822	0.0916	0.0116	0.0097	0.4897	0.3321	0.0773	287	29.93%	2.8707	2.5695	0.3890	0.9441	0.10%	0.00%	0.10%
384	959	0.0149	0.0966	0.0493	0.3906	2.2822	0.0916	0.0116	0.0097	0.4897	0.3321	0.0773	382	39.83%	2.8707	2.5695	0.3890	0.9441	0.10%	0.00%	0.10%
385	959	0.0149	0.0966	0.0493	0.3906	2.2822	0.0916	0.0116	0.0097	0.4897	0.3321	0.0773	478	49.84%	2.8707	2.5695	0.3890	0.9441	0.10%	0.00%	0.10%
386	959	0.0149	0.0966	0.0493	0.3906	2.2822	0.0916	0.0116	0.0097	0.4897	0.3321	0.0773	573	59.75%	2.8707	2.5695	0.3890	0.9441	0.10%	0.00%	0.10%
387	959	0.0149	0.0966	0.0493	0.3906	2.2822	0.0916	0.0116	0.0097	0.4897	0.3321	0.0773	669	69.76%	2.8707	2.5695	0.3890	0.9441	0.10%	0.00%	0.10%
388	959	0.0149	0.0966	0.0493	0.3906	2.2822	0.0916	0.0116	0.0097	0.4897	0.3321	0.0773	764	79.67%	2.8707	2.5695	0.3890	0.9441	0.10%	0.00%	0.10%
389	959	0.0149	0.0966	0.0493	0.3906	2.2822	0.0916	0.0116	0.0097	0.4897	0.3321	0.0773	860	89.68%	2.8707	2.5695	0.3890	0.9441	0.10%	0.00%	0.10%
390	959	0.0149	0.0966	0.0493	0.3906	2.2822	0.0916	0.0116	0.0097	0.4897	0.3321	0.0773	955	99.58%	2.8707	2.5695	0.3890	0.9441	0.10%	0.00%	0.10%
391	135	0.0087	0.0412	0.0430	0.4993	9.9484	0.0172	0.0523	0.0002	0.0169	0.0187	0.1624	1	0.74%	2.9926	2.5263	0.3352	0.9252	1.48%	0.00%	1.48%
392	135	0.0087	0.0412	0.0430	0.4993	9.9484	0.0172	0.0523	0.0002	0.0169	0.0187	0.1624	2	1.48%	2.9926	2.5263	0.3352	0.9252	0.74%	0.00%	0.74%
393	135	0.0087	0.0412	0.0430	0.4993	9.9484	0.0172	0.0523	0.0002	0.0169	0.0187	0.1624	40	29.63%	2.9926	2.5263	0.3352	0.9252	1.48%	0.00%	1.48%
394	135	0.0087	0.0412	0.0430	0.4993	9.9484	0.0172	0.0523	0.0002	0.0169	0.0187	0.1624	53	39.26%	2.9926	2.5263	0.3352	0.9252	1.48%	0.00%	1.48%

续附录1

序号	银行数	现金资产率	可抵押资产率	所有者权益占比	同业贷款占比	同业借款占比	其他短期负债利率	长期负债利率	可抵押资产折价率	投资资产折价率	贷款损失率	贷款召回比率	风险触发个体个数	风险触发个体百分位	网络平均度	网络平均路径长度	网络聚类系数	帮律指数	系统风险传播概率	财务破产传播概率	资金周转违约传播概率
395	135	0.0087	0.0412	0.0430	0.4993	9.9484	0.0172	0.0523	0.0002	0.0169	0.0187	0.1624	66	48.89%	2.9926	2.5263	0.3352	0.9252	1.48%	0.00%	1.48%
396	135	0.0087	0.0412	0.0430	0.4993	9.9484	0.0172	0.0523	0.0002	0.0169	0.0187	0.1624	79	58.52%	2.9926	2.5263	0.3352	0.9252	1.48%	0.00%	1.48%
397	135	0.0087	0.0412	0.0430	0.4993	9.9484	0.0172	0.0523	0.0002	0.0169	0.0187	0.1624	92	68.15%	2.9926	2.5263	0.3352	0.9252	1.48%	0.00%	1.48%
398	135	0.0087	0.0412	0.0430	0.4993	9.9484	0.0172	0.0523	0.0002	0.0169	0.0187	0.1624	105	77.78%	2.9926	2.5263	0.3352	0.9252	1.48%	0.00%	1.48%
399	135	0.0087	0.0412	0.0430	0.4993	9.9484	0.0172	0.0523	0.0002	0.0169	0.0187	0.1624	118	87.41%	2.9926	2.5263	0.3352	0.9252	1.48%	0.00%	1.48%
400	135	0.0087	0.0412	0.0430	0.4993	9.9484	0.0172	0.0523	0.0002	0.0169	0.0187	0.1624	131	97.04%	2.9926	2.5263	0.3352	0.9252	1.48%	0.00%	1.48%
401	499	0.0236	0.0603	0.0381	0.2567	3.0824	0.0092	0.0085	0.0066	0.4225	0.1326	0.0072	1	0.20%	2.5752	2.5996	0.2791	0.8702	0.20%	0.00%	0.20%
402	499	0.0236	0.0603	0.0381	0.2567	3.0824	0.0092	0.0085	0.0066	0.4225	0.1326	0.0072	2	0.40%	2.5752	2.5996	0.2791	0.8702	0.20%	0.00%	0.20%
403	499	0.0236	0.0603	0.0381	0.2567	3.0824	0.0092	0.0085	0.0066	0.4225	0.1326	0.0072	149	29.86%	2.5752	2.5996	0.2791	0.8702	0.20%	0.00%	0.20%
404	499	0.0236	0.0603	0.0381	0.2567	3.0824	0.0092	0.0085	0.0066	0.4225	0.1326	0.0072	198	39.68%	2.5752	2.5996	0.2791	0.8702	0.20%	0.00%	0.20%
405	499	0.0236	0.0603	0.0381	0.2567	3.0824	0.0092	0.0085	0.0066	0.4225	0.1326	0.0072	248	49.70%	2.5752	2.5996	0.2791	0.8702	0.20%	0.00%	0.20%
406	499	0.0236	0.0603	0.0381	0.2567	3.0824	0.0092	0.0085	0.0066	0.4225	0.1326	0.0072	297	59.52%	2.5752	2.5996	0.2791	0.8702	0.20%	0.00%	0.20%
407	499	0.0236	0.0603	0.0381	0.2567	3.0824	0.0092	0.0085	0.0066	0.4225	0.1326	0.0072	347	69.54%	2.5752	2.5996	0.2791	0.8702	0.20%	0.00%	0.20%
408	499	0.0236	0.0603	0.0381	0.2567	3.0824	0.0092	0.0085	0.0066	0.4225	0.1326	0.0072	396	79.36%	2.5752	2.5996	0.2791	0.8702	0.20%	0.00%	0.20%
409	499	0.0236	0.0603	0.0381	0.2567	3.0824	0.0092	0.0085	0.0066	0.4225	0.1326	0.0072	446	89.38%	2.5752	2.5996	0.2791	0.8702	0.20%	0.00%	0.20%
410	499	0.0236	0.0603	0.0381	0.2567	3.0824	0.0092	0.0085	0.0066	0.4225	0.1326	0.0072	495	99.20%	2.5752	2.5996	0.2791	0.8702	0.20%	0.00%	0.20%
411	447	0.0119	0.0931	0.0103	0.2432	3.2287	0.0138	0.0546	0.0704	0.0354	0.0312	0.0895	1	0.22%	2.6353	2.5927	0.2755	0.9069	0.22%	0.00%	0.22%
412	447	0.0119	0.0931	0.0103	0.2432	3.2287	0.0138	0.0546	0.0704	0.0354	0.0312	0.0895	2	0.45%	2.6353	2.5927	0.2755	0.9069	0.22%	0.00%	0.22%
413	447	0.0119	0.0931	0.0103	0.2432	3.2287	0.0138	0.0546	0.0704	0.0354	0.0312	0.0895	133	29.75%	2.6353	2.5927	0.2755	0.9069	0.22%	0.00%	0.22%
414	447	0.0119	0.0931	0.0103	0.2432	3.2287	0.0138	0.0546	0.0704	0.0354	0.0312	0.0895	178	39.82%	2.6353	2.5927	0.2755	0.9069	0.22%	0.00%	0.22%
415	447	0.0119	0.0931	0.0103	0.2432	3.2287	0.0138	0.0546	0.0704	0.0354	0.0312	0.0895	222	49.66%	2.6353	2.5927	0.2755	0.9069	0.22%	0.00%	0.22%
416	447	0.0119	0.0931	0.0103	0.2432	3.2287	0.0138	0.0546	0.0704	0.0354	0.0312	0.0895	266	59.51%	2.6353	2.5927	0.2755	0.9069	0.22%	0.00%	0.22%

续附录 1

序号	银行数	现金资产率	可抵押资产率	所有者权益占比	同业贷款占比	同业借款占比	其他短期负债利率	长期负债利率	可抵押资产折价率	投资资产折价率	贷款损失率	贷款召回比率	风险触发个体	风险融发个体百分位	网络平均度	网络平均路径长度	网络聚类系数	幂律指数	系统风险传播概率	财务破产传播概率	资金周转违约传播概率
417	447	0.0119	0.0931	0.0103	0.2432	3.2287	0.0138	0.0546	0.0704	0.0354	0.0312	0.0895	311	69.57%	2.6353	2.5927	0.2755	0.9069	0.22%	0.00%	0.22%
418	447	0.0119	0.0931	0.0103	0.2432	3.2287	0.0138	0.0546	0.0704	0.0354	0.0312	0.0895	355	79.42%	2.6353	2.5927	0.2755	0.9069	0.22%	0.00%	0.22%
419	447	0.0119	0.0931	0.0103	0.2432	3.2287	0.0138	0.0546	0.0704	0.0354	0.0312	0.0895	399	89.26%	2.6353	2.5927	0.2755	0.9069	0.22%	0.00%	0.22%
420	447	0.0119	0.0931	0.0103	0.2432	3.2287	0.0138	0.0546	0.0704	0.0354	0.0312	0.0895	443	99.11%	2.6353	2.5927	0.2755	0.9069	0.22%	0.00%	0.13%
421	793	0.0020	0.0010	0.0183	0.4539	2.1834	0.0382	0.0337	0.0573	0.0233	0.0716	0.1139	1	0.13%	2.7907	2.5774	0.3480	0.9287	0.13%	0.00%	0.13%
422	793	0.0020	0.0010	0.0183	0.4539	2.1834	0.0382	0.0337	0.0573	0.0233	0.0716	0.1139	2	0.25%	2.7907	2.5774	0.3480	0.9287	0.13%	0.00%	0.13%
423	793	0.0020	0.0010	0.0183	0.4539	2.1834	0.0382	0.0337	0.0573	0.0233	0.0716	0.1139	237	29.89%	2.7907	2.5774	0.3480	0.9287	0.13%	0.00%	0.13%
424	793	0.0020	0.0010	0.0183	0.4539	2.1834	0.0382	0.0337	0.0573	0.0233	0.0716	0.1139	316	39.85%	2.7907	2.5774	0.3480	0.9287	0.13%	0.00%	0.13%
425	793	0.0020	0.0010	0.0183	0.4539	2.1834	0.0382	0.0337	0.0573	0.0233	0.0716	0.1139	395	49.81%	2.7907	2.5774	0.3480	0.9287	0.13%	0.00%	0.13%
426	793	0.0020	0.0010	0.0183	0.4539	2.1834	0.0382	0.0337	0.0573	0.0233	0.0716	0.1139	474	59.77%	2.7907	2.5774	0.3480	0.9287	0.13%	0.00%	0.13%
427	793	0.0020	0.0010	0.0183	0.4539	2.1834	0.0382	0.0337	0.0573	0.0233	0.0716	0.1139	553	69.74%	2.7907	2.5774	0.3480	0.9287	0.13%	0.00%	0.13%
428	793	0.0020	0.0010	0.0183	0.4539	2.1834	0.0382	0.0337	0.0573	0.0233	0.0716	0.1139	632	79.70%	2.7907	2.5774	0.3480	0.9287	0.13%	0.00%	0.13%
429	793	0.0020	0.0010	0.0183	0.4539	2.1834	0.0382	0.0337	0.0573	0.0233	0.0716	0.1139	711	89.66%	2.7907	2.5774	0.3480	0.9287	0.13%	0.00%	0.13%
430	793	0.0020	0.0010	0.0183	0.4539	2.1834	0.0382	0.0337	0.0573	0.0233	0.0716	0.1139	789	99.50%	2.7907	2.5774	0.3480	0.9287	0.13%	0.00%	0.13%
431	820	0.0108	0.0919	0.0058	0.4292	2.4803	0.0182	0.0350	0.0702	0.0966	0.1675	0.0924	1	0.12%	3.0915	2.5433	0.4753	0.9453	99.76%	99.76%	0.12%
432	820	0.0108	0.0919	0.0058	0.4292	2.4803	0.0182	0.0350	0.0702	0.0966	0.1675	0.0924	2	0.24%	3.0915	2.5433	0.4753	0.9453	99.76%	99.76%	0.12%
433	820	0.0108	0.0919	0.0058	0.4292	2.4803	0.0182	0.0350	0.0702	0.0966	0.1675	0.0924	245	29.88%	3.0915	2.5433	0.4753	0.9453	0.24%	0.00%	0.12%
434	820	0.0108	0.0919	0.0058	0.4292	2.4803	0.0182	0.0350	0.0702	0.0966	0.1675	0.0924	327	39.88%	3.0915	2.5433	0.4753	0.9453	0.24%	0.00%	0.12%
435	820	0.0108	0.0919	0.0058	0.4292	2.4803	0.0182	0.0350	0.0702	0.0966	0.1675	0.0924	408	49.76%	3.0915	2.5433	0.4753	0.9453	0.24%	0.00%	0.12%
436	820	0.0108	0.0919	0.0058	0.4292	2.4803	0.0182	0.0350	0.0702	0.0966	0.1675	0.0924	490	59.76%	3.0915	2.5433	0.4753	0.9453	0.24%	0.00%	0.12%
437	820	0.0108	0.0919	0.0058	0.4292	2.4803	0.0182	0.0350	0.0702	0.0966	0.1675	0.0924	572	69.76%	3.0915	2.5433	0.4753	0.9453	0.24%	0.00%	0.12%
438	820	0.0108	0.0919	0.0058	0.4292	2.4803	0.0182	0.0350	0.0702	0.0966	0.1675	0.0924	653	79.63%	3.0915	2.5433	0.4753	0.9453	0.24%	0.00%	0.12%

续附录 1

序号	银行数	现金资产率	可抵押资产率	所有者权益占比	同业贷款占比	同业借款占比	其他短期负债利率	长期负债利率	可抵押资产折价率	投资资产折价率	贷款损失率	贷款召回比率	风险触发个体个数	风险触发发个体百分位	网络平均度	网络平均路径长度	网络聚类系数	幂律指数	系统风险传播概率	财务破产传播概率	资金周转违约传播概率
439	820	0.0108	0.0919	0.0058	0.4292	0.4803	0.0182	0.0350	0.0702	0.0966	0.1675	0.0924	735	89.63%	3.0915	2.5433	0.4753	0.9453	0.24%	0.00%	0.12%
440	820	0.0108	0.0919	0.0058	0.4292	0.4803	0.0182	0.0350	0.0702	0.0966	0.1675	0.0924	816	99.51%	3.0915	2.5433	0.4753	0.9453	0.24%	0.00%	0.12%
441	272	0.0121	0.0984	0.0439	0.0016	0.1571	0.0051	0.0115	0.0405	0.3589	0.3792	0.1621	1	0.37%	2.7022	2.5920	0.2766	0.9011	0.00%	0.00%	0.00%
442	272	0.0121	0.0984	0.0439	0.0016	0.1571	0.0051	0.0115	0.0405	0.3589	0.3792	0.1621	2	0.74%	2.7022	2.5920	0.2766	0.9011	0.00%	0.00%	0.00%
443	272	0.0121	0.0984	0.0439	0.0016	0.1571	0.0051	0.0115	0.0405	0.3589	0.3792	0.1621	81	29.78%	2.7022	2.5920	0.2766	0.9011	0.00%	0.00%	0.00%
444	272	0.0121	0.0984	0.0439	0.0016	0.1571	0.0051	0.0115	0.0405	0.3589	0.3792	0.1621	108	39.71%	2.7022	2.5920	0.2766	0.9011	0.00%	0.00%	0.00%
445	272	0.0121	0.0984	0.0439	0.0016	0.1571	0.0051	0.0115	0.0405	0.3589	0.3792	0.1621	134	49.26%	2.7022	2.5920	0.2766	0.9011	0.00%	0.00%	0.00%
446	272	0.0121	0.0984	0.0439	0.0016	0.1571	0.0051	0.0115	0.0405	0.3589	0.3792	0.1621	161	59.19%	2.7022	2.5920	0.2766	0.9011	0.00%	0.00%	0.00%
447	272	0.0121	0.0984	0.0439	0.0016	0.1571	0.0051	0.0115	0.0405	0.3589	0.3792	0.1621	188	69.12%	2.7022	2.5920	0.2766	0.9011	0.00%	0.00%	0.00%
448	272	0.0121	0.0984	0.0439	0.0016	0.1571	0.0051	0.0115	0.0405	0.3589	0.3792	0.1621	215	79.04%	2.7022	2.5920	0.2766	0.9011	0.00%	0.00%	0.00%
449	272	0.0121	0.0984	0.0439	0.0016	0.1571	0.0051	0.0115	0.0405	0.3589	0.3792	0.1621	242	88.97%	2.7022	2.5920	0.2766	0.9011	0.00%	0.00%	0.00%
450	272	0.0121	0.0984	0.0439	0.0016	0.1571	0.0051	0.0115	0.0405	0.3589	0.3792	0.1621	268	98.53%	2.7022	2.5920	0.2766	0.9011	0.00%	0.00%	0.00%
451	545	0.0227	0.0176	0.0338	0.4655	4.6786	0.0288	0.0495	0.0250	0.1960	0.2106	0.3908	1	0.18%	2.8000	2.5947	0.2625	0.9635	97.98%	97.98%	0.37%
452	545	0.0227	0.0176	0.0338	0.4655	4.6786	0.0288	0.0495	0.0250	0.1960	0.2106	0.3908	2	0.37%	2.8000	2.5947	0.2625	0.9635	0.18%	0.00%	0.18%
453	545	0.0227	0.0176	0.0338	0.4655	4.6786	0.0288	0.0495	0.0250	0.1960	0.2106	0.3908	163	29.91%	2.8000	2.5947	0.2625	0.9635	0.37%	0.18%	0.37%
454	545	0.0227	0.0176	0.0338	0.4655	4.6786	0.0288	0.0495	0.0250	0.1960	0.2106	0.3908	217	39.82%	2.8000	2.5947	0.2625	0.9635	0.37%	0.18%	0.37%
455	545	0.0227	0.0176	0.0338	0.4655	4.6786	0.0288	0.0495	0.0250	0.1960	0.2106	0.3908	271	49.72%	2.8000	2.5947	0.2625	0.9635	0.37%	0.18%	0.37%
456	545	0.0227	0.0176	0.0338	0.4655	4.6786	0.0288	0.0495	0.0250	0.1960	0.2106	0.3908	325	59.63%	2.8000	2.5947	0.2625	0.9635	0.37%	0.18%	0.37%
457	545	0.0227	0.0176	0.0338	0.4655	4.6786	0.0288	0.0495	0.0250	0.1960	0.2106	0.3908	379	69.54%	2.8000	2.5947	0.2625	0.9635	0.37%	0.18%	0.37%
458	545	0.0227	0.0176	0.0338	0.4655	4.6786	0.0288	0.0495	0.0250	0.1960	0.2106	0.3908	433	79.45%	2.8000	2.5947	0.2625	0.9635	0.37%	0.00%	0.37%
459	545	0.0227	0.0176	0.0338	0.4655	4.6786	0.0288	0.0495	0.0250	0.1960	0.2106	0.3908	487	89.36%	2.8000	2.5947	0.2625	0.9635	0.37%	0.00%	0.37%
460	545	0.0227	0.0176	0.0338	0.4655	4.6786	0.0288	0.0495	0.0250	0.1960	0.2106	0.3908	541	99.27%	2.8000	2.5947	0.2625	0.9635	0.37%	0.00%	0.37%

续附录1

序号	银行数	现金资产率	可抵押资产率	所有者权益占比	同业贷款占比	同业借款占比	其他短期负债利率	长期负债利率	可抵押资产折价率	投资资产折价率	贷款损失率	贷款召回比率	风险触发个体	风险触发个体百分位	网络平均度	网络平均路径长度	网络聚类系数	幂律指数	系统风险传播概率	财务破产传播概率	资金周转逆约传播概率
461	505	0.0082	0.0750	0.0166	0.2027	8.0849	0.0505	0.0055	0.0989	0.4169	0.0713	0.3771	1	0.20%	3.1050	2.5360	0.4695	0.9452	0.20%	0.00%	0.20%
462	505	0.0082	0.0750	0.0166	0.2027	8.0849	0.0505	0.0055	0.0989	0.4169	0.0713	0.3771	2	0.40%	3.1050	2.5360	0.4695	0.9452	0.20%	0.00%	0.20%
463	505	0.0082	0.0750	0.0166	0.2027	8.0849	0.0505	0.0055	0.0989	0.4169	0.0713	0.3771	151	29.90%	3.1050	2.5360	0.4695	0.9452	0.20%	0.00%	0.20%
464	505	0.0082	0.0750	0.0166	0.2027	8.0849	0.0505	0.0055	0.0989	0.4169	0.0713	0.3771	201	39.80%	3.1050	2.5360	0.4695	0.9452	0.20%	0.00%	0.20%
465	505	0.0082	0.0750	0.0166	0.2027	8.0849	0.0505	0.0055	0.0989	0.4169	0.0713	0.3771	251	49.70%	3.1050	2.5360	0.4695	0.9452	0.20%	0.00%	0.20%
466	505	0.0082	0.0750	0.0166	0.2027	8.0849	0.0505	0.0055	0.0989	0.4169	0.0713	0.3771	301	59.60%	3.1050	2.5360	0.4695	0.9452	0.20%	0.00%	0.20%
467	505	0.0082	0.0750	0.0166	0.2027	8.0849	0.0505	0.0055	0.0989	0.4169	0.0713	0.3771	351	69.50%	3.1050	2.5360	0.4695	0.9452	0.20%	0.00%	0.20%
468	505	0.0082	0.0750	0.0166	0.2027	8.0849	0.0505	0.0055	0.0989	0.4169	0.0713	0.3771	401	79.41%	3.1050	2.5360	0.4695	0.9452	0.20%	0.00%	0.20%
469	505	0.0082	0.0750	0.0166	0.2027	8.0849	0.0505	0.0055	0.0989	0.4169	0.0713	0.3771	451	89.31%	3.1050	2.5360	0.4695	0.9452	0.20%	0.00%	0.20%
470	505	0.0082	0.0750	0.0166	0.2027	8.0849	0.0505	0.0055	0.0989	0.4169	0.0713	0.3771	501	99.21%	3.1050	2.5360	0.4695	0.9452	0.20%	0.00%	0.20%
471	686	0.0087	0.0075	0.0473	0.2718	1.3264	0.0896	0.0696	0.0138	0.0952	0.0618	0.3786	1	0.15%	2.9665	2.5565	0.4097	0.9502	0.15%	0.00%	0.15%
472	686	0.0087	0.0075	0.0473	0.2718	1.3264	0.0896	0.0696	0.0138	0.0952	0.0618	0.3786	2	0.29%	2.9665	2.5565	0.4097	0.9502	0.15%	0.00%	0.15%
473	686	0.0087	0.0075	0.0473	0.2718	1.3264	0.0896	0.0696	0.0138	0.0952	0.0618	0.3786	205	29.88%	2.9665	2.5565	0.4097	0.9502	0.15%	0.00%	0.15%
474	686	0.0087	0.0075	0.0473	0.2718	1.3264	0.0896	0.0696	0.0138	0.0952	0.0618	0.3786	273	39.80%	2.9665	2.5565	0.4097	0.9502	0.15%	0.00%	0.15%
475	686	0.0087	0.0075	0.0473	0.2718	1.3264	0.0896	0.0696	0.0138	0.0952	0.0618	0.3786	341	49.71%	2.9665	2.5565	0.4097	0.9502	0.15%	0.00%	0.15%
476	686	0.0087	0.0075	0.0473	0.2718	1.3264	0.0896	0.0696	0.0138	0.0952	0.0618	0.3786	410	59.77%	2.9665	2.5565	0.4097	0.9502	0.15%	0.00%	0.15%
477	686	0.0087	0.0075	0.0473	0.2718	1.3264	0.0896	0.0696	0.0138	0.0952	0.0618	0.3786	478	69.68%	2.9665	2.5565	0.4097	0.9502	0.15%	0.00%	0.15%
478	686	0.0087	0.0075	0.0473	0.2718	1.3264	0.0896	0.0696	0.0138	0.0952	0.0618	0.3786	546	79.59%	2.9665	2.5565	0.4097	0.9502	0.15%	0.00%	0.15%
479	686	0.0087	0.0075	0.0473	0.2718	1.3264	0.0896	0.0696	0.0138	0.0952	0.0618	0.3786	614	89.50%	2.9665	2.5565	0.4097	0.9502	0.15%	0.00%	0.15%
480	686	0.0087	0.0075	0.0473	0.2718	1.3264	0.0896	0.0696	0.0138	0.0952	0.0618	0.3786	682	99.42%	2.9665	2.5565	0.4097	0.9502	0.15%	0.00%	0.15%
481	742	0.0153	0.0049	0.0381	0.0969	0.5569	0.0504	0.0601	0.0347	0.2702	0.0893	0.3875	1	0.13%	2.7426	2.5852	0.2777	0.9499	0.13%	0.00%	0.13%
482	742	0.0153	0.0049	0.0381	0.0969	0.5569	0.0504	0.0601	0.0347	0.2702	0.0893	0.3875	2	0.27%	2.7426	2.5852	0.2777	0.9499	0.13%	0.00%	0.13%

续附录 1

序号	银行数	现金资产率	可抵押资产率	所有者权益占比	同业贷款占比	同业借款占比	其他短期负债利率	长期负债利率	可抵押资产折价率	投资资产折价率	贷款损失率	贷款召回比率	风险触发个体数	风险触发个体百分位	网络平均度	网络平均路径长度	网络聚类系数	幂律指数	系统风险传播概率	财务破产传播概率	资金周转违约传播概率
483	742	0.0153	0.0049	0.0381	0.0969	0.5569	0.0504	0.0601	0.0347	0.2702	0.0893	0.3875	222	29.92%	2.7426	2.5852	0.2777	0.9499	0.13%	0.00%	0.13%
484	742	0.0153	0.0049	0.0381	0.0969	0.5569	0.0504	0.0601	0.0347	0.2702	0.0893	0.3875	296	39.89%	2.7426	2.5852	0.2777	0.9499	0.13%	0.00%	0.13%
485	742	0.0153	0.0049	0.0381	0.0969	0.5569	0.0504	0.0601	0.0347	0.2702	0.0893	0.3875	369	49.73%	2.7426	2.5852	0.2777	0.9499	0.13%	0.00%	0.13%
486	742	0.0153	0.0049	0.0381	0.0969	0.5569	0.0504	0.0601	0.0347	0.2702	0.0893	0.3875	443	59.70%	2.7426	2.5852	0.2777	0.9499	0.13%	0.00%	0.13%
487	742	0.0153	0.0049	0.0381	0.0969	0.5569	0.0504	0.0601	0.0347	0.2702	0.0893	0.3875	517	69.68%	2.7426	2.5852	0.2777	0.9499	0.13%	0.00%	0.13%
488	742	0.0153	0.0049	0.0381	0.0969	0.5569	0.0504	0.0601	0.0347	0.2702	0.0893	0.3875	591	79.65%	2.7426	2.5852	0.2777	0.9499	0.13%	0.00%	0.13%
489	742	0.0153	0.0049	0.0381	0.0969	0.5569	0.0504	0.0601	0.0347	0.2702	0.0893	0.3875	665	89.62%	2.7426	2.5852	0.2777	0.9499	0.13%	0.00%	0.13%
490	742	0.0153	0.0049	0.0381	0.0969	0.5569	0.0504	0.0601	0.0347	0.2702	0.0893	0.3875	738	99.46%	2.7426	2.5852	0.2777	0.9499	0.13%	0.00%	0.13%
491	783	0.0047	0.0511	0.0235	0.2129	9.4038	0.0179	0.0218	0.0756	0.4526	0.3032	0.1420	1	0.13%	2.5594	2.6058	0.1853	0.9067	99.87%	99.87%	0.26%
492	783	0.0047	0.0511	0.0235	0.2129	9.4038	0.0179	0.0218	0.0756	0.4526	0.3032	0.1420	2	0.26%	2.5594	2.6058	0.1853	0.9067	99.87%	99.87%	0.13%
493	783	0.0047	0.0511	0.0235	0.2129	9.4038	0.0179	0.0218	0.0756	0.4526	0.3032	0.1420	234	29.89%	2.5594	2.6058	0.1853	0.9067	99.87%	0.00%	0.26%
494	783	0.0047	0.0511	0.0235	0.2129	9.4038	0.0179	0.0218	0.0756	0.4526	0.3032	0.1420	312	39.85%	2.5594	2.6058	0.1853	0.9067	99.87%	0.00%	0.26%
495	783	0.0047	0.0511	0.0235	0.2129	9.4038	0.0179	0.0218	0.0756	0.4526	0.3032	0.1420	390	49.81%	2.5594	2.6058	0.1853	0.9067	99.87%	0.00%	0.26%
496	783	0.0047	0.0511	0.0235	0.2129	9.4038	0.0179	0.0218	0.0756	0.4526	0.3032	0.1420	468	59.77%	2.5594	2.6058	0.1853	0.9067	99.87%	0.00%	0.26%
497	783	0.0047	0.0511	0.0235	0.2129	9.4038	0.0179	0.0218	0.0756	0.4526	0.3032	0.1420	546	69.73%	2.5594	2.6058	0.1853	0.9067	99.87%	0.00%	0.26%
498	783	0.0047	0.0511	0.0235	0.2129	9.4038	0.0179	0.0218	0.0756	0.4526	0.3032	0.1420	624	79.69%	2.5594	2.6058	0.1853	0.9067	99.87%	0.00%	0.26%
499	783	0.0047	0.0511	0.0235	0.2129	9.4038	0.0179	0.0218	0.0756	0.4526	0.3032	0.1420	702	89.66%	2.5594	2.6058	0.1853	0.9067	99.87%	0.00%	0.26%
500	783	0.0047	0.0511	0.0235	0.2129	9.4038	0.0179	0.0218	0.0756	0.4526	0.3032	0.1420	779	99.49%	2.5594	2.6058	0.1853	0.9067	99.87%	0.00%	0.26%
501	352	0.0154	0.0488	0.0076	0.3009	9.6726	0.0943	0.0292	0.0906	0.2022	0.0323	0.2213	1	0.28%	2.8125	2.5686	0.3129	0.9234	0.28%	0.00%	0.28%
502	352	0.0154	0.0488	0.0076	0.3009	9.6726	0.0943	0.0292	0.0906	0.2022	0.0323	0.2213	2	0.57%	2.8125	2.5686	0.3129	0.9234	0.28%	0.00%	0.28%
503	352	0.0154	0.0488	0.0076	0.3009	9.6726	0.0943	0.0292	0.0906	0.2022	0.0323	0.2213	105	29.83%	2.8125	2.5686	0.3129	0.9234	0.28%	0.00%	0.28%
504	352	0.0154	0.0488	0.0076	0.3009	9.6726	0.0943	0.0292	0.0906	0.2022	0.0323	0.2213	140	39.77%	2.8125	2.5686	0.3129	0.9234	0.28%	0.00%	0.28%

续附录 1

序号	银行数	现金资产率	可抵押资产率	所有者权益占比	同业贷款占比	同业借款占比	其他短期负债利率	长期负债利率	可抵押资产折价率	投资资产折价率	贷款损失率	贷款召回比率	风险触发个体数	风险触发个体百分位	网络平均度	网络平均路径长度	网络聚类系数	幂律指数	系统风险传播概率	财务破产传播概率	资金周转违约传播概率
505	352	0.0154	0.0488	0.0076	0.3009	9.6726	0.0943	0.0292	0.0906	0.2022	0.0323	0.2213	174	49.43%	2.8125	2.5686	0.3129	0.9234	0.57%	0.00%	0.57%
506	352	0.0154	0.0488	0.0076	0.3009	9.6726	0.0943	0.0292	0.0906	0.2022	0.0323	0.2213	209	59.38%	2.8125	2.5686	0.3129	0.9234	0.28%	0.00%	0.28%
507	352	0.0154	0.0488	0.0076	0.3009	9.6726	0.0943	0.0292	0.0906	0.2022	0.0323	0.2213	244	69.32%	2.8125	2.5686	0.3129	0.9234	0.28%	0.00%	0.28%
508	352	0.0154	0.0488	0.0076	0.3009	9.6726	0.0943	0.0292	0.0906	0.2022	0.0323	0.2213	279	79.26%	2.8125	2.5686	0.3129	0.9234	0.28%	0.00%	0.28%
509	352	0.0154	0.0488	0.0076	0.3009	9.6726	0.0943	0.0292	0.0906	0.2022	0.0323	0.2213	314	89.20%	2.8125	2.5686	0.3129	0.9234	0.28%	0.00%	0.28%
510	352	0.0154	0.0488	0.0076	0.3009	9.6726	0.0943	0.0292	0.0906	0.2022	0.0323	0.2213	348	98.86%	2.8125	2.5686	0.3129	0.9234	0.28%	0.00%	0.28%
511	716	0.0188	0.0282	0.0466	0.2160	5.0040	0.0136	0.0598	0.0196	0.0474	0.0376	0.3824	1	0.14%	2.8045	2.5760	0.3451	0.9373	0.14%	0.00%	0.14%
512	716	0.0188	0.0282	0.0466	0.2160	5.0040	0.0136	0.0598	0.0196	0.0474	0.0376	0.3824	2	0.28%	2.8045	2.5760	0.3451	0.9373	0.14%	0.00%	0.14%
513	716	0.0188	0.0282	0.0466	0.2160	5.0040	0.0136	0.0598	0.0196	0.0474	0.0376	0.3824	214	29.89%	2.8045	2.5760	0.3451	0.9373	0.14%	0.00%	0.14%
514	716	0.0188	0.0282	0.0466	0.2160	5.0040	0.0136	0.0598	0.0196	0.0474	0.0376	0.3824	285	39.80%	2.8045	2.5760	0.3451	0.9373	0.14%	0.00%	0.14%
515	716	0.0188	0.0282	0.0466	0.2160	5.0040	0.0136	0.0598	0.0196	0.0474	0.0376	0.3824	356	49.72%	2.8045	2.5760	0.3451	0.9373	0.14%	0.00%	0.14%
516	716	0.0188	0.0282	0.0466	0.2160	5.0040	0.0136	0.0598	0.0196	0.0474	0.0376	0.3824	428	59.78%	2.8045	2.5760	0.3451	0.9373	0.14%	0.00%	0.14%
517	716	0.0188	0.0282	0.0466	0.2160	5.0040	0.0136	0.0598	0.0196	0.0474	0.0376	0.3824	499	69.69%	2.8045	2.5760	0.3451	0.9373	0.14%	0.00%	0.14%
518	716	0.0188	0.0282	0.0466	0.2160	5.0040	0.0136	0.0598	0.0196	0.0474	0.0376	0.3824	570	79.61%	2.8045	2.5760	0.3451	0.9373	0.14%	0.00%	0.14%
519	716	0.0188	0.0282	0.0466	0.2160	5.0040	0.0136	0.0598	0.0196	0.0474	0.0376	0.3824	641	89.53%	2.8045	2.5760	0.3451	0.9373	0.14%	0.00%	0.14%
520	716	0.0188	0.0282	0.0466	0.2160	5.0040	0.0136	0.0598	0.0196	0.0474	0.0376	0.3824	712	99.44%	2.8045	2.5760	0.3451	0.9373	0.14%	0.00%	0.14%
521	694	0.0056	0.0537	0.0171	0.0196	9.5020	0.0559	0.0208	0.0367	0.3089	0.1237	0.0736	1	0.14%	2.9207	Inf	0.3617	0.9603	0.14%	0.00%	0.14%
522	694	0.0056	0.0537	0.0171	0.0196	9.5020	0.0559	0.0208	0.0367	0.3089	0.1237	0.0736	2	0.29%	2.9207	Inf	0.3617	0.9603	0.00%	0.00%	0.00%
523	694	0.0056	0.0537	0.0171	0.0196	9.5020	0.0559	0.0208	0.0367	0.3089	0.1237	0.0736	207	29.83%	2.9207	Inf	0.3617	0.9603	0.14%	0.00%	0.14%
524	694	0.0056	0.0537	0.0171	0.0196	9.5020	0.0559	0.0208	0.0367	0.3089	0.1237	0.0736	276	39.77%	2.9207	Inf	0.3617	0.9603	0.14%	0.00%	0.14%
525	694	0.0056	0.0537	0.0171	0.0196	9.5020	0.0559	0.0208	0.0367	0.3089	0.1237	0.0736	345	49.71%	2.9207	Inf	0.3617	0.9603	0.14%	0.00%	0.14%
526	694	0.0056	0.0537	0.0171	0.0196	9.5020	0.0559	0.0208	0.0367	0.3089	0.1237	0.0736	414	59.65%	2.9207	Inf	0.3617	0.9603	0.14%	0.00%	0.14%

续附录 1

序号	银行数	现金资产率	可抵押资产率	所有者权益占比	同业贷款占比	同业借款占比	其他短期负债利率	长期负债利率	可抵押资产折价价值	投资资产折价率	贷款损失率	贷款召回比率	风险触发个体数	风险触发个体百分位	网络平均度	网络平均路径长度	网络聚类系数	帮律指数	系统风险传播概率	财务破产传播概率	资金周转逆约传播概率
527	694	0.0056	0.0537	0.0171	0.0196	9.5020	0.0559	0.0208	0.0367	0.3089	0.1237	0.0736	483	69.60%	2.9207	Inf	0.3617	0.9603	0.14%	0.00%	0.14%
528	694	0.0056	0.0537	0.0171	0.0196	9.5020	0.0559	0.0208	0.0367	0.3089	0.1237	0.0736	552	79.54%	2.9207	Inf	0.3617	0.9603	0.14%	0.00%	0.14%
529	694	0.0056	0.0537	0.0171	0.0196	9.5020	0.0559	0.0208	0.067	0.3089	0.1237	0.0736	621	89.48%	2.9207	Inf	0.3617	0.9603	0.14%	0.00%	0.14%
530	694	0.0056	0.0537	0.0171	0.0196	9.5020	0.0559	0.0208	0.067	0.3089	0.1237	0.0736	690	99.42%	2.9207	Inf	0.3617	0.9603	0.14%	0.00%	0.14%
531	250	0.0159	0.0260	0.0248	0.1788	4.5852	0.0847	0.0183	0.0637	0.4013	0.2759	0.3393	1	0.40%	2.4080	2.6088	0.1255	0.7584	13.20%	0.00%	0.40%
532	250	0.0159	0.0260	0.0248	0.1788	4.5852	0.0847	0.0183	0.0637	0.4013	0.2759	0.3393	2	0.80%	2.4080	2.6088	0.1255	0.7584	0.00%	0.00%	0.00%
533	250	0.0159	0.0260	0.0248	0.1788	4.5852	0.0847	0.0183	0.0537	0.4013	0.2759	0.3393	74	29.60%	2.4080	2.6088	0.1255	0.7584	0.40%	0.00%	0.40%
534	250	0.0159	0.0260	0.0248	0.1788	4.5852	0.0847	0.0183	0.0537	0.4013	0.2759	0.3393	99	39.60%	2.4080	2.6088	0.1255	0.7584	0.40%	0.00%	0.40%
535	250	0.0159	0.0260	0.0248	0.1788	4.5852	0.0847	0.0183	0.0637	0.4013	0.2759	0.3393	123	49.20%	2.4080	2.6088	0.1255	0.7584	0.40%	0.00%	0.40%
536	250	0.0159	0.0260	0.0248	0.1788	4.5852	0.0847	0.0183	0.0637	0.4013	0.2759	0.3393	148	59.20%	2.4080	2.6088	0.1255	0.7584	0.40%	0.00%	0.40%
537	250	0.0159	0.0260	0.0248	0.1788	4.5852	0.0847	0.0183	0.0637	0.4013	0.2759	0.3393	173	69.20%	2.4080	2.6088	0.1255	0.7584	0.40%	0.00%	0.40%
538	250	0.0159	0.0260	0.0248	0.1788	4.5852	0.0847	0.0183	0.0637	0.4013	0.2759	0.3393	197	78.80%	2.4080	2.6088	0.1255	0.7584	0.40%	0.00%	0.40%
539	250	0.0159	0.0260	0.0248	0.1788	4.5852	0.0847	0.0183	0.0637	0.4013	0.2759	0.3393	222	88.80%	2.4080	2.6088	0.1255	0.7584	0.40%	0.00%	0.40%
540	250	0.0159	0.0260	0.0248	0.1788	4.5852	0.0847	0.0183	0.0637	0.4013	0.2759	0.3393	246	98.40%	2.4080	2.6088	0.1255	0.7584	0.40%	0.00%	0.40%
541	211	0.0101	0.0322	0.0146	0.2941	8.6198	0.0948	0.0463	0.0175	0.0369	0.0366	0.1039	1	0.47%	2.8104	2.5582	0.3235	0.8980	0.47%	0.00%	0.47%
542	211	0.0101	0.0322	0.0146	0.2941	8.6198	0.0948	0.0463	0.0175	0.0369	0.0366	0.1039	2	0.95%	2.8104	2.5582	0.3235	0.8980	0.47%	0.00%	0.47%
543	211	0.0101	0.0322	0.0146	0.2941	8.6198	0.0948	0.0463	0.0175	0.0369	0.0366	0.1039	63	29.86%	2.8104	2.5582	0.3235	0.8980	0.47%	0.00%	0.47%
544	211	0.0101	0.0322	0.0146	0.2941	8.6198	0.0948	0.0463	0.0175	0.0369	0.0366	0.1039	83	39.34%	2.8104	2.5582	0.3235	0.8980	0.47%	0.00%	0.47%
545	211	0.0101	0.0322	0.0146	0.2941	8.6198	0.0948	0.0463	0.0175	0.0369	0.0366	0.1039	104	49.29%	2.8104	2.5582	0.3235	0.8980	0.47%	0.00%	0.47%
546	211	0.0101	0.0322	0.0146	0.2941	8.6198	0.0948	0.0463	0.0175	0.0369	0.0366	0.1039	125	59.24%	2.8104	2.5582	0.3235	0.8980	0.47%	0.00%	0.47%
547	211	0.0101	0.0322	0.0146	0.2941	8.6198	0.0948	0.0463	0.0175	0.0369	0.0366	0.1039	145	68.72%	2.8104	2.5582	0.3235	0.8980	0.47%	0.00%	0.47%
548	211	0.0101	0.0322	0.0146	0.2941	8.6198	0.0948	0.0463	0.0175	0.0369	0.0366	0.1039	166	78.67%	2.8104	2.5582	0.3235	0.8980	0.47%	0.00%	0.47%

续附录 1

序号	银行数	现金资产率	可抵押资产率	所有者权益占比	同业贷款占比	同业借款占比	其他短期负债利率	长期负债利率	可抵押资产折价率	投资资产折价率	贷款损失率	贷款召回比率	风险触发个体	风险触发个体百分位	网络平均度	网络平均路径长度	网络聚类系数	幂律指数	系统风险传播概率	财务破产传播概率	资金周转违约传播概率
549	211	0.0101	0.0322	0.0146	0.2941	8.6198	0.0948	0.0463	0.0175	0.0369	0.0366	0.1039	187	88.63%	2.8104	2.5582	0.3235	0.8980	0.47%	0.00%	0.47%
550	211	0.0101	0.0322	0.0146	0.2941	8.6198	0.0948	0.0463	0.0175	0.0369	0.0366	0.1039	207	98.10%	2.8104	2.5582	0.3235	0.8980	0.47%	0.00%	0.47%
551	553	0.0031	0.0079	0.0264	0.2892	1.1040	0.0996	0.0132	0.0818	0.4425	0.0144	0.0003	1	0.18%	2.5389	2.6041	0.2355	0.8547	0.18%	0.00%	0.18%
552	553	0.0031	0.0079	0.0264	0.2892	1.1040	0.0996	0.0132	0.0818	0.4425	0.0144	0.0003	2	0.36%	2.5389	2.6041	0.2355	0.8547	0.18%	0.00%	0.18%
553	553	0.0031	0.0079	0.0264	0.2892	1.1040	0.0996	0.0132	0.0818	0.4425	0.0144	0.0003	165	29.84%	2.5389	2.6041	0.2355	0.8547	0.18%	0.00%	0.18%
554	553	0.0031	0.0079	0.0264	0.2892	1.1040	0.0996	0.0132	0.0818	0.4425	0.0144	0.0003	220	39.78%	2.5389	2.6041	0.2355	0.8547	0.18%	0.00%	0.18%
555	553	0.0031	0.0079	0.0264	0.2892	1.1040	0.0996	0.0132	0.0818	0.4425	0.0144	0.0003	275	49.73%	2.5389	2.6041	0.2355	0.8547	0.18%	0.00%	0.18%
556	553	0.0031	0.0079	0.0264	0.2892	1.1040	0.0996	0.0132	0.0818	0.4425	0.0144	0.0003	330	59.67%	2.5389	2.6041	0.2355	0.8547	0.18%	0.00%	0.18%
557	553	0.0031	0.0079	0.0264	0.2892	1.1040	0.0996	0.0132	0.0818	0.4425	0.0144	0.0003	385	69.62%	2.5389	2.6041	0.2355	0.8547	0.18%	0.00%	0.18%
558	553	0.0031	0.0079	0.0264	0.2892	1.1040	0.0996	0.0132	0.0818	0.4425	0.0144	0.0003	440	79.57%	2.5389	2.6041	0.2355	0.8547	0.18%	0.00%	0.18%
559	553	0.0031	0.0079	0.0264	0.2892	1.1040	0.0996	0.0132	0.0818	0.4425	0.0144	0.0003	495	89.51%	2.5389	2.6041	0.2355	0.8547	0.18%	0.00%	0.18%
560	553	0.0031	0.0079	0.0264	0.2892	1.1040	0.0996	0.0132	0.0818	0.4425	0.0144	0.0003	549	99.28%	2.5389	2.6041	0.2355	0.8547	0.18%	0.00%	0.18%
561	968	0.0186	0.0951	0.0453	0.3659	7.1199	0.0880	0.0004	0.0412	0.4961	0.0756	0.1299	1	0.10%	3.1684	Inf	0.4825	0.9640	0.21%	0.00%	0.21%
562	968	0.0186	0.0951	0.0453	0.3659	7.1199	0.0880	0.0004	0.0412	0.4961	0.0756	0.1299	2	0.21%	3.1684	Inf	0.4825	0.9640	0.10%	0.00%	0.10%
563	968	0.0186	0.0951	0.0453	0.3659	7.1199	0.0880	0.0004	0.0412	0.4961	0.0756	0.1299	290	29.96%	3.1684	Inf	0.4825	0.9640	0.21%	0.00%	0.21%
564	968	0.0186	0.0951	0.0453	0.3659	7.1199	0.0880	0.0004	0.0412	0.4961	0.0756	0.1299	386	39.88%	3.1684	Inf	0.4825	0.9640	0.21%	0.00%	0.21%
565	968	0.0186	0.0951	0.0453	0.3659	7.1199	0.0880	0.0004	0.0412	0.4961	0.0756	0.1299	482	49.79%	3.1684	Inf	0.4825	0.9640	0.21%	0.00%	0.21%
566	968	0.0186	0.0951	0.0453	0.3659	7.1199	0.0880	0.0004	0.0412	0.4961	0.0756	0.1299	579	59.81%	3.1684	Inf	0.4825	0.9640	0.21%	0.00%	0.21%
567	968	0.0186	0.0951	0.0453	0.3659	7.1199	0.0880	0.0004	0.0412	0.4961	0.0756	0.1299	675	69.73%	3.1684	Inf	0.4825	0.9640	0.21%	0.00%	0.21%
568	968	0.0186	0.0951	0.0453	0.3659	7.1199	0.0880	0.0004	0.0412	0.4961	0.0756	0.1299	772	79.75%	3.1684	Inf	0.4825	0.9640	0.21%	0.00%	0.21%
569	968	0.0186	0.0951	0.0453	0.3659	7.1199	0.0880	0.0004	0.0412	0.4961	0.0756	0.1299	868	89.67%	3.1684	Inf	0.4825	0.9640	0.21%	0.00%	0.21%
570	968	0.0186	0.0951	0.0453	0.3659	7.1199	0.0880	0.0004	0.0412	0.4961	0.0756	0.1299	964	99.59%	3.1684	Inf	0.4825	0.9640	0.21%	0.00%	0.21%

续附录 1

序号	银行数	现金资产率	可抵押资产率	所有者权益占比	同业贷款占比	同业借款占比	其他短期负债利率	长期负债利率	可抵押资产折价率	投资资产折价率	贷款损失率	贷款召回比率	风险触发个体	风险触发个体发百分位	网络平均度	网络平均路径长度	网络聚类系数	幂律指数	系统风险传播概率	财务破产传播概率	资金周转违约传播概率
571	410	0.0057	0.0632	0.0294	0.2133	4.4918	0.0660	0.0655	0.0748	0.1285	0.1356	0.1558	1	0.24%	2.8024	2.5703	0.3517	0.9075	0.24%	0.00%	0.24%
572	410	0.0057	0.0632	0.0294	0.2133	4.4918	0.0660	0.0655	0.0748	0.1285	0.1356	0.1558	2	0.49%	2.8024	2.5703	0.3517	0.9075	0.24%	0.00%	0.24%
573	410	0.0057	0.0632	0.0294	0.2133	4.4918	0.0660	0.0655	0.0748	0.1285	0.1356	0.1558	122	29.76%	2.8024	2.5703	0.3517	0.9075	0.24%	0.00%	0.24%
574	410	0.0057	0.0632	0.0294	0.2133	4.4918	0.0660	0.0655	0.0748	0.1285	0.1356	0.1558	163	39.76%	2.8024	2.5703	0.3517	0.9075	0.24%	0.00%	0.24%
575	410	0.0057	0.0632	0.0294	0.2133	4.4918	0.0660	0.0655	0.0748	0.1285	0.1356	0.1558	203	49.51%	2.8024	2.5703	0.3517	0.9075	0.24%	0.00%	0.24%
576	410	0.0057	0.0632	0.0294	0.2133	4.4918	0.0660	0.0655	0.0748	0.1285	0.1356	0.1558	244	59.51%	2.8024	2.5703	0.3517	0.9075	0.24%	0.00%	0.24%
577	410	0.0057	0.0632	0.0294	0.2133	4.4918	0.0660	0.0655	0.0748	0.1285	0.1356	0.1558	285	69.51%	2.8024	2.5703	0.3517	0.9075	0.24%	0.00%	0.24%
578	410	0.0057	0.0632	0.0294	0.2133	4.4918	0.0660	0.0655	0.0748	0.1285	0.1356	0.1558	325	79.27%	2.8024	2.5703	0.3517	0.9075	0.24%	0.00%	0.24%
579	410	0.0057	0.0632	0.0294	0.2133	4.4918	0.0660	0.0655	0.0748	0.1285	0.1356	0.1558	366	89.27%	2.8024	2.5703	0.3517	0.9075	0.24%	0.00%	0.24%
580	410	0.0057	0.0632	0.0294	0.2133	4.4918	0.0660	0.0655	0.0748	0.1285	0.1356	0.1558	406	99.02%	2.8024	2.5703	0.3517	0.9075	0.24%	0.00%	0.24%
581	631	0.0158	0.0597	0.0155	0.4349	1.4262	0.0891	0.0115	0.0839	0.1642	0.2016	0.2263	1	0.16%	2.5166	2.6079	0.1929	0.8663	99.68%	99.68%	0.16%
582	631	0.0158	0.0597	0.0155	0.4349	1.4262	0.0891	0.0115	0.0839	0.1642	0.2016	0.2263	2	0.32%	2.5166	2.6079	0.1929	0.8663	99.68%	99.68%	0.16%
583	631	0.0158	0.0597	0.0155	0.4349	1.4262	0.0891	0.0115	0.0839	0.1642	0.2016	0.2263	189	29.95%	2.5166	2.6079	0.1929	0.8663	0.32%	0.00%	0.16%
584	631	0.0158	0.0597	0.0155	0.4349	1.4262	0.0891	0.0115	0.0839	0.1642	0.2016	0.2263	251	39.78%	2.5166	2.6079	0.1929	0.8663	0.32%	0.00%	0.16%
585	631	0.0158	0.0597	0.0155	0.4349	1.4262	0.0891	0.0115	0.0839	0.1642	0.2016	0.2263	314	49.76%	2.5166	2.6079	0.1929	0.8663	0.32%	0.00%	0.16%
586	631	0.0158	0.0597	0.0155	0.4349	1.4262	0.0891	0.0115	0.0839	0.1642	0.2016	0.2263	377	59.75%	2.5166	2.6079	0.1929	0.8663	0.32%	0.00%	0.16%
587	631	0.0158	0.0597	0.0155	0.4349	1.4262	0.0891	0.0115	0.0839	0.1642	0.2016	0.2263	439	69.57%	2.5166	2.6079	0.1929	0.8663	0.32%	0.00%	0.16%
588	631	0.0158	0.0597	0.0155	0.4349	1.4262	0.0891	0.0115	0.0839	0.1642	0.2016	0.2263	502	79.56%	2.5166	2.6079	0.1929	0.8663	0.32%	0.00%	0.16%
589	631	0.0158	0.0597	0.0155	0.4349	1.4262	0.0891	0.0115	0.0839	0.1642	0.2016	0.2263	565	89.54%	2.5166	2.6079	0.1929	0.8663	0.32%	0.00%	0.16%
590	631	0.0158	0.0597	0.0155	0.4349	1.4262	0.0891	0.0115	0.0839	0.1642	0.2016	0.2263	627	99.37%	2.5166	2.6079	0.1929	0.8663	0.32%	0.00%	0.16%
591	305	0.0121	0.0131	0.0274	0.4009	4.8826	0.0080	0.0640	0.0442	0.2412	0.2651	0.0128	1	0.33%	3.2131	2.5453	0.4304	0.9467	99.34%	99.34%	0.66%
592	305	0.0121	0.0131	0.0274	0.4009	4.8826	0.0080	0.0640	0.0442	0.2412	0.2651	0.0128	2	0.66%	3.2131	2.5453	0.4304	0.9467	10.16%	10.16%	0.33%

续附录 1

序号	银行数	现金资产率	可抵押资产率	所有者权益占比	同业贷款占比	同业借款占比	其他短期负债利率	长期负债利率	可抵押资产折价率	投资资产折价率	贷款损失率	贷款召回比率	风险触发个体数	风险触发个体发生百分位	网络平均度	网络平均路径长度	网络聚类系数	幂律指数	系统风险传播概率	财务破产传播概率	资金周转违约传播概率
593	305	0.0121	0.0131	0.0274	0.4009	4.8826	0.0080	0.0640	0.0442	0.2412	0.2651	0.0128	91	29.84%	3.2131	2.5453	0.4304	0.9467	10.49%	0.66%	0.66%
594	305	0.0121	0.0131	0.0274	0.4009	4.8826	0.0080	0.0640	0.0442	0.2412	0.2651	0.0128	121	39.67%	3.2131	2.5453	0.4304	0.9467	10.49%	0.00%	0.66%
595	305	0.0121	0.0131	0.0274	0.4009	4.8826	0.0080	0.0640	0.0442	0.2412	0.2651	0.0128	151	49.51%	3.2131	2.5453	0.4304	0.9467	10.49%	0.00%	0.66%
596	305	0.0121	0.0131	0.0274	0.4009	4.8826	0.0080	0.0640	0.0442	0.2412	0.2651	0.0128	181	59.34%	3.2131	2.5453	0.4304	0.9467	10.49%	0.00%	0.66%
597	305	0.0121	0.0131	0.0274	0.4009	4.8826	0.0080	0.0640	0.0442	0.2412	0.2651	0.0128	211	69.18%	3.2131	2.5453	0.4304	0.9467	10.49%	0.00%	0.66%
598	305	0.0121	0.0131	0.0274	0.4009	4.8826	0.0080	0.0640	0.0442	0.2412	0.2651	0.0128	241	79.02%	3.2131	2.5453	0.4304	0.9467	10.49%	0.00%	0.66%
599	305	0.0121	0.0131	0.0274	0.4009	4.8826	0.0080	0.0640	0.0442	0.2412	0.2651	0.0128	271	88.85%	3.2131	2.5453	0.4304	0.9467	10.49%	0.00%	0.66%
600	305	0.0121	0.0131	0.0274	0.4009	4.8826	0.0080	0.0640	0.0442	0.2412	0.2651	0.0128	301	98.69%	3.2131	2.5453	0.4304	0.9467	10.49%	0.00%	0.66%
601	780	0.0212	0.0482	0.0322	0.4554	8.7027	0.0718	0.0300	0.0564	0.4594	0.3527	0.0184	1	0.13%	2.7782	2.5790	0.3630	0.9235	99.74%	99.74%	0.13%
602	780	0.0212	0.0482	0.0322	0.4554	8.7027	0.0718	0.0300	0.0564	0.4594	0.3527	0.0184	2	0.26%	2.7782	2.5790	0.3630	0.9235	99.74%	99.74%	0.13%
603	780	0.0212	0.0482	0.0322	0.4554	8.7027	0.0718	0.0300	0.0564	0.4594	0.3527	0.0184	233	29.87%	2.7782	2.5790	0.3630	0.9235	0.26%	0.00%	0.13%
604	780	0.0212	0.0482	0.0322	0.4554	8.7027	0.0718	0.0300	0.0564	0.4594	0.3527	0.0184	311	39.87%	2.7782	2.5790	0.3630	0.9235	0.26%	0.00%	0.13%
605	780	0.0212	0.0482	0.0322	0.4554	8.7027	0.0718	0.0300	0.0564	0.4594	0.3527	0.0184	388	49.74%	2.7782	2.5790	0.3630	0.9235	0.26%	0.00%	0.13%
606	780	0.0212	0.0482	0.0322	0.4554	8.7027	0.0718	0.0300	0.0564	0.4594	0.3527	0.0184	466	59.74%	2.7782	2.5790	0.3630	0.9235	0.26%	0.00%	0.13%
607	780	0.0212	0.0482	0.0322	0.4554	8.7027	0.0718	0.0300	0.0564	0.4594	0.3527	0.0184	544	69.74%	2.7782	2.5790	0.3630	0.9235	0.26%	0.00%	0.13%
608	780	0.0212	0.0482	0.0322	0.4554	8.7027	0.0718	0.0300	0.0564	0.4594	0.3527	0.0184	621	79.62%	2.7782	2.5790	0.3630	0.9235	0.26%	0.00%	0.13%
609	780	0.0212	0.0482	0.0322	0.4554	8.7027	0.0718	0.0300	0.0564	0.4594	0.3527	0.0184	699	89.62%	2.7782	2.5790	0.3630	0.9235	0.26%	0.00%	0.13%
610	780	0.0212	0.0482	0.0322	0.4554	8.7027	0.0718	0.0300	0.0564	0.4594	0.3527	0.0184	776	99.49%	2.7782	2.5790	0.3630	0.9235	0.26%	0.00%	0.13%
611	334	0.0025	0.0351	0.0426	0.3031	9.3125	0.0644	0.0093	0.0872	0.0620	0.2724	0.0558	1	0.30%	3.2305	3.0576	0.4703	0.9480	0.30%	0.00%	0.30%
612	334	0.0025	0.0351	0.0426	0.3031	9.3125	0.0644	0.0093	0.0872	0.0620	0.2724	0.0558	2	0.60%	3.2305	3.0576	0.4703	0.9480	0.00%	0.00%	0.00%
613	334	0.0025	0.0351	0.0426	0.3031	9.3125	0.0644	0.0093	0.0872	0.0620	0.2724	0.0558	99	29.64%	3.2305	3.0576	0.4703	0.9480	0.30%	0.00%	0.30%
614	334	0.0025	0.0351	0.0426	0.3031	9.3125	0.0644	0.0093	0.0872	0.0620	0.2724	0.0558	132	39.52%	3.2305	3.0576	0.4703	0.9480	0.30%	0.00%	0.30%

续附录 1

序号	银行数	现金资产率	可抵押资产率	所有者权益占比	同业贷款占比	同业借款占比	其他短期负债利率	长期负债利率	可抵押资产折价率	投资资产折价率	贷款损失率	贷款召回比率	风险触发个体	风险触发个体百分位	网络平均度	网络平均路径长度	网络聚类系数	帮律指数	系统风险传播概率	财务破产传播概率	资金周转违约传播概率
615	334	0.0025	0.0351	0.0426	0.3031	9.3125	0.0644	0.0093	0.0872	0.0620	0.2724	0.0558	165	49.40%	3.2305	3.0576	0.4703	0.9480	0.30%	0.00%	0.30%
616	334	0.0025	0.0351	0.0426	0.3031	9.3125	0.0644	0.0093	0.0872	0.0620	0.2724	0.0558	198	59.28%	3.2305	3.0576	0.4703	0.9480	0.30%	0.00%	0.30%
617	334	0.0025	0.0351	0.0426	0.3031	9.3125	0.0644	0.0093	0.0872	0.0620	0.2724	0.0558	231	69.16%	3.2305	3.0576	0.4703	0.9480	0.30%	0.00%	0.30%
618	334	0.0025	0.0351	0.0426	0.3031	9.3125	0.0644	0.0093	0.0872	0.0620	0.2724	0.0558	264	79.04%	3.2305	3.0576	0.4703	0.9480	0.30%	0.00%	0.30%
619	334	0.0025	0.0351	0.0426	0.3031	9.3125	0.0644	0.0093	0.0872	0.0620	0.2724	0.0558	297	88.92%	3.2305	3.0576	0.4703	0.9480	0.30%	0.00%	0.30%
620	334	0.0025	0.0351	0.0426	0.3031	9.3125	0.0644	0.0093	0.0872	0.0620	0.2724	0.0558	330	98.80%	3.2305	3.0576	0.4703	0.9480	0.30%	0.00%	0.30%
621	559	0.0178	0.0496	0.0201	0.0865	3.0870	0.0103	0.0128	0.0788	0.4385	0.0685	0.3282	1	0.18%	3.1324	2.5338	0.4694	0.9485	0.18%	0.00%	0.18%
622	559	0.0178	0.0496	0.0201	0.0865	3.0870	0.0103	0.0128	0.0788	0.4385	0.0685	0.3282	2	0.36%	3.1324	2.5338	0.4694	0.9485	0.18%	0.00%	0.18%
623	559	0.0178	0.0496	0.0201	0.0865	3.0870	0.0103	0.0128	0.0788	0.4385	0.0685	0.3282	167	29.87%	3.1324	2.5338	0.4694	0.9485	0.18%	0.00%	0.18%
624	559	0.0178	0.0496	0.0201	0.0865	3.0870	0.0103	0.0128	0.0788	0.4385	0.0685	0.3282	222	39.71%	3.1324	2.5338	0.4694	0.9485	0.18%	0.00%	0.18%
625	559	0.0178	0.0496	0.0201	0.0865	3.0870	0.0103	0.0128	0.0788	0.4385	0.0685	0.3282	278	49.73%	3.1324	2.5338	0.4694	0.9485	0.18%	0.00%	0.18%
626	559	0.0178	0.0496	0.0201	0.0865	3.0870	0.0103	0.0128	0.0788	0.4385	0.0685	0.3282	333	59.57%	3.1324	2.5338	0.4694	0.9485	0.18%	0.00%	0.18%
627	559	0.0178	0.0496	0.0201	0.0865	3.0870	0.0103	0.0128	0.0788	0.4385	0.0685	0.3282	389	69.59%	3.1324	2.5338	0.4694	0.9485	0.18%	0.00%	0.18%
628	559	0.0178	0.0496	0.0201	0.0865	3.0870	0.0103	0.0128	0.0788	0.4385	0.0685	0.3282	444	79.43%	3.1324	2.5338	0.4694	0.9485	0.18%	0.00%	0.18%
629	559	0.0178	0.0496	0.0201	0.0865	3.0870	0.0103	0.0128	0.0788	0.4385	0.0685	0.3282	500	89.45%	3.1324	2.5338	0.4694	0.9485	0.18%	0.00%	0.18%
630	559	0.0178	0.0496	0.0201	0.0865	3.0870	0.0103	0.0128	0.0788	0.4385	0.0685	0.3282	555	99.28%	3.1324	2.5338	0.4694	0.9485	0.18%	0.00%	0.18%
631	733	0.0120	0.0537	0.0103	0.2606	7.4310	0.0633	0.0379	0.0693	0.4250	0.0953	0.1249	1	0.14%	2.9154	2.5631	0.3796	0.9441	37.11%	36.83%	0.14%
632	733	0.0120	0.0537	0.0103	0.2606	7.4310	0.0633	0.0379	0.0693	0.4250	0.0953	0.1249	2	0.27%	2.9154	2.5631	0.3796	0.9441	0.27%	0.00%	0.14%
633	733	0.0120	0.0537	0.0103	0.2606	7.4310	0.0633	0.0379	0.0693	0.4250	0.0953	0.1249	219	29.88%	2.9154	2.5631	0.3796	0.9441	0.14%	0.00%	0.14%
634	733	0.0120	0.0537	0.0103	0.2606	7.4310	0.0633	0.0379	0.0693	0.4250	0.0953	0.1249	292	39.84%	2.9154	2.5631	0.3796	0.9441	0.14%	0.00%	0.14%
635	733	0.0120	0.0537	0.0103	0.2606	7.4310	0.0633	0.0379	0.0693	0.4250	0.0953	0.1249	365	49.80%	2.9154	2.5631	0.3796	0.9441	0.14%	0.00%	0.14%
636	733	0.0120	0.0537	0.0103	0.2606	7.4310	0.0633	0.0379	0.0693	0.4250	0.0953	0.1249	438	59.75%	2.9154	2.5631	0.3796	0.9441	0.14%	0.00%	0.14%

续附录 1

序号	银行数	现金资产率	可抵押资产率	所有者权益占比	同业贷款占比	同业借款占比	其他短期负债利率	长期负债利率	可抵押资产折价率	投资资产折价率	贷款损失率	贷款召回比率	风险触发个体	风险触发个体百分位	网络平均度	网络平均路径长度	网络聚类系数	幂律指数	系统风险传播概率	财务破产传播概率	资金周转违约传播概率
637	733	0.0120	0.0537	0.0103	0.2606	7.4310	0.0633	0.0379	0.0693	0.4250	0.0953	0.1249	511	69.71%	2.9154	2.5631	0.3796	0.9441	0.14%	0.00%	0.14%
638	733	0.0120	0.0537	0.0103	0.2606	7.4310	0.0633	0.0379	0.0693	0.4250	0.0953	0.1249	584	79.67%	2.9154	2.5631	0.3796	0.9441	0.14%	0.00%	0.14%
639	733	0.0120	0.0537	0.0103	0.2606	7.4310	0.0633	0.0379	0.0693	0.4250	0.0953	0.1249	657	89.63%	2.9154	2.5631	0.3796	0.9441	0.14%	0.00%	0.14%
640	733	0.0120	0.0537	0.0103	0.2606	7.4310	0.0633	0.0379	0.0693	0.4250	0.0953	0.1249	729	99.45%	2.9154	2.5631	0.3796	0.9441	0.14%	0.00%	0.14%
641	906	0.0019	0.0899	0.0490	0.4745	8.6709	0.0003	0.0017	0.0374	0.1326	0.1445	0.1621	1	0.11%	3.1071	2.5405	0.3996	0.9691	36.98%	0.00%	0.22%
642	906	0.0019	0.0899	0.0490	0.4745	8.6709	0.0003	0.0017	0.0374	0.1326	0.1445	0.1621	2	0.22%	3.1071	2.5405	0.3996	0.9691	0.11%	0.00%	0.11%
643	906	0.0019	0.0899	0.0490	0.4745	8.6709	0.0003	0.0017	0.0374	0.1326	0.1445	0.1621	271	29.91%	3.1071	2.5405	0.3996	0.9691	0.22%	0.00%	0.22%
644	906	0.0019	0.0899	0.0490	0.4745	8.6709	0.0003	0.0017	0.0374	0.1326	0.1445	0.1621	361	39.85%	3.1071	2.5405	0.3996	0.9691	0.22%	0.00%	0.22%
645	906	0.0019	0.0899	0.0490	0.4745	8.6709	0.0003	0.0017	0.0374	0.1326	0.1445	0.1621	451	49.78%	3.1071	2.5405	0.3996	0.9691	0.22%	0.00%	0.22%
646	906	0.0019	0.0899	0.0490	0.4745	8.6709	0.0003	0.0017	0.0374	0.1326	0.1445	0.1621	542	59.82%	3.1071	2.5405	0.3996	0.9691	0.22%	0.00%	0.22%
647	906	0.0019	0.0899	0.0490	0.4745	8.6709	0.0003	0.0017	0.0374	0.1326	0.1445	0.1621	632	69.76%	3.1071	2.5405	0.3996	0.9691	0.22%	0.00%	0.22%
648	906	0.0019	0.0899	0.0490	0.4745	8.6709	0.0003	0.0017	0.0374	0.1326	0.1445	0.1621	722	79.69%	3.1071	2.5405	0.3996	0.9691	0.22%	0.00%	0.22%
649	906	0.0019	0.0899	0.0490	0.4745	8.6709	0.0003	0.0017	0.0374	0.1326	0.1445	0.1621	812	89.62%	3.1071	2.5405	0.3996	0.9691	0.22%	0.00%	0.22%
650	906	0.0019	0.0899	0.0490	0.4745	8.6709	0.0003	0.0017	0.0374	0.1326	0.1445	0.1621	902	99.56%	3.1071	2.5405	0.3996	0.9691	0.22%	0.00%	0.22%
651	967	0.0045	0.0600	0.0005	0.1632	8.7829	0.0147	0.0563	0.0294	0.0309	0.1810	0.2096	1	0.10%	2.4250	2.6206	0.1801	0.8251	0.10%	99.90%	0.10%
652	967	0.0045	0.0600	0.0005	0.1632	8.7829	0.0147	0.0563	0.0294	0.0309	0.1810	0.2096	2	0.21%	2.4250	2.6206	0.1801	0.8251	0.10%	99.90%	0.10%
653	967	0.0045	0.0600	0.0005	0.1632	8.7829	0.0147	0.0563	0.0294	0.0309	0.1810	0.2096	289	29.89%	2.4250	2.6206	0.1801	0.8251	0.10%	99.90%	0.10%
654	967	0.0045	0.0600	0.0005	0.1632	8.7829	0.0147	0.0563	0.0294	0.0309	0.1810	0.2096	386	39.92%	2.4250	2.6206	0.1801	0.8251	0.10%	99.90%	0.10%
655	967	0.0045	0.0600	0.0005	0.1632	8.7829	0.0147	0.0563	0.0294	0.0309	0.1810	0.2096	482	49.84%	2.4250	2.6206	0.1801	0.8251	0.10%	0.00%	0.10%
656	967	0.0045	0.0600	0.0005	0.1632	8.7829	0.0147	0.0563	0.0294	0.0309	0.1810	0.2096	578	59.77%	2.4250	2.6206	0.1801	0.8251	0.10%	0.00%	0.10%
657	967	0.0045	0.0600	0.0005	0.1632	8.7829	0.0147	0.0563	0.0294	0.0309	0.1810	0.2096	675	69.80%	2.4250	2.6206	0.1801	0.8251	0.10%	0.00%	0.10%
658	967	0.0045	0.0600	0.0005	0.1632	8.7829	0.0147	0.0563	0.0294	0.0309	0.1810	0.2096	771	79.73%	2.4250	2.6206	0.1801	0.8251	0.10%	0.00%	0.10%

续附录1

序号	银行数	现金资产率	可抵押资产率	所有者权益占比	同业贷款占比	同业借款占比	其他短期负债利率	长期负债利率	可抵押资产折价率	投资资产折价率	贷款损失率	贷款召回比率	风险触发个体	风险触发个体百分位	网络平均度	网络平均路径长度	网络聚类系数	幂律指数	系统风险传播概率	财务破产传播概率	资金周转违约传播概率
659	967	0.0045	0.0600	0.0005	0.1632	8.7829	0.0147	0.0563	0.0294	0.0309	0.1810	0.2096	867	89.66%	2.4250	2.6206	0.1801	0.8251	0.10%	0.00%	0.10%
660	967	0.0045	0.0600	0.0005	0.1632	8.7829	0.0147	0.0563	0.0294	0.0309	0.1810	0.2096	963	99.59%	2.4250	2.6206	0.1801	0.8251	0.10%	0.00%	0.10%
661	596	0.0124	0.0336	0.0321	0.1764	8.0356	0.0776	0.0120	0.0699	0.4407	0.2161	0.2501	1	0.17%	3.1510	2.5675	0.4984	0.9469	0.34%	0.00%	0.34%
662	596	0.0124	0.0336	0.0321	0.1764	8.0356	0.0776	0.0120	0.0699	0.4407	0.2161	0.2501	2	0.34%	3.1510	2.5675	0.4984	0.9469	0.34%	0.00%	0.34%
663	596	0.0124	0.0336	0.0321	0.1764	8.0356	0.0776	0.0120	0.0699	0.4407	0.2161	0.2501	178	29.87%	3.1510	2.5675	0.4984	0.9469	0.34%	0.00%	0.34%
664	596	0.0124	0.0336	0.0321	0.1764	8.0356	0.0776	0.0120	0.0699	0.4407	0.2161	0.2501	237	39.77%	3.1510	2.5675	0.4984	0.9469	0.34%	0.00%	0.34%
665	596	0.0124	0.0336	0.0321	0.1764	8.0356	0.0776	0.0120	0.0699	0.4407	0.2161	0.2501	296	49.66%	3.1510	2.5675	0.4984	0.9469	0.34%	0.00%	0.34%
666	596	0.0124	0.0336	0.0321	0.1764	8.0356	0.0776	0.0120	0.0699	0.4407	0.2161	0.2501	356	59.73%	3.1510	2.5675	0.4984	0.9469	0.34%	0.00%	0.34%
667	596	0.0124	0.0336	0.0321	0.1764	8.0356	0.0776	0.0120	0.0699	0.4407	0.2161	0.2501	415	69.63%	3.1510	2.5675	0.4984	0.9469	0.34%	0.00%	0.34%
668	596	0.0124	0.0336	0.0321	0.1764	8.0356	0.0776	0.0120	0.0699	0.4407	0.2161	0.2501	474	79.53%	3.1510	2.5675	0.4984	0.9469	0.34%	0.00%	0.34%
669	596	0.0124	0.0336	0.0321	0.1764	8.0356	0.0776	0.0120	0.0699	0.4407	0.2161	0.2501	533	89.43%	3.1510	2.5675	0.4984	0.9469	0.34%	0.00%	0.34%
670	596	0.0124	0.0336	0.0321	0.1764	8.0356	0.0776	0.0120	0.0699	0.4407	0.2161	0.2501	592	99.33%	3.1510	2.5675	0.4984	0.9469	0.34%	0.00%	0.34%
671	229	0.0144	0.0786	0.0347	0.4507	4.0564	0.0501	0.0201	0.0224	0.3489	0.1625	0.0801	1	0.44%	2.9127	2.5499	0.3211	0.9311	38.43%	37.55%	0.44%
672	229	0.0144	0.0786	0.0347	0.4507	4.0564	0.0501	0.0201	0.0224	0.3489	0.1625	0.0801	2	0.87%	2.9127	2.5499	0.3211	0.9311	0.87%	0.00%	0.44%
673	229	0.0144	0.0786	0.0347	0.4507	4.0564	0.0501	0.0201	0.0224	0.3489	0.1625	0.0801	68	29.69%	2.9127	2.5499	0.3211	0.9311	0.44%	0.00%	0.44%
674	229	0.0144	0.0786	0.0347	0.4507	4.0564	0.0501	0.0201	0.0224	0.3489	0.1625	0.0801	90	39.30%	2.9127	2.5499	0.3211	0.9311	0.44%	0.00%	0.44%
675	229	0.0144	0.0786	0.0347	0.4507	4.0564	0.0501	0.0201	0.0224	0.3489	0.1625	0.0801	113	49.34%	2.9127	2.5499	0.3211	0.9311	0.44%	0.00%	0.44%
676	229	0.0144	0.0786	0.0347	0.4507	4.0564	0.0501	0.0201	0.0224	0.3489	0.1625	0.0801	135	58.95%	2.9127	2.5499	0.3211	0.9311	0.44%	0.00%	0.44%
677	229	0.0144	0.0786	0.0347	0.4507	4.0564	0.0501	0.0201	0.0224	0.3489	0.1625	0.0801	158	69.00%	2.9127	2.5499	0.3211	0.9311	0.44%	0.00%	0.44%
678	229	0.0144	0.0786	0.0347	0.4507	4.0564	0.0501	0.0201	0.0224	0.3489	0.1625	0.0801	180	78.60%	2.9127	2.5499	0.3211	0.9311	0.44%	0.00%	0.44%
679	229	0.0144	0.0786	0.0347	0.4507	4.0564	0.0501	0.0201	0.0224	0.3489	0.1625	0.0801	203	88.65%	2.9127	2.5499	0.3211	0.9311	0.44%	0.00%	0.44%
680	229	0.0144	0.0786	0.0347	0.4507	4.0564	0.0501	0.0201	0.0224	0.3489	0.1625	0.0801	225	98.25%	2.9127	2.5499	0.3211	0.9311	0.44%	0.00%	0.44%

续附录 1

序号	银行数	现金资产率	可抵押资产率	所有者权益占比	同业贷款占比	同业借款占比	其他短期负债利率	长期负债利率	可抵押资产折价率	投资资产折价率	贷款损失率	贷款召回比率	风险触发个体数	风险触发个体百分位	网络平均度	网络平均路径长度	网络聚类系数	羊群指数	系统风险传播概率	财务破产传播概率	资金周转违约传播概率
681	238	0.0077	0.0391	0.0091	0.2212	3.0383	0.0061	0.0351	0.0234	0.0390	0.0054	0.2705	1	0.42%	2.7017	2.5766	0.2277	0.8925	0.84%	0.00%	0.84%
682	238	0.0077	0.0391	0.0091	0.2212	3.0383	0.0061	0.0351	0.0234	0.0390	0.0054	0.2705	2	0.84%	2.7017	2.5766	0.2277	0.8925	0.42%	0.00%	0.42%
683	238	0.0077	0.0391	0.0091	0.2212	3.0383	0.0061	0.0351	0.0234	0.0390	0.0054	0.2705	71	29.83%	2.7017	2.5766	0.2277	0.8925	0.84%	0.00%	0.84%
684	238	0.0077	0.0391	0.0091	0.2212	3.0383	0.0061	0.0351	0.0234	0.0390	0.0054	0.2705	94	39.50%	2.7017	2.5766	0.2277	0.8925	0.84%	0.00%	0.84%
685	238	0.0077	0.0391	0.0091	0.2212	3.0383	0.0061	0.0351	0.0234	0.0390	0.0054	0.2705	117	49.16%	2.7017	2.5766	0.2277	0.8925	0.84%	0.00%	0.84%
686	238	0.0077	0.0391	0.0091	0.2212	3.0383	0.0061	0.0351	0.0234	0.0390	0.0054	0.2705	141	59.24%	2.7017	2.5766	0.2277	0.8925	0.84%	0.00%	0.84%
687	238	0.0077	0.0391	0.0091	0.2212	3.0383	0.0061	0.0351	0.0234	0.0390	0.0054	0.2705	164	68.91%	2.7017	2.5766	0.2277	0.8925	0.84%	0.00%	0.84%
688	238	0.0077	0.0391	0.0091	0.2212	3.0383	0.0061	0.0351	0.0234	0.0390	0.0054	0.2705	188	78.99%	2.7017	2.5766	0.2277	0.8925	0.84%	0.00%	0.84%
689	238	0.0077	0.0391	0.0091	0.2212	3.0383	0.0061	0.0351	0.0234	0.0390	0.0054	0.2705	211	88.66%	2.7017	2.5766	0.2277	0.8925	0.84%	0.00%	0.84%
690	238	0.0077	0.0391	0.0091	0.2212	3.0383	0.0061	0.0351	0.0234	0.0390	0.0054	0.2705	234	98.32%	2.7017	2.5766	0.2277	0.8925	0.84%	0.00%	0.84%
691	336	0.0249	0.0985	0.0378	0.4635	5.7069	0.0690	0.0314	0.0335	0.2166	0.3772	0.1245	1	0.30%	2.6488	2.5880	0.2656	0.9019	0.30%	99.70%	0.30%
692	336	0.0249	0.0985	0.0378	0.4635	5.7069	0.0690	0.0314	0.0335	0.2166	0.3772	0.1245	2	0.60%	2.6488	2.5880	0.2656	0.9019	99.70%	99.70%	0.30%
693	336	0.0249	0.0985	0.0378	0.4635	5.7069	0.0690	0.0314	0.0335	0.2166	0.3772	0.1245	100	29.76%	2.6488	2.5880	0.2656	0.9019	0.30%	0.00%	0.30%
694	336	0.0249	0.0985	0.0378	0.4635	5.7069	0.0690	0.0314	0.0335	0.2166	0.3772	0.1245	133	39.58%	2.6488	2.5880	0.2656	0.9019	0.30%	0.00%	0.30%
695	336	0.0249	0.0985	0.0378	0.4635	5.7069	0.0690	0.0314	0.0335	0.2166	0.3772	0.1245	166	49.40%	2.6488	2.5880	0.2656	0.9019	0.30%	0.00%	0.30%
696	336	0.0249	0.0985	0.0378	0.4635	5.7069	0.0690	0.0314	0.0335	0.2166	0.3772	0.1245	200	59.52%	2.6488	2.5880	0.2656	0.9019	0.30%	0.00%	0.30%
697	336	0.0249	0.0985	0.0378	0.4635	5.7069	0.0690	0.0314	0.0335	0.2166	0.3772	0.1245	233	69.35%	2.6488	2.5880	0.2656	0.9019	0.30%	0.00%	0.30%
698	336	0.0249	0.0985	0.0378	0.4635	5.7069	0.0690	0.0314	0.0335	0.2166	0.3772	0.1245	266	79.17%	2.6488	2.5880	0.2656	0.9019	0.30%	0.00%	0.30%
699	336	0.0249	0.0985	0.0378	0.4635	5.7069	0.0690	0.0314	0.0335	0.2166	0.3772	0.1245	299	88.99%	2.6488	2.5880	0.2656	0.9019	0.30%	0.00%	0.30%
700	336	0.0249	0.0985	0.0378	0.4635	5.7069	0.0690	0.0314	0.0335	0.2166	0.3772	0.1245	332	98.81%	2.6488	2.5880	0.2656	0.9019	0.30%	0.00%	0.30%
701	861	0.0211	0.0076	0.0092	0.0263	2.5862	0.0366	0.0039	0.0403	0.0692	0.3390	0.3534	1	0.12%	3.0372	2.5789	0.4251	0.9596	0.12%	0.00%	0.12%
702	861	0.0211	0.0076	0.0092	0.0263	2.5862	0.0366	0.0039	0.0403	0.0692	0.3390	0.3534	2	0.23%	3.0372	2.5789	0.4251	0.9596	0.00%	0.00%	0.00%

续附录 1

序号	银行数	现金资产率	可抵押资产率	所有者权益占比	同业贷款占比	同业借款占比	其他短期负债利率	长期负债利率	可抵押资产折价率	投资资产折价率	贷款损失率	贷款召回比率	风险触发个体	风险触发个体百分位	网络平均度	网络平均路径长度	网络聚类系数	幂律指数	系统风险传播概率	财务破产传播概率	资金周转违约传播概率
703	861	0.0211	0.0076	0.0092	0.0263	2.5862	0.0366	0.0039	0.0403	0.0692	0.3390	0.3534	258	29.97%	3.0372	2.5789	0.4251	0.9596	0.12%	0.00%	0.12%
704	861	0.0211	0.0076	0.0092	0.0263	2.5862	0.0366	0.0039	0.0403	0.0692	0.3390	0.3534	343	39.84%	3.0372	2.5789	0.4251	0.9596	0.12%	0.00%	0.12%
705	861	0.0211	0.0076	0.0092	0.0263	2.5862	0.0366	0.0039	0.0403	0.0692	0.3390	0.3534	429	49.83%	3.0372	2.5789	0.4251	0.9596	0.12%	0.00%	0.12%
706	861	0.0211	0.0076	0.0092	0.0263	2.5862	0.0366	0.0039	0.0403	0.0692	0.3390	0.3534	515	59.81%	3.0372	2.5789	0.4251	0.9596	0.12%	0.00%	0.12%
707	861	0.0211	0.0076	0.0092	0.0263	2.5862	0.0366	0.0039	0.0403	0.0692	0.3390	0.3534	600	69.69%	3.0372	2.5789	0.4251	0.9596	0.12%	0.00%	0.12%
708	861	0.0211	0.0076	0.0092	0.0263	2.5862	0.0366	0.0039	0.0403	0.0692	0.3390	0.3534	686	79.67%	3.0372	2.5789	0.4251	0.9596	0.12%	0.00%	0.12%
709	861	0.0211	0.0076	0.0092	0.0263	2.5862	0.0366	0.0039	0.0403	0.0692	0.3390	0.3534	772	89.66%	3.0372	2.5789	0.4251	0.9596	0.12%	0.00%	0.12%
710	861	0.0211	0.0076	0.0092	0.0263	2.5862	0.0366	0.0039	0.0403	0.0692	0.3390	0.3534	857	99.54%	3.0372	2.5789	0.4251	0.9596	0.12%	0.00%	0.12%
711	333	0.0071	0.0444	0.0498	0.4934	6.6844	0.0020	0.0061	0.0114	0.3859	0.0421	0.3379	1	0.30%	3.1682	2.5251	0.4868	0.9394	0.30%	0.00%	0.30%
712	333	0.0071	0.0444	0.0498	0.4934	6.6844	0.0020	0.0061	0.0114	0.3859	0.0421	0.3379	2	0.60%	3.1682	2.5251	0.4868	0.9394	0.30%	0.00%	0.30%
713	333	0.0071	0.0444	0.0498	0.4934	6.6844	0.0020	0.0061	0.0114	0.3859	0.0421	0.3379	99	29.73%	3.1682	2.5251	0.4868	0.9394	0.30%	0.00%	0.30%
714	333	0.0071	0.0444	0.0498	0.4934	6.6844	0.0020	0.0061	0.0114	0.3859	0.0421	0.3379	132	39.64%	3.1682	2.5251	0.4868	0.9394	0.30%	0.00%	0.30%
715	333	0.0071	0.0444	0.0498	0.4934	6.6844	0.0020	0.0061	0.0114	0.3859	0.0421	0.3379	165	49.55%	3.1682	2.5251	0.4868	0.9394	0.30%	0.00%	0.30%
716	333	0.0071	0.0444	0.0498	0.4934	6.6844	0.0020	0.0061	0.0114	0.3859	0.0421	0.3379	198	59.46%	3.1682	2.5251	0.4868	0.9394	0.30%	0.00%	0.30%
717	333	0.0071	0.0444	0.0498	0.4934	6.6844	0.0020	0.0061	0.0114	0.3859	0.0421	0.3379	231	69.37%	3.1682	2.5251	0.4868	0.9394	0.30%	0.00%	0.30%
718	333	0.0071	0.0444	0.0498	0.4934	6.6844	0.0020	0.0061	0.0114	0.3859	0.0421	0.3379	264	79.28%	3.1682	2.5251	0.4868	0.9394	0.30%	0.00%	0.30%
719	333	0.0071	0.0444	0.0498	0.4934	6.6844	0.0020	0.0061	0.0114	0.3859	0.0421	0.3379	297	89.19%	3.1682	2.5251	0.4868	0.9394	0.30%	0.00%	0.30%
720	333	0.0071	0.0444	0.0498	0.4934	6.6844	0.0020	0.0061	0.0114	0.3859	0.0421	0.3379	329	98.80%	3.1682	2.5251	0.4868	0.9394	0.30%	0.00%	0.30%
721	837	0.0079	0.0643	0.0314	0.4445	5.5521	0.0856	0.0171	0.0114	0.0624	0.0771	0.0025	1	0.12%	2.7802	2.5802	0.3302	0.9393	0.12%	0.00%	0.12%
722	837	0.0079	0.0643	0.0314	0.4445	5.5521	0.0856	0.0171	0.0114	0.0624	0.0771	0.0025	2	0.24%	2.7802	2.5802	0.3302	0.9393	0.12%	0.00%	0.12%
723	837	0.0079	0.0643	0.0314	0.4445	5.5521	0.0856	0.0171	0.0114	0.0624	0.0771	0.0025	250	29.87%	2.7802	2.5802	0.3302	0.9393	0.12%	0.00%	0.12%
724	837	0.0079	0.0643	0.0314	0.4445	5.5521	0.0856	0.0171	0.0114	0.0624	0.0771	0.0025	334	39.90%	2.7802	2.5802	0.3302	0.9393	0.12%	0.00%	0.12%

续附录 1

序号	银行数	现金资产率	可抵押资产率	所有者权益占比	同业贷款占比	同业借款占比	其他短期债利率	长期负债利率	可抵押资产折价率	投资资产折价率	贷款损失率	贷款召回比率	风险触发个体数	风险触发个体百分位	网络平均度	网络平均路径长度	网络聚类系数	幂律指数	系统风险传播概率	财务破产传播概率	资金周转违约传播概率
725	837	0.0079	0.0643	0.0314	0.4445	5.5521	0.0856	0.0171	0.0114	0.0624	0.0771	0.0025	417	49.82%	2.7802	2.5802	0.3302	0.9393	0.12%	0.00%	0.12%
726	837	0.0079	0.0643	0.0314	0.4445	5.5521	0.0856	0.0171	0.0114	0.0624	0.0771	0.0025	500	59.74%	2.7802	2.5802	0.3302	0.9393	0.12%	0.00%	0.12%
727	837	0.0079	0.0643	0.0314	0.4445	5.5521	0.0856	0.0171	0.0114	0.0624	0.0771	0.0025	584	69.77%	2.7802	2.5802	0.3302	0.9393	0.12%	0.00%	0.12%
728	837	0.0079	0.0643	0.0314	0.4445	5.5521	0.0856	0.0171	0.0114	0.0624	0.0771	0.0025	667	79.69%	2.7802	2.5802	0.3302	0.9393	0.12%	0.00%	0.12%
729	837	0.0079	0.0643	0.0314	0.4445	5.5521	0.0856	0.0171	0.0114	0.0624	0.0771	0.0025	750	89.61%	2.7802	2.5802	0.3302	0.9393	0.12%	0.00%	0.12%
730	837	0.0079	0.0643	0.0314	0.4445	5.5521	0.0856	0.0171	0.0114	0.0624	0.0771	0.0025	833	99.52%	2.7802	2.5802	0.3302	0.9393	0.12%	0.00%	0.12%
731	323	0.0004	0.0059	0.0349	0.2494	9.4245	0.0367	0.0387	0.0845	0.1382	0.1370	0.2253	1	0.31%	2.7399	2.5735	0.3197	0.8811	0.31%	0.00%	0.31%
732	323	0.0004	0.0059	0.0349	0.2494	9.4245	0.0367	0.0387	0.0845	0.1382	0.1370	0.2253	2	0.62%	2.7399	2.5735	0.3197	0.8811	0.31%	0.00%	0.31%
733	323	0.0004	0.0059	0.0349	0.2494	9.4245	0.0367	0.0387	0.0845	0.1382	0.1370	0.2253	96	29.72%	2.7399	2.5735	0.3197	0.8811	0.31%	0.00%	0.31%
734	323	0.0004	0.0059	0.0349	0.2494	9.4245	0.0367	0.0387	0.0845	0.1382	0.1370	0.2253	128	39.63%	2.7399	2.5735	0.3197	0.8811	0.31%	0.00%	0.31%
735	323	0.0004	0.0059	0.0349	0.2494	9.4245	0.0367	0.0387	0.0845	0.1382	0.1370	0.2253	160	49.54%	2.7399	2.5735	0.3197	0.8811	0.31%	0.00%	0.31%
736	323	0.0004	0.0059	0.0349	0.2494	9.4245	0.0367	0.0387	0.0845	0.1382	0.1370	0.2253	192	59.44%	2.7399	2.5735	0.3197	0.8811	0.31%	0.00%	0.31%
737	323	0.0004	0.0059	0.0349	0.2494	9.4245	0.0367	0.0387	0.0845	0.1382	0.1370	0.2253	224	69.35%	2.7399	2.5735	0.3197	0.8811	0.31%	0.00%	0.31%
738	323	0.0004	0.0059	0.0349	0.2494	9.4245	0.0367	0.0387	0.0845	0.1382	0.1370	0.2253	256	79.26%	2.7399	2.5735	0.3197	0.8811	0.31%	0.00%	0.31%
739	323	0.0004	0.0059	0.0349	0.2494	9.4245	0.0367	0.0387	0.0845	0.1382	0.1370	0.2253	288	89.16%	2.7399	2.5735	0.3197	0.8811	0.31%	0.00%	0.31%
740	323	0.0004	0.0059	0.0349	0.2494	9.4245	0.0367	0.0387	0.0845	0.1382	0.1370	0.2253	319	98.76%	2.7399	2.5735	0.3197	0.8811	0.31%	0.00%	0.31%
741	940	0.0004	0.0679	0.0482	0.2986	3.2899	0.0795	0.0253	0.0223	0.1848	0.2520	0.2375	1	0.11%	2.5968	2.6017	0.2746	0.9065	0.11%	0.00%	0.11%
742	940	0.0004	0.0679	0.0482	0.2986	3.2899	0.0795	0.0253	0.0223	0.1848	0.2520	0.2375	2	0.21%	2.5968	2.6017	0.2746	0.9065	0.11%	0.00%	0.11%
743	940	0.0004	0.0679	0.0482	0.2986	3.2899	0.0795	0.0253	0.0223	0.1848	0.2520	0.2375	281	29.89%	2.5968	2.6017	0.2746	0.9065	0.11%	0.00%	0.11%
744	940	0.0004	0.0679	0.0482	0.2986	3.2899	0.0795	0.0253	0.0223	0.1848	0.2520	0.2375	375	39.89%	2.5968	2.6017	0.2746	0.9065	0.11%	0.00%	0.11%
745	940	0.0004	0.0679	0.0482	0.2986	3.2899	0.0795	0.0253	0.0223	0.1848	0.2520	0.2375	468	49.79%	2.5968	2.6017	0.2746	0.9065	0.11%	0.00%	0.11%
746	940	0.0004	0.0679	0.0482	0.2986	3.2899	0.0795	0.0253	0.0223	0.1848	0.2520	0.2375	562	59.79%	2.5968	2.6017	0.2746	0.9065	0.11%	0.00%	0.11%

续附录 1

序号	银行数	现金资产率	可抵押资产率	所有者权益占比	同业贷款占比	同业借款占比	其他短期负债利率	长期负债利率	可抵押资产折价率	投资资产折价率	贷款损失率	贷款召回比率	风险触发个体	风险触发个体百分位	网络平均度	网络平均路径长度	网络聚类系数	幂律指数	系统风险传播概率	财务破产传播概率	资金周转逆约传播概率
747	940	0.0004	0.0679	0.0482	0.2986	3.2899	0.0795	0.0253	0.0223	0.1848	0.2520	0.2375	656	69.79%	2.5968	2.6017	0.2746	0.9065	0.11%	0.00%	0.11%
748	940	0.0004	0.0679	0.0482	0.2986	3.2899	0.0795	0.0253	0.0223	0.1848	0.2520	0.2375	749	79.68%	2.5968	2.6017	0.2746	0.9065	0.11%	0.00%	0.11%
749	940	0.0004	0.0679	0.0482	0.2986	3.2899	0.0795	0.0253	0.0223	0.1848	0.2520	0.2375	843	89.68%	2.5968	2.6017	0.2746	0.9065	0.11%	0.00%	0.11%
750	940	0.0004	0.0679	0.0482	0.2986	3.2899	0.0795	0.0253	0.0223	0.1848	0.2520	0.2375	936	99.57%	2.5968	2.6017	0.2746	0.9065	0.11%	0.00%	0.11%
751	419	0.0002	0.0704	0.0083	0.2347	9.5900	0.0906	0.0509	0.0776	0.0273	0.0117	0.1580	1	0.24%	2.4344	2.6138	0.1821	0.8414	0.00%	0.00%	0.00%
752	419	0.0002	0.0704	0.0083	0.2347	9.5900	0.0906	0.0509	0.0776	0.0273	0.0117	0.1580	2	0.48%	2.4344	2.6138	0.1821	0.8414	0.00%	0.00%	0.00%
753	419	0.0002	0.0704	0.0083	0.2347	9.5900	0.0906	0.0509	0.0776	0.0273	0.0117	0.1580	125	29.83%	2.4344	2.6138	0.1821	0.8414	0.00%	0.00%	0.00%
754	419	0.0002	0.0704	0.0083	0.2347	9.5900	0.0906	0.0509	0.0776	0.0273	0.0117	0.1580	166	39.62%	2.4344	2.6138	0.1821	0.8414	0.00%	0.00%	0.00%
755	419	0.0002	0.0704	0.0083	0.2347	9.5900	0.0906	0.0509	0.0776	0.0273	0.0117	0.1580	208	49.64%	2.4344	2.6138	0.1821	0.8414	0.00%	0.00%	0.00%
756	419	0.0002	0.0704	0.0083	0.2347	9.5900	0.0906	0.0509	0.0776	0.0273	0.0117	0.1580	249	59.43%	2.4344	2.6138	0.1821	0.8414	0.00%	0.00%	0.00%
757	419	0.0002	0.0704	0.0083	0.2347	9.5900	0.0906	0.0509	0.0776	0.0273	0.0117	0.1580	291	69.45%	2.4344	2.6138	0.1821	0.8414	0.00%	0.00%	0.00%
758	419	0.0002	0.0704	0.0083	0.2347	9.5900	0.0906	0.0509	0.0776	0.0273	0.0117	0.1580	332	79.24%	2.4344	2.6138	0.1821	0.8414	0.00%	0.00%	0.00%
759	419	0.0002	0.0704	0.0083	0.2347	9.5900	0.0906	0.0509	0.0776	0.0273	0.0117	0.1580	374	89.26%	2.4344	2.6138	0.1821	0.8414	0.00%	0.00%	0.00%
760	419	0.0002	0.0704	0.0083	0.2347	9.5900	0.0906	0.0509	0.0776	0.0273	0.0117	0.1580	415	99.05%	2.4344	2.6138	0.1821	0.8414	0.00%	0.00%	0.00%
761	281	0.0226	0.0693	0.0464	0.2262	8.8736	0.0848	0.0428	0.0189	0.3237	0.3100	0.2735	1	0.36%	2.8470	2.5604	0.3888	0.9002	0.36%	0.00%	0.36%
762	281	0.0226	0.0693	0.0464	0.2262	8.8736	0.0848	0.0428	0.0189	0.3237	0.3100	0.2735	2	0.71%	2.8470	2.5604	0.3888	0.9002	0.36%	0.00%	0.36%
763	281	0.0226	0.0693	0.0464	0.2262	8.8736	0.0848	0.0428	0.0189	0.3237	0.3100	0.2735	84	29.89%	2.8470	2.5604	0.3888	0.9002	0.36%	0.00%	0.36%
764	281	0.0226	0.0693	0.0464	0.2262	8.8736	0.0848	0.0428	0.0189	0.3237	0.3100	0.2735	111	39.50%	2.8470	2.5604	0.3888	0.9002	0.36%	0.00%	0.36%
765	281	0.0226	0.0693	0.0464	0.2262	8.8736	0.0848	0.0428	0.0189	0.3237	0.3100	0.2735	139	49.47%	2.8470	2.5604	0.3888	0.9002	0.36%	0.00%	0.36%
766	281	0.0226	0.0693	0.0464	0.2262	8.8736	0.0848	0.0428	0.0189	0.3237	0.3100	0.2735	167	59.43%	2.8470	2.5604	0.3888	0.9002	0.36%	0.00%	0.36%
767	281	0.0226	0.0693	0.0464	0.2262	8.8736	0.0848	0.0428	0.0189	0.3237	0.3100	0.2735	194	69.04%	2.8470	2.5604	0.3888	0.9002	0.36%	0.00%	0.36%
768	281	0.0226	0.0693	0.0464	0.2262	8.8736	0.0848	0.0428	0.0189	0.3237	0.3100	0.2735	222	79.00%	2.8470	2.5604	0.3888	0.9002	0.36%	0.00%	0.36%

续附录 1

序号	银行号数	现金资产率	可抵押资产率	所有者权益占比	同业贷款占比	同业借款占比	其他短期负债利率	长期负债利率	可抵押资产折价率	投资资产折价率	贷款损失率	贷款召回比率	风险触发个体数	风险触发个体百分位	网络平均度	网络平均路径长度	网络聚类系数	率律指数	系统风险传播概率	财务破产传播概率	资金周转违约传播概率
769	281	0.0226	0.0693	0.0464	0.2262	8.8736	0.0848	0.0428	0.0189	0.3237	0.3100	0.2735	250	88.97%	2.8470	2.5604	0.3888	0.9002	0.36%	0.00%	0.36%
770	281	0.0226	0.0693	0.0464	0.2262	8.8736	0.0848	0.0428	0.0189	0.3237	0.3100	0.2735	277	98.58%	2.8470	2.5604	0.3888	0.9002	0.36%	0.00%	0.36%
771	330	0.0249	0.0302	0.0115	0.1866	3.3677	0.0295	0.0171	0.0267	0.4195	0.2963	0.1288	1	0.30%	2.9727	2.5462	0.4217	0.9220	99.70%	99.70%	0.30%
772	330	0.0249	0.0302	0.0115	0.1866	3.3677	0.0295	0.0171	0.0267	0.4195	0.2963	0.1288	2	0.61%	2.9727	2.5462	0.4217	0.9220	99.70%	99.70%	0.30%
773	330	0.0249	0.0302	0.0115	0.1866	3.3677	0.0295	0.0171	0.0267	0.4195	0.2963	0.1288	98	29.70%	2.9727	2.5462	0.4217	0.9220	0.61%	0.00%	0.30%
774	330	0.0249	0.0302	0.0115	0.1866	3.3677	0.0295	0.0171	0.0267	0.4195	0.2963	0.1288	131	39.70%	2.9727	2.5462	0.4217	0.9220	0.61%	0.00%	0.30%
775	330	0.0249	0.0302	0.0115	0.1866	3.3677	0.0295	0.0171	0.0267	0.4195	0.2963	0.1288	163	49.39%	2.9727	2.5462	0.4217	0.9220	0.61%	0.00%	0.30%
776	330	0.0249	0.0302	0.0115	0.1866	3.3677	0.0295	0.0171	0.0267	0.4195	0.2963	0.1288	196	59.39%	2.9727	2.5462	0.4217	0.9220	0.61%	0.00%	0.30%
777	330	0.0249	0.0302	0.0115	0.1866	3.3677	0.0295	0.0171	0.0267	0.4195	0.2963	0.1288	229	69.39%	2.9727	2.5462	0.4217	0.9220	0.61%	0.00%	0.30%
778	330	0.0249	0.0302	0.0115	0.1866	3.3677	0.0295	0.0171	0.0267	0.4195	0.2963	0.1288	261	79.09%	2.9727	2.5462	0.4217	0.9220	0.61%	0.00%	0.30%
779	330	0.0249	0.0302	0.0115	0.1866	3.3677	0.0295	0.0171	0.0267	0.4195	0.2963	0.1288	294	89.09%	2.9727	2.5462	0.4217	0.9220	0.61%	0.00%	0.30%
780	330	0.0249	0.0302	0.0115	0.1866	3.3677	0.0295	0.0171	0.0267	0.4195	0.2963	0.1288	326	98.79%	2.9727	2.5462	0.4217	0.9220	0.61%	0.00%	0.30%
781	658	0.0127	0.0101	0.0230	0.1731	2.8036	0.0914	0.0660	0.0712	0.1845	0.0965	0.2439	1	0.15%	3.1839	2.5657	0.4342	0.9580	0.30%	0.00%	0.30%
782	658	0.0127	0.0101	0.0230	0.1731	2.8036	0.0914	0.0660	0.0712	0.1845	0.0965	0.2439	2	0.30%	3.1839	2.5657	0.4342	0.9580	0.15%	0.00%	0.15%
783	658	0.0127	0.0101	0.0230	0.1731	2.8036	0.0914	0.0660	0.0712	0.1845	0.0965	0.2439	197	29.94%	3.1839	2.5657	0.4342	0.9580	0.30%	0.00%	0.30%
784	658	0.0127	0.0101	0.0230	0.1731	2.8036	0.0914	0.0660	0.0712	0.1845	0.0965	0.2439	262	39.82%	3.1839	2.5657	0.4342	0.9580	0.30%	0.00%	0.30%
785	658	0.0127	0.0101	0.0230	0.1731	2.8036	0.0914	0.0660	0.0712	0.1845	0.0965	0.2439	327	49.70%	3.1839	2.5657	0.4342	0.9580	0.30%	0.00%	0.30%
786	658	0.0127	0.0101	0.0230	0.1731	2.8036	0.0914	0.0660	0.0712	0.1845	0.0965	0.2439	393	59.73%	3.1839	2.5657	0.4342	0.9580	0.30%	0.00%	0.30%
787	658	0.0127	0.0101	0.0230	0.1731	2.8036	0.0914	0.0660	0.0712	0.1845	0.0965	0.2439	458	69.60%	3.1839	2.5657	0.4342	0.9580	0.30%	0.00%	0.30%
788	658	0.0127	0.0101	0.0230	0.1731	2.8036	0.0914	0.0660	0.0712	0.1845	0.0965	0.2439	524	79.64%	3.1839	2.5657	0.4342	0.9580	0.30%	0.00%	0.30%
789	658	0.0127	0.0101	0.0230	0.1731	2.8036	0.0914	0.0660	0.0712	0.1845	0.0965	0.2439	589	89.51%	3.1839	2.5657	0.4342	0.9580	0.30%	0.00%	0.30%
790	658	0.0127	0.0101	0.0230	0.1731	2.8036	0.0914	0.0660	0.0712	0.1845	0.0965	0.2439	654	99.39%	3.1839	2.5657	0.4342	0.9580	0.30%	0.00%	0.30%

续附录 1

序号	银行数	现金资产率	可抵押资产率	所有者权益占比	同业贷款占比	同业借款占比	其他短期负债利率	长期负债利率	可抵押资产折价率	投资资产折价率	贷款损失率	贷款召回比率	风险触发个体个数	风险触发个体百分位	网络平均度	网络平均路径长度	网络聚类系数	幂律指数	系统风险传播概率	财务破产传播概率	资金周转违约传播概率
791	530	0.0085	0.0206	0.0380	0.4897	7.3303	0.0930	0.0556	0.0292	0.2054	0.1311	0.0905	1	0.19%	2.9717	2.5531	0.4096	0.9425	0.19%	0.00%	0.19%
792	530	0.0085	0.0206	0.0380	0.4897	7.3303	0.0930	0.0556	0.0292	0.2054	0.1311	0.0905	2	0.38%	2.9717	2.5531	0.4096	0.9425	0.19%	0.00%	0.19%
793	530	0.0085	0.0206	0.0380	0.4897	7.3303	0.0930	0.0556	0.0292	0.2054	0.1311	0.0905	158	29.81%	2.9717	2.5531	0.4096	0.9425	0.19%	0.00%	0.19%
794	530	0.0085	0.0206	0.0380	0.4897	7.3303	0.0930	0.0556	0.0292	0.2054	0.1311	0.0905	211	39.81%	2.9717	2.5531	0.4096	0.9425	0.19%	0.00%	0.19%
795	530	0.0085	0.0206	0.0380	0.4897	7.3303	0.0930	0.0556	0.0292	0.2054	0.1311	0.0905	263	49.62%	2.9717	2.5531	0.4096	0.9425	0.19%	0.00%	0.19%
796	530	0.0085	0.0206	0.0380	0.4897	7.3303	0.0930	0.0556	0.0292	0.2054	0.1311	0.0905	316	59.62%	2.9717	2.5531	0.4096	0.9425	0.19%	0.00%	0.19%
797	530	0.0085	0.0206	0.0380	0.4897	7.3303	0.0930	0.0556	0.0292	0.2054	0.1311	0.0905	369	69.62%	2.9717	2.5531	0.4096	0.9425	0.19%	0.00%	0.19%
798	530	0.0085	0.0206	0.0380	0.4897	7.3303	0.0930	0.0556	0.0292	0.2054	0.1311	0.0905	421	79.43%	2.9717	2.5531	0.4096	0.9425	0.19%	0.00%	0.19%
799	530	0.0085	0.0206	0.0380	0.4897	7.3303	0.0930	0.0556	0.0292	0.2054	0.1311	0.0905	474	89.43%	2.9717	2.5531	0.4096	0.9425	0.19%	0.00%	0.19%
800	530	0.0085	0.0206	0.0380	0.4897	7.3303	0.0930	0.0556	0.0292	0.2054	0.1311	0.0905	526	99.25%	2.9717	2.5531	0.4096	0.9425	0.19%	0.00%	0.19%
801	420	0.0097	0.0791	0.0021	0.1811	5.6472	0.0249	0.0255	0.0821	0.0722	0.1595	0.1104	1	0.24%	3.0143	2.5468	0.4360	0.9404	99.76%	99.76%	0.24%
802	420	0.0097	0.0791	0.0021	0.1811	5.6472	0.0249	0.0255	0.0821	0.0722	0.1595	0.1104	2	0.48%	3.0143	2.5468	0.4360	0.9404	99.76%	99.76%	0.24%
803	420	0.0097	0.0791	0.0021	0.1811	5.6472	0.0249	0.0255	0.0821	0.0722	0.1595	0.1104	125	29.76%	3.0143	2.5468	0.4360	0.9404	0.24%	0.00%	0.24%
804	420	0.0097	0.0791	0.0021	0.1811	5.6472	0.0249	0.0255	0.0821	0.0722	0.1595	0.1104	167	39.76%	3.0143	2.5468	0.4360	0.9404	0.24%	0.00%	0.24%
805	420	0.0097	0.0791	0.0021	0.1811	5.6472	0.0249	0.0255	0.0821	0.0722	0.1595	0.1104	208	49.52%	3.0143	2.5468	0.4360	0.9404	0.24%	0.00%	0.24%
806	420	0.0097	0.0791	0.0021	0.1811	5.6472	0.0249	0.0255	0.0821	0.0722	0.1595	0.1104	250	59.52%	3.0143	2.5468	0.4360	0.9404	0.24%	0.00%	0.24%
807	420	0.0097	0.0791	0.0021	0.1811	5.6472	0.0249	0.0255	0.0821	0.0722	0.1595	0.1104	292	69.52%	3.0143	2.5468	0.4360	0.9404	0.24%	0.00%	0.24%
808	420	0.0097	0.0791	0.0021	0.1811	5.6472	0.0249	0.0255	0.0821	0.0722	0.1595	0.1104	333	79.29%	3.0143	2.5468	0.4360	0.9404	0.24%	0.00%	0.24%
809	420	0.0097	0.0791	0.0021	0.1811	5.6472	0.0249	0.0255	0.0821	0.0722	0.1595	0.1104	375	89.29%	3.0143	2.5468	0.4360	0.9404	0.24%	0.00%	0.24%
810	420	0.0097	0.0791	0.0021	0.1811	5.6472	0.0249	0.0255	0.0821	0.0722	0.1595	0.1104	416	99.05%	3.0143	2.5468	0.4360	0.9404	0.24%	0.00%	0.24%
811	852	0.0226	0.0635	0.0218	0.4824	6.0333	0.0038	0.0419	0.0997	0.1377	0.2766	0.1832	1	0.12%	3.0563	2.5462	0.4766	0.9440	99.77%	99.77%	0.12%
812	852	0.0226	0.0635	0.0218	0.4824	6.0333	0.0038	0.0419	0.0997	0.1377	0.2766	0.1832	2	0.23%	3.0563	2.5462	0.4766	0.9440	99.77%	99.77%	0.12%

续附录1

序号	银行数	现金资产率	可抵押资产率	所有者权益占比	同业贷款占比	同业借款占比	其他短期负债利率	长期负债利率	可抵押资产折价率	投资资产折价率	贷款损失率	贷款召回比率	风险触发个体	风险触发个体百分位	网络平均度	网络平均路径长度	网络聚类系数	幂律指数	系统风险传播概率	财务破产传播概率	资金周转逆约传播概率
813	852	0.0226	0.0635	0.0218	0.4824	6.0333	0.0038	0.0419	0.0997	0.1377	0.2766	0.1832	255	29.93%	3.0563	2.5462	0.4766	0.9440	0.12%	0.00%	0.12%
814	852	0.0226	0.0635	0.0218	0.4824	6.0333	0.0038	0.0419	0.0997	0.1377	0.2766	0.1832	340	39.91%	3.0563	2.5462	0.4766	0.9440	0.12%	0.00%	0.12%
815	852	0.0226	0.0635	0.0218	0.4824	6.0333	0.0038	0.0419	0.0997	0.1377	0.2766	0.1832	424	49.77%	3.0563	2.5462	0.4766	0.9440	0.12%	0.00%	0.12%
816	852	0.0226	0.0635	0.0218	0.4824	6.0333	0.0038	0.0419	0.0997	0.1377	0.2766	0.1832	509	59.74%	3.0563	2.5462	0.4766	0.9440	0.12%	0.00%	0.12%
817	852	0.0226	0.0635	0.0218	0.4824	6.0333	0.0038	0.0419	0.0997	0.1377	0.2766	0.1832	594	69.72%	3.0563	2.5462	0.4766	0.9440	0.12%	0.00%	0.12%
818	852	0.0226	0.0635	0.0218	0.4824	6.0333	0.0038	0.0419	0.0997	0.1377	0.2766	0.1832	679	79.69%	3.0563	2.5462	0.4766	0.9440	0.12%	0.00%	0.12%
819	852	0.0226	0.0635	0.0218	0.4824	6.0333	0.0038	0.0419	0.0997	0.1377	0.2766	0.1832	764	89.67%	3.0563	2.5462	0.4766	0.9440	0.12%	0.00%	0.12%
820	852	0.0226	0.0635	0.0218	0.4824	6.0333	0.0038	0.0419	0.0997	0.1377	0.2766	0.1832	848	99.53%	3.0563	2.5462	0.4766	0.9440	0.12%	0.00%	0.12%
821	631	0.0032	0.0963	0.0497	0.4824	3.5524	0.0406	0.0605	0.0544	0.1301	0.0491	0.0593	1	0.16%	2.7338	2.5837	0.3346	0.9192	0.16%	0.00%	0.16%
822	631	0.0032	0.0963	0.0497	0.4824	3.5524	0.0406	0.0605	0.0544	0.1301	0.0491	0.0593	2	0.32%	2.7338	2.5837	0.3346	0.9192	0.16%	0.00%	0.16%
823	631	0.0032	0.0963	0.0497	0.4824	3.5524	0.0406	0.0605	0.0544	0.1301	0.0491	0.0593	189	29.95%	2.7338	2.5837	0.3346	0.9192	0.16%	0.00%	0.16%
824	631	0.0032	0.0963	0.0497	0.4824	3.5524	0.0406	0.0605	0.0544	0.1301	0.0491	0.0593	251	39.78%	2.7338	2.5837	0.3346	0.9192	0.16%	0.00%	0.16%
825	631	0.0032	0.0963	0.0497	0.4824	3.5524	0.0406	0.0605	0.0544	0.1301	0.0491	0.0593	314	49.76%	2.7338	2.5837	0.3346	0.9192	0.16%	0.00%	0.16%
826	631	0.0032	0.0963	0.0497	0.4824	3.5524	0.0406	0.0605	0.0544	0.1301	0.0491	0.0593	377	59.75%	2.7338	2.5837	0.3346	0.9192	0.16%	0.00%	0.16%
827	631	0.0032	0.0963	0.0497	0.4824	3.5524	0.0406	0.0605	0.0544	0.1301	0.0491	0.0593	439	69.57%	2.7338	2.5837	0.3346	0.9192	0.16%	0.00%	0.16%
828	631	0.0032	0.0963	0.0497	0.4824	3.5524	0.0406	0.0605	0.0544	0.1301	0.0491	0.0593	502	79.56%	2.7338	2.5837	0.3346	0.9192	0.16%	0.00%	0.16%
829	631	0.0032	0.0963	0.0497	0.4824	3.5524	0.0406	0.0605	0.0544	0.1301	0.0491	0.0593	565	89.54%	2.7338	2.5837	0.3346	0.9192	0.16%	0.00%	0.16%
830	631	0.0032	0.0963	0.0497	0.4824	3.5524	0.0406	0.0605	0.0544	0.1301	0.0491	0.0593	627	99.37%	2.7338	2.5837	0.3346	0.9192	0.16%	0.00%	0.16%
831	599	0.0231	0.0459	0.0343	0.0255	1.0098	0.0880	0.0309	0.0244	0.4876	0.2890	0.1142	1	0.17%	2.7062	2.5854	0.3055	0.9075	0.00%	0.00%	0.00%
832	599	0.0231	0.0459	0.0343	0.0255	1.0098	0.0880	0.0309	0.0244	0.4876	0.2890	0.1142	2	0.33%	2.7062	2.5854	0.3055	0.9075	0.00%	0.00%	0.00%
833	599	0.0231	0.0459	0.0343	0.0255	1.0098	0.0880	0.0309	0.0244	0.4876	0.2890	0.1142	179	29.88%	2.7062	2.5854	0.3055	0.9075	0.00%	0.00%	0.00%
834	599	0.0231	0.0459	0.0343	0.0255	1.0098	0.0880	0.0309	0.0244	0.4876	0.2890	0.1142	238	39.73%	2.7062	2.5854	0.3055	0.9075	0.00%	0.00%	0.00%

续附录1

序号	银行数	现金资产率	可抵押资产率	所有者权益占比	同业贷款占比	同业借款占比	其他短期负债利率	长期负债利率	可抵押资产折价率	投资资产折价率	贷款损失率	贷款召回比率	风险触发个体	风险触发个体百分位	网络平均度	网络平均路径长度	网络聚类系数	幂律指数	系统风险传播概率	财务破产传播概率	资金周转逆向传播概率
835	599	0.0231	0.0459	0.0343	0.0255	1.0098	0.0880	0.0309	0.0244	0.4876	0.2890	0.1142	298	49.75%	2.7062	2.5854	0.3055	0.9075	0.00%	0.00%	0.00%
836	599	0.0231	0.0459	0.0343	0.0255	1.0098	0.0880	0.0309	0.0244	0.4876	0.2890	0.1142	357	59.60%	2.7062	2.5854	0.3055	0.9075	0.00%	0.00%	0.00%
837	599	0.0231	0.0459	0.0343	0.0255	1.0098	0.0880	0.0309	0.0244	0.4876	0.2890	0.1142	417	69.62%	2.7062	2.5854	0.3055	0.9075	0.00%	0.00%	0.00%
838	599	0.0231	0.0459	0.0343	0.0255	1.0098	0.0880	0.0309	0.0244	0.4876	0.2890	0.1142	476	79.47%	2.7062	2.5854	0.3055	0.9075	0.00%	0.00%	0.00%
839	599	0.0231	0.0459	0.0343	0.0255	1.0098	0.0880	0.0309	0.0244	0.4876	0.2890	0.1142	536	89.48%	2.7062	2.5854	0.3055	0.9075	0.00%	0.00%	0.00%
840	599	0.0231	0.0459	0.0343	0.0255	1.0098	0.0880	0.0309	0.0244	0.4876	0.2890	0.1142	595	99.33%	2.7062	2.5854	0.3055	0.9075	0.00%	0.00%	0.00%
841	929	0.0152	0.0859	0.0453	0.0767	0.4918	0.0205	0.0368	0.0333	0.2100	0.2375	0.2821	1	0.11%	2.6071	2.5999	0.2908	0.8948	0.00%	0.00%	0.00%
842	929	0.0152	0.0859	0.0453	0.0767	0.4918	0.0205	0.0368	0.0333	0.2100	0.2375	0.2821	2	0.22%	2.6071	2.5999	0.2908	0.8948	0.00%	0.00%	0.00%
843	929	0.0152	0.0859	0.0453	0.0767	0.4918	0.0205	0.0368	0.0333	0.2100	0.2375	0.2821	278	29.92%	2.6071	2.5999	0.2908	0.8948	0.00%	0.00%	0.00%
844	929	0.0152	0.0859	0.0453	0.0767	0.4918	0.0205	0.0368	0.0333	0.2100	0.2375	0.2821	370	39.83%	2.6071	2.5999	0.2908	0.8948	0.00%	0.00%	0.00%
845	929	0.0152	0.0859	0.0453	0.0767	0.4918	0.0205	0.0368	0.0333	0.2100	0.2375	0.2821	463	49.84%	2.6071	2.5999	0.2908	0.8948	0.00%	0.00%	0.00%
846	929	0.0152	0.0859	0.0453	0.0767	0.4918	0.0205	0.0368	0.0333	0.2100	0.2375	0.2821	555	59.74%	2.6071	2.5999	0.2908	0.8948	0.00%	0.00%	0.00%
847	929	0.0152	0.0859	0.0453	0.0767	0.4918	0.0205	0.0368	0.0333	0.2100	0.2375	0.2821	648	69.75%	2.6071	2.5999	0.2908	0.8948	0.00%	0.00%	0.00%
848	929	0.0152	0.0859	0.0453	0.0767	0.4918	0.0205	0.0368	0.0333	0.2100	0.2375	0.2821	740	79.66%	2.6071	2.5999	0.2908	0.8948	0.00%	0.00%	0.00%
849	929	0.0152	0.0859	0.0453	0.0767	0.4918	0.0205	0.0368	0.0333	0.2100	0.2375	0.2821	833	89.67%	2.6071	2.5999	0.2908	0.8948	0.00%	0.00%	0.00%
850	929	0.0152	0.0859	0.0453	0.0767	0.4918	0.0205	0.0368	0.0333	0.2100	0.2375	0.2821	925	99.57%	2.6071	2.5999	0.2908	0.8948	0.00%	0.00%	0.00%
851	361	0.0121	0.0028	0.0122	0.0865	2.4134	0.0163	0.0566	0.0465	0.1564	0.3163	0.1880	1	0.28%	3.0416	2.5701	0.3900	0.9443	0.83%	0.00%	0.55%
852	361	0.0121	0.0028	0.0122	0.0865	2.4134	0.0163	0.0566	0.0465	0.1564	0.3163	0.1880	2	0.55%	3.0416	2.5701	0.3900	0.9443	0.55%	0.00%	0.28%
853	361	0.0121	0.0028	0.0122	0.0865	2.4134	0.0163	0.0566	0.0465	0.1564	0.3163	0.1880	108	29.92%	3.0416	2.5701	0.3900	0.9443	0.83%	0.00%	0.55%
854	361	0.0121	0.0028	0.0122	0.0865	2.4134	0.0163	0.0566	0.0465	0.1564	0.3163	0.1880	143	39.61%	3.0416	2.5701	0.3900	0.9443	0.83%	0.00%	0.55%
855	361	0.0121	0.0028	0.0122	0.0865	2.4134	0.0163	0.0566	0.0465	0.1564	0.3163	0.1880	179	49.58%	3.0416	2.5701	0.3900	0.9443	0.83%	0.00%	0.55%
856	361	0.0121	0.0028	0.0122	0.0865	2.4134	0.0163	0.0566	0.0465	0.1564	0.3163	0.1880	215	59.56%	3.0416	2.5701	0.3900	0.9443	0.83%	0.00%	0.55%

续附录 1

序号	银行数	现金资产率	可抵押资产率	所有者权益占比	同业贷款占比	同业借款占比	其他短期负债利率	长期负债利率	可抵押资产折价率	投资资产折价率	贷款损失率	贷款召回比率	风险触发个体	风险触发个体百分位	网络平均度	网络平均路径长度	网络聚类系数	群律指数	系统风险传播概率	财务破产传播概率	资金周转违约传播概率
857	361	0.0121	0.0028	0.0122	0.0865	2.4134	0.0163	0.0566	0.0465	0.1564	0.3163	0.1880	250	69.25%	3.0416	2.5701	0.3900	0.9443	0.83%	0.00%	0.55%
858	361	0.0121	0.0028	0.0122	0.0865	2.4134	0.0163	0.0566	0.0465	0.1564	0.3163	0.1880	286	79.22%	3.0416	2.5701	0.3900	0.9443	0.83%	0.00%	0.55%
859	361	0.0121	0.0028	0.0122	0.0865	2.4134	0.0163	0.0566	0.0465	0.1564	0.3163	0.1880	322	89.20%	3.0416	2.5701	0.3900	0.9443	0.83%	0.00%	0.55%
860	361	0.0121	0.0028	0.0122	0.0865	2.4134	0.0163	0.0566	0.0465	0.1564	0.3163	0.1880	357	98.89%	3.0416	2.5701	0.3900	0.9443	0.83%	0.00%	0.55%
861	785	0.0149	0.0504	0.0497	0.2411	4.6822	0.0166	0.0383	0.0423	0.3958	0.0256	0.3618	1	0.13%	3.1172	2.5384	0.4512	0.9587	0.13%	0.00%	0.13%
862	785	0.0149	0.0504	0.0497	0.2411	4.6822	0.0166	0.0383	0.0423	0.3958	0.0256	0.3618	2	0.25%	3.1172	2.5384	0.4512	0.9587	0.13%	0.00%	0.13%
863	785	0.0149	0.0504	0.0497	0.2411	4.6822	0.0166	0.0383	0.0423	0.3958	0.0256	0.3618	235	29.94%	3.1172	2.5384	0.4512	0.9587	0.13%	0.00%	0.13%
864	785	0.0149	0.0504	0.0497	0.2411	4.6822	0.0166	0.0383	0.0423	0.3958	0.0256	0.3618	313	39.87%	3.1172	2.5384	0.4512	0.9587	0.13%	0.00%	0.13%
865	785	0.0149	0.0504	0.0497	0.2411	4.6822	0.0166	0.0383	0.0423	0.3958	0.0256	0.3618	391	49.81%	3.1172	2.5384	0.4512	0.9587	0.13%	0.00%	0.13%
866	785	0.0149	0.0504	0.0497	0.2411	4.6822	0.0166	0.0383	0.0423	0.3958	0.0256	0.3618	469	59.75%	3.1172	2.5384	0.4512	0.9587	0.13%	0.00%	0.13%
867	785	0.0149	0.0504	0.0497	0.2411	4.6822	0.0166	0.0383	0.0423	0.3958	0.0256	0.3618	547	69.68%	3.1172	2.5384	0.4512	0.9587	0.13%	0.00%	0.13%
868	785	0.0149	0.0504	0.0497	0.2411	4.6822	0.0166	0.0383	0.0423	0.3958	0.0256	0.3618	625	79.62%	3.1172	2.5384	0.4512	0.9587	0.13%	0.00%	0.13%
869	785	0.0149	0.0504	0.0497	0.2411	4.6822	0.0166	0.0383	0.0423	0.3958	0.0256	0.3618	703	89.55%	3.1172	2.5384	0.4512	0.9587	0.13%	0.00%	0.13%
870	785	0.0149	0.0504	0.0497	0.2411	4.6822	0.0166	0.0383	0.0423	0.3958	0.0256	0.3618	781	99.49%	3.1172	2.5384	0.4512	0.9587	0.13%	0.00%	0.13%
871	782	0.0110	0.0031	0.0073	0.2595	3.2561	0.0830	0.0677	0.0424	0.4215	0.0439	0.3224	1	0.13%	2.9898	2.5557	0.3952	0.9617	0.13%	0.00%	0.13%
872	782	0.0110	0.0031	0.0073	0.2595	3.2561	0.0830	0.0677	0.0424	0.4215	0.0439	0.3224	2	0.26%	2.9898	2.5557	0.3952	0.9617	0.13%	0.00%	0.13%
873	782	0.0110	0.0031	0.0073	0.2595	3.2561	0.0830	0.0677	0.0424	0.4215	0.0439	0.3224	234	29.92%	2.9898	2.5557	0.3952	0.9617	0.13%	0.00%	0.13%
874	782	0.0110	0.0031	0.0073	0.2595	3.2561	0.0830	0.0677	0.0424	0.4215	0.0439	0.3224	312	39.90%	2.9898	2.5557	0.3952	0.9617	0.13%	0.00%	0.13%
875	782	0.0110	0.0031	0.0073	0.2595	3.2561	0.0830	0.0677	0.0424	0.4215	0.0439	0.3224	389	49.74%	2.9898	2.5557	0.3952	0.9617	0.13%	0.00%	0.13%
876	782	0.0110	0.0031	0.0073	0.2595	3.2561	0.0830	0.0677	0.0424	0.4215	0.0439	0.3224	467	59.72%	2.9898	2.5557	0.3952	0.9617	0.13%	0.00%	0.13%
877	782	0.0110	0.0031	0.0073	0.2595	3.2561	0.0830	0.0677	0.0424	0.4215	0.0439	0.3224	545	69.69%	2.9898	2.5557	0.3952	0.9617	0.13%	0.00%	0.13%
878	782	0.0110	0.0031	0.0073	0.2595	3.2561	0.0830	0.0677	0.0424	0.4215	0.0439	0.3224	623	79.67%	2.9898	2.5557	0.3952	0.9617	0.13%	0.00%	0.13%

续附录 1

序号	银行数	现金资产率	可抵押资产率	所有者权益占比	同业贷款占比	同业借款占比	其他短期负债利率	长期负债利率	可抵押资产折价率	投资资产折价率	贷款损失率	贷款召回比率	风险触发个体数	风险触发个体百分位	网络平均度	网络平均路径长度	网络聚类系数	幂律指数	系统风险传播概率	财务破产传播概率	资金周转违约传播概率
879	782	0.0110	0.0031	0.0073	0.2595	3.2561	0.0830	0.0677	0.0424	0.4215	0.0439	0.3224	701	89.64%	2.9898	2.5557	0.3952	0.9617	0.13%	0.00%	0.13%
880	782	0.0110	0.0031	0.0073	0.2595	3.2561	0.0830	0.0677	0.0424	0.4215	0.0439	0.3224	778	99.49%	2.9898	2.5557	0.3952	0.9617	0.13%	0.00%	0.13%
881	446	0.0192	0.0505	0.0486	0.3781	7.2215	0.0379	0.0096	0.0480	0.2133	0.2804	0.2788	1	0.22%	2.8744	2.5627	0.3972	0.9197	37.22%	37.00%	0.22%
882	446	0.0192	0.0505	0.0486	0.3781	7.2215	0.0379	0.0096	0.0480	0.2133	0.2804	0.2788	2	0.45%	2.8744	2.5627	0.3972	0.9197	0.22%	0.00%	0.22%
883	446	0.0192	0.0505	0.0486	0.3781	7.2215	0.0379	0.0096	0.0480	0.2133	0.2804	0.2788	133	29.82%	2.8744	2.5627	0.3972	0.9197	0.22%	0.00%	0.22%
884	446	0.0192	0.0505	0.0486	0.3781	7.2215	0.0379	0.0096	0.0480	0.2133	0.2804	0.2788	177	39.69%	2.8744	2.5627	0.3972	0.9197	0.22%	0.00%	0.22%
885	446	0.0192	0.0505	0.0486	0.3781	7.2215	0.0379	0.0096	0.0480	0.2133	0.2804	0.2788	221	49.55%	2.8744	2.5627	0.3972	0.9197	0.22%	0.00%	0.22%
886	446	0.0192	0.0505	0.0486	0.3781	7.2215	0.0379	0.0096	0.0480	0.2133	0.2804	0.2788	266	59.64%	2.8744	2.5627	0.3972	0.9197	0.22%	0.00%	0.22%
887	446	0.0192	0.0505	0.0486	0.3781	7.2215	0.0379	0.0096	0.0480	0.2133	0.2804	0.2788	310	69.51%	2.8744	2.5627	0.3972	0.9197	0.22%	0.00%	0.22%
888	446	0.0192	0.0505	0.0486	0.3781	7.2215	0.0379	0.0096	0.0480	0.2133	0.2804	0.2788	354	79.37%	2.8744	2.5627	0.3972	0.9197	0.22%	0.00%	0.22%
889	446	0.0192	0.0505	0.0486	0.3781	7.2215	0.0379	0.0096	0.0480	0.2133	0.2804	0.2788	398	89.24%	2.8744	2.5627	0.3972	0.9197	0.22%	0.00%	0.22%
890	446	0.0192	0.0505	0.0486	0.3781	7.2215	0.0379	0.0096	0.0480	0.2133	0.2804	0.2788	442	99.10%	2.8744	2.5627	0.3972	0.9197	0.22%	0.00%	0.22%
891	615	0.0099	0.0887	0.0384	0.4870	7.8114	0.0344	0.0182	0.0635	0.2909	0.0851	0.2198	1	0.16%	2.7024	2.5875	0.3189	0.9176	0.16%	0.00%	0.16%
892	615	0.0099	0.0887	0.0384	0.4870	7.8114	0.0344	0.0182	0.0635	0.2909	0.0851	0.2198	2	0.33%	2.7024	2.5875	0.3189	0.9176	0.16%	0.00%	0.16%
893	615	0.0099	0.0887	0.0384	0.4870	7.8114	0.0344	0.0182	0.0635	0.2909	0.0851	0.2198	184	29.92%	2.7024	2.5875	0.3189	0.9176	0.16%	0.00%	0.16%
894	615	0.0099	0.0887	0.0384	0.4870	7.8114	0.0344	0.0182	0.0635	0.2909	0.0851	0.2198	245	39.84%	2.7024	2.5875	0.3189	0.9176	0.16%	0.00%	0.16%
895	615	0.0099	0.0887	0.0384	0.4870	7.8114	0.0344	0.0182	0.0635	0.2909	0.0851	0.2198	306	49.76%	2.7024	2.5875	0.3189	0.9176	0.16%	0.00%	0.16%
896	615	0.0099	0.0887	0.0384	0.4870	7.8114	0.0344	0.0182	0.0635	0.2909	0.0851	0.2198	367	59.67%	2.7024	2.5875	0.3189	0.9176	0.16%	0.00%	0.16%
897	615	0.0099	0.0887	0.0384	0.4870	7.8114	0.0344	0.0182	0.0635	0.2909	0.0851	0.2198	428	69.59%	2.7024	2.5875	0.3189	0.9176	0.16%	0.00%	0.16%
898	615	0.0099	0.0887	0.0384	0.4870	7.8114	0.0344	0.0182	0.0635	0.2909	0.0851	0.2198	489	79.51%	2.7024	2.5875	0.3189	0.9176	0.16%	0.00%	0.16%
899	615	0.0099	0.0887	0.0384	0.4870	7.8114	0.0344	0.0182	0.0635	0.2909	0.0851	0.2198	550	89.43%	2.7024	2.5875	0.3189	0.9176	0.16%	0.00%	0.16%
900	615	0.0099	0.0887	0.0384	0.4870	7.8114	0.0344	0.0182	0.0635	0.2909	0.0851	0.2198	611	99.35%	2.7024	2.5875	0.3189	0.9176	0.16%	0.00%	0.16%

续附录1

序号	银行数	现金资产率	可抵押资产率	所有者权益占比	同业贷款占比	同业借款占比	其他短期负债利率	长期负债利率	可抵押资产折价率	投资资产折价率	贷款损失率	贷款召回比率	风险触发个体	风险触发个体百分位	网络平均度	网络平均路径长度	网络聚类系数	幂律指数	系统风险传播概率	财务破产传播概率	资金周转违约传播概率
901	172	0.0129	0.0006	0.0116	0.3346	9.9025	0.0347	0.0477	0.0368	0.0515	0.2627	0.2977	1	0.58%	3.0407	2.5255	0.3910	0.9164	98.84%	98.84%	0.58%
902	172	0.0129	0.0006	0.0116	0.3346	9.9025	0.0347	0.0477	0.0368	0.0515	0.2627	0.2977	2	1.16%	3.0407	2.5255	0.3910	0.9164	98.84%	98.84%	0.58%
903	172	0.0129	0.0006	0.0116	0.3346	9.9025	0.0347	0.0477	0.0368	0.0515	0.2627	0.2977	51	29.65%	3.0407	2.5255	0.3910	0.9164	1.16%	0.00%	0.58%
904	172	0.0129	0.0006	0.0116	0.3346	9.9025	0.0347	0.0477	0.0368	0.0515	0.2627	0.2977	68	39.53%	3.0407	2.5255	0.3910	0.9164	1.16%	0.00%	0.58%
905	172	0.0129	0.0006	0.0116	0.3346	9.9025	0.0347	0.0477	0.0368	0.0515	0.2627	0.2977	84	48.84%	3.0407	2.5255	0.3910	0.9164	1.16%	0.00%	0.58%
906	172	0.0129	0.0006	0.0116	0.3346	9.9025	0.0347	0.0477	0.0368	0.0515	0.2627	0.2977	101	58.72%	3.0407	2.5255	0.3910	0.9164	1.16%	0.00%	0.58%
907	172	0.0129	0.0006	0.0116	0.3346	9.9025	0.0347	0.0477	0.0368	0.0515	0.2627	0.2977	118	68.60%	3.0407	2.5255	0.3910	0.9164	1.16%	0.00%	0.58%
908	172	0.0129	0.0006	0.0116	0.3346	9.9025	0.0347	0.0477	0.0368	0.0515	0.2627	0.2977	135	78.49%	3.0407	2.5255	0.3910	0.9164	1.16%	0.00%	0.58%
909	172	0.0129	0.0006	0.0116	0.3346	9.9025	0.0347	0.0477	0.0368	0.0515	0.2627	0.2977	152	88.37%	3.0407	2.5255	0.3910	0.9164	1.16%	0.00%	0.58%
910	172	0.0129	0.0006	0.0116	0.3346	9.9025	0.0347	0.0477	0.0368	0.0515	0.2627	0.2977	168	97.67%	3.0407	2.5255	0.3910	0.9164	1.16%	0.00%	0.58%
911	153	0.0151	0.0015	0.0132	0.0848	9.5878	0.0399	0.0344	0.0496	0.0217	0.1502	0.3351	1	0.65%	2.6144	2.5720	0.3234	0.7891	0.00%	0.00%	0.00%
912	153	0.0151	0.0015	0.0132	0.0848	9.5878	0.0399	0.0344	0.0496	0.0217	0.1502	0.3351	2	1.31%	2.6144	2.5720	0.3234	0.7891	0.00%	0.00%	0.00%
913	153	0.0151	0.0015	0.0132	0.0848	9.5878	0.0399	0.0344	0.0496	0.0217	0.1502	0.3351	45	29.41%	2.6144	2.5720	0.3234	0.7891	0.00%	0.00%	0.00%
914	153	0.0151	0.0015	0.0132	0.0848	9.5878	0.0399	0.0344	0.0496	0.0217	0.1502	0.3351	60	39.22%	2.6144	2.5720	0.3234	0.7891	0.00%	0.00%	0.00%
915	153	0.0151	0.0015	0.0132	0.0848	9.5878	0.0399	0.0344	0.0496	0.0217	0.1502	0.3351	75	49.02%	2.6144	2.5720	0.3234	0.7891	0.00%	0.00%	0.00%
916	153	0.0151	0.0015	0.0132	0.0848	9.5878	0.0399	0.0344	0.0496	0.0217	0.1502	0.3351	90	58.82%	2.6144	2.5720	0.3234	0.7891	0.00%	0.00%	0.00%
917	153	0.0151	0.0015	0.0132	0.0848	9.5878	0.0399	0.0344	0.0496	0.0217	0.1502	0.3351	105	68.63%	2.6144	2.5720	0.3234	0.7891	0.00%	0.00%	0.00%
918	153	0.0151	0.0015	0.0132	0.0848	9.5878	0.0399	0.0344	0.0496	0.0217	0.1502	0.3351	120	78.43%	2.6144	2.5720	0.3234	0.7891	0.00%	0.00%	0.00%
919	153	0.0151	0.0015	0.0132	0.0848	9.5878	0.0399	0.0344	0.0496	0.0217	0.1502	0.3351	135	88.24%	2.6144	2.5720	0.3234	0.7891	0.00%	0.00%	0.00%
920	153	0.0151	0.0015	0.0132	0.0848	9.5878	0.0399	0.0344	0.0496	0.0217	0.1502	0.3351	149	97.39%	2.6144	2.5720	0.3234	0.7891	0.00%	0.00%	0.00%
921	582	0.0073	0.0787	0.0195	0.1497	7.4144	0.0303	0.0285	0.0534	0.0077	0.2738	0.2909	1	0.17%	2.7680	2.5939	0.3493	0.9207	6.53%	0.00%	0.34%
922	582	0.0073	0.0787	0.0195	0.1497	7.4144	0.0303	0.0285	0.0534	0.0077	0.2738	0.2909	2	0.34%	2.7680	2.5939	0.3493	0.9207	0.34%	0.00%	0.17%

续附录 1

序号	银行数	现金资产率	可抵押资产率	所有者权益占比	同业贷款占比	同业借款占比	其他短期负债利率	长期负债利率	可抵押资产折价率	投资资产折价率	贷款损失率	贷款召回比率	风险触发个体	风险触发个体百分位	网络平均度	网络平均路径长度	网络聚类系数	幂律指数	系统风险传播概率	财务破产传播概率	资金周转逆约传播概率
923	582	0.0073	0.0787	0.0195	0.1497	7.4144	0.0303	0.0285	0.0534	0.0077	0.2738	0.2909	174	29.90%	2.7680	2.5939	0.3493	0.9207	0.52%	0.09%	0.34%
924	582	0.0073	0.0787	0.0195	0.1497	7.4144	0.0303	0.0285	0.0534	0.0077	0.2738	0.2909	232	39.86%	2.7680	2.5939	0.3493	0.9207	0.52%	0.09%	0.34%
925	582	0.0073	0.0787	0.0195	0.1497	7.4144	0.0303	0.0285	0.0534	0.0077	0.2738	0.2909	289	49.66%	2.7680	2.5939	0.3493	0.9207	0.52%	0.09%	0.34%
926	582	0.0073	0.0787	0.0195	0.1497	7.4144	0.0303	0.0285	0.0534	0.0077	0.2738	0.2909	347	59.62%	2.7680	2.5939	0.3493	0.9207	0.52%	0.09%	0.34%
927	582	0.0073	0.0787	0.0195	0.1497	7.4144	0.0303	0.0285	0.0534	0.0077	0.2738	0.2909	405	69.59%	2.7680	2.5939	0.3493	0.9207	0.52%	0.09%	0.34%
928	582	0.0073	0.0787	0.0195	0.1497	7.4144	0.0303	0.0285	0.0534	0.0077	0.2738	0.2909	463	79.55%	2.7680	2.5939	0.3493	0.9207	0.52%	0.09%	0.34%
929	582	0.0073	0.0787	0.0195	0.1497	7.4144	0.0303	0.0285	0.0534	0.0077	0.2738	0.2909	521	89.52%	2.7680	2.5939	0.3493	0.9207	0.52%	0.09%	0.34%
930	582	0.0073	0.0787	0.0195	0.1497	7.4144	0.0303	0.0285	0.0534	0.0077	0.2738	0.2909	578	99.31%	2.7680	2.5939	0.3493	0.9207	0.52%	0.09%	0.34%
931	805	0.0109	0.0210	0.0083	0.4276	1.5950	0.0709	0.0242	0.0765	0.4922	0.3494	0.2890	1	0.12%	2.6398	2.5964	0.2747	0.9208	99.88%	99.88%	0.12%
932	805	0.0109	0.0210	0.0083	0.4276	1.5950	0.0709	0.0242	0.0765	0.4922	0.3494	0.2890	2	0.25%	2.6398	2.5964	0.2747	0.9208	99.88%	99.88%	0.12%
933	805	0.0109	0.0210	0.0083	0.4276	1.5950	0.0709	0.0242	0.0765	0.4922	0.3494	0.2890	241	29.94%	2.6398	2.5964	0.2747	0.9208	0.12%	0.00%	0.12%
934	805	0.0109	0.0210	0.0083	0.4276	1.5950	0.0709	0.0242	0.0765	0.4922	0.3494	0.2890	321	39.88%	2.6398	2.5964	0.2747	0.9208	0.12%	0.00%	0.12%
935	805	0.0109	0.0210	0.0083	0.4276	1.5950	0.0709	0.0242	0.0765	0.4922	0.3494	0.2890	401	49.81%	2.6398	2.5964	0.2747	0.9208	0.12%	0.00%	0.12%
936	805	0.0109	0.0210	0.0083	0.4276	1.5950	0.0709	0.0242	0.0765	0.4922	0.3494	0.2890	481	59.75%	2.6398	2.5964	0.2747	0.9208	0.12%	0.00%	0.12%
937	805	0.0109	0.0210	0.0083	0.4276	1.5950	0.0709	0.0242	0.0765	0.4922	0.3494	0.2890	561	69.69%	2.6398	2.5964	0.2747	0.9208	0.12%	0.00%	0.12%
938	805	0.0109	0.0210	0.0083	0.4276	1.5950	0.0709	0.0242	0.0765	0.4922	0.3494	0.2890	641	79.63%	2.6398	2.5964	0.2747	0.9208	0.12%	0.00%	0.12%
939	805	0.0109	0.0210	0.0083	0.4276	1.5950	0.0709	0.0242	0.0765	0.4922	0.3494	0.2890	721	89.57%	2.6398	2.5964	0.2747	0.9208	0.12%	0.00%	0.12%
940	805	0.0109	0.0210	0.0083	0.4276	1.5950	0.0709	0.0242	0.0765	0.4922	0.3494	0.2890	801	99.50%	2.6398	2.5964	0.2747	0.9208	0.12%	0.00%	0.12%
941	945	0.0125	0.0551	0.0213	0.0058	2.1353	0.0580	0.0228	0.0108	0.2228	0.1925	0.1807	1	0.11%	2.5714	2.6046	0.2562	0.9043	0.00%	0.00%	0.00%
942	945	0.0125	0.0551	0.0213	0.0058	2.1353	0.0580	0.0228	0.0108	0.2228	0.1925	0.1807	2	0.21%	2.5714	2.6046	0.2562	0.9043	0.00%	0.00%	0.00%
943	945	0.0125	0.0551	0.0213	0.0058	2.1353	0.0580	0.0228	0.0108	0.2228	0.1925	0.1807	283	29.95%	2.5714	2.6046	0.2562	0.9043	0.00%	0.00%	0.00%
944	945	0.0125	0.0551	0.0213	0.0058	2.1353	0.0580	0.0228	0.0108	0.2228	0.1925	0.1807	377	39.89%	2.5714	2.6046	0.2562	0.9043	0.00%	0.00%	0.00%

续附录 1

序号	银行数	现金资产率	可抵押资产率	所有者权益占比	同业贷款占比	同业借款占比	其他短期负债利率	长期负债利率	可抵押资产折价率	投资资产折价率	贷款损失率	贷款召回比率	风险触发个体	风险触发个体百分位	网络平均度	网络平均路径长度	网络聚类系数	羊律指数	系统风险传播概率	财务破产传播概率	资金周转违约传播概率
945	945	0.0125	0.0551	0.0213	0.0058	2.1353	0.0580	0.0228	0.0108	0.2228	0.1925	0.1807	471	49.84%	2.5714	2.6046	0.2562	0.9043	0.00%	0.00%	0.00%
946	945	0.0125	0.0551	0.0213	0.0058	2.1353	0.0580	0.0228	0.0108	0.2228	0.1925	0.1807	565	59.79%	2.5714	2.6046	0.2562	0.9043	0.00%	0.00%	0.00%
947	945	0.0125	0.0551	0.0213	0.0058	2.1353	0.0580	0.0228	0.0108	0.2228	0.1925	0.1807	659	69.74%	2.5714	2.6046	0.2562	0.9043	0.00%	0.00%	0.00%
948	945	0.0125	0.0551	0.0213	0.0058	2.1353	0.0580	0.0228	0.0108	0.2228	0.1925	0.1807	753	79.68%	2.5714	2.6046	0.2562	0.9043	0.00%	0.00%	0.00%
949	945	0.0125	0.0551	0.0213	0.0058	2.1353	0.0580	0.0228	0.0108	0.2228	0.1925	0.1807	847	89.63%	2.5714	2.6046	0.2562	0.9043	0.00%	0.00%	0.00%
950	945	0.0125	0.0551	0.0213	0.0058	2.1353	0.0580	0.0228	0.0108	0.2228	0.1925	0.1807	941	99.58%	2.5714	2.6046	0.2562	0.9043	60.18%	59.73%	0.00%
951	221	0.0010	0.0645	0.0345	0.2400	1.3402	0.0050	0.0672	0.0732	0.0889	0.3576	0.1580	1	0.45%	2.6652	2.5800	0.2046	0.9021	0.45%	0.00%	0.45%
952	221	0.0010	0.0645	0.0345	0.2400	1.3402	0.0050	0.0672	0.0732	0.0889	0.3576	0.1580	2	0.90%	2.6652	2.5800	0.2046	0.9021	0.45%	0.00%	0.45%
953	221	0.0010	0.0645	0.0345	0.2400	1.3402	0.0050	0.0672	0.0732	0.0889	0.3576	0.1580	66	29.86%	2.6652	2.5800	0.2046	0.9021	0.45%	0.00%	0.45%
954	221	0.0010	0.0645	0.0345	0.2400	1.3402	0.0050	0.0672	0.0732	0.0889	0.3576	0.1580	87	39.37%	2.6652	2.5800	0.2046	0.9021	0.45%	0.00%	0.45%
955	221	0.0010	0.0645	0.0345	0.2400	1.3402	0.0050	0.0672	0.0732	0.0889	0.3576	0.1580	109	49.32%	2.6652	2.5800	0.2046	0.9021	0.45%	0.00%	0.45%
956	221	0.0010	0.0645	0.0345	0.2400	1.3402	0.0050	0.0672	0.0732	0.0889	0.3576	0.1580	131	59.28%	2.6652	2.5800	0.2046	0.9021	0.45%	0.00%	0.45%
957	221	0.0010	0.0645	0.0345	0.2400	1.3402	0.0050	0.0672	0.0732	0.0889	0.3576	0.1580	152	68.78%	2.6652	2.5800	0.2046	0.9021	0.45%	0.00%	0.45%
958	221	0.0010	0.0645	0.0345	0.2400	1.3402	0.0050	0.0672	0.0732	0.0889	0.3576	0.1580	174	78.73%	2.6652	2.5800	0.2046	0.9021	0.45%	0.00%	0.45%
959	221	0.0010	0.0645	0.0345	0.2400	1.3402	0.0050	0.0672	0.0732	0.0889	0.3576	0.1580	196	88.69%	2.6652	2.5800	0.2046	0.9021	0.45%	0.00%	0.45%
960	221	0.0010	0.0645	0.0345	0.2400	1.3402	0.0050	0.0672	0.0732	0.0889	0.3576	0.1580	217	98.19%	2.6652	2.5800	0.2046	0.9021	0.45%	0.00%	0.45%
961	616	0.0139	0.0344	0.0205	0.4619	9.4987	0.0957	0.0358	0.0191	0.0988	0.3090	0.1117	1	0.16%	2.9107	2.5615	0.4174	0.9311	99.68%	99.68%	0.16%
962	616	0.0139	0.0344	0.0205	0.4619	9.4987	0.0957	0.0358	0.0191	0.0988	0.3090	0.1117	2	0.32%	2.9107	2.5615	0.4174	0.9311	99.68%	99.68%	0.16%
963	616	0.0139	0.0344	0.0205	0.4619	9.4987	0.0957	0.0358	0.0191	0.0988	0.3090	0.1117	184	29.87%	2.9107	2.5615	0.4174	0.9311	0.16%	0.00%	0.16%
964	616	0.0139	0.0344	0.0205	0.4619	9.4987	0.0957	0.0358	0.0191	0.0988	0.3090	0.1117	245	39.77%	2.9107	2.5615	0.4174	0.9311	0.16%	0.00%	0.16%
965	616	0.0139	0.0344	0.0205	0.4619	9.4987	0.0957	0.0358	0.0191	0.0988	0.3090	0.1117	306	49.68%	2.9107	2.5615	0.4174	0.9311	0.16%	0.00%	0.16%
966	616	0.0139	0.0344	0.0205	0.4619	9.4987	0.0957	0.0358	0.0191	0.0988	0.3090	0.1117	368	59.74%	2.9107	2.5615	0.4174	0.9311	0.16%	0.00%	0.16%

续附录 1

序号	银行数	现金资产率	可抵押资产率	所有者权益占比	同业贷款占比	同业借款占比	其他短期负债利率	长期负债利率	可抵押资产折价率	投资资产折价率	贷款损失率	贷款召回比率	风险触发个体	风险融发个体百分位	网络平均度	网络平均路径长度	网络聚类系数	幂律指数	系统风险传播概率	财务破产传播概率	资金周转逆约传播概率
967	616	0.0139	0.0344	0.0205	0.4619	9.4987	0.0957	0.0358	0.0191	0.0988	0.3090	0.1117	429	69.64%	2.9107	2.5615	0.4174	0.9311	0.16%	0.00%	0.16%
968	616	0.0139	0.0344	0.0205	0.4619	9.4987	0.0957	0.0358	0.0191	0.0988	0.3090	0.1117	490	79.55%	2.9107	2.5615	0.4174	0.9311	0.16%	0.00%	0.16%
969	616	0.0139	0.0344	0.0205	0.4619	9.4987	0.0957	0.0358	0.0191	0.0988	0.3090	0.1117	551	89.45%	2.9107	2.5615	0.4174	0.9311	0.16%	0.00%	0.16%
970	616	0.0139	0.0344	0.0205	0.4619	9.4987	0.0957	0.0358	0.0191	0.0988	0.3090	0.1117	612	99.35%	2.9107	2.5615	0.4174	0.9311	0.16%	0.00%	0.16%
971	526	0.0095	0.0491	0.0022	0.4947	5.6952	0.0723	0.0672	0.0070	0.1407	0.2765	0.0150	1	0.19%	3.1977	2.5223	0.4685	0.9443	99.81%	99.81%	0.19%
972	526	0.0095	0.0491	0.0022	0.4947	5.6952	0.0723	0.0672	0.0070	0.1407	0.2765	0.0150	2	0.38%	3.1977	2.5223	0.4685	0.9443	99.81%	99.81%	0.19%
973	526	0.0095	0.0491	0.0022	0.4947	5.6952	0.0723	0.0672	0.0070	0.1407	0.2765	0.0150	157	29.85%	3.1977	2.5223	0.4685	0.9443	0.38%	0.00%	0.19%
974	526	0.0095	0.0491	0.0022	0.4947	5.6952	0.0723	0.0672	0.0070	0.1407	0.2765	0.0150	209	39.73%	3.1977	2.5223	0.4685	0.9443	99.81%	0.00%	0.19%
975	526	0.0095	0.0491	0.0022	0.4947	5.6952	0.0723	0.0672	0.0070	0.1407	0.2765	0.0150	261	49.62%	3.1977	2.5223	0.4685	0.9443	0.38%	0.00%	0.19%
976	526	0.0095	0.0491	0.0022	0.4947	5.6952	0.0723	0.0672	0.0070	0.1407	0.2765	0.0150	314	59.70%	3.1977	2.5223	0.4685	0.9443	99.81%	0.00%	0.19%
977	526	0.0095	0.0491	0.0022	0.4947	5.6952	0.0723	0.0672	0.0070	0.1407	0.2765	0.0150	366	69.58%	3.1977	2.5223	0.4685	0.9443	0.38%	0.00%	0.19%
978	526	0.0095	0.0491	0.0022	0.4947	5.6952	0.0723	0.0672	0.0070	0.1407	0.2765	0.0150	418	79.47%	3.1977	2.5223	0.4685	0.9443	0.38%	0.00%	0.19%
979	526	0.0095	0.0491	0.0022	0.4947	5.6952	0.0723	0.0672	0.0070	0.1407	0.2765	0.0150	470	89.35%	3.1977	2.5223	0.4685	0.9443	0.38%	0.00%	0.19%
980	526	0.0095	0.0491	0.0022	0.4947	5.6952	0.0723	0.0672	0.0070	0.1407	0.2765	0.0150	522	99.24%	3.1977	2.5223	0.4685	0.9443	0.38%	0.00%	0.19%
981	115	0.0163	0.0072	0.0380	0.0266	6.1896	0.0454	0.0094	0.0163	0.3066	0.0083	0.3849	1	0.87%	3.0087	2.5388	0.3795	0.8904	0.00%	0.00%	0.00%
982	115	0.0163	0.0072	0.0380	0.0266	6.1896	0.0454	0.0094	0.0163	0.3066	0.0083	0.3849	2	1.74%	3.0087	2.5388	0.3795	0.8904	0.00%	0.00%	0.00%
983	115	0.0163	0.0072	0.0380	0.0266	6.1896	0.0454	0.0094	0.0163	0.3066	0.0083	0.3849	34	29.57%	3.0087	2.5388	0.3795	0.8904	0.00%	0.00%	0.00%
984	115	0.0163	0.0072	0.0380	0.0266	6.1896	0.0454	0.0094	0.0163	0.3066	0.0083	0.3849	45	39.13%	3.0087	2.5388	0.3795	0.8904	0.00%	0.00%	0.00%
985	115	0.0163	0.0072	0.0380	0.0266	6.1896	0.0454	0.0094	0.0163	0.3066	0.0083	0.3849	56	48.70%	3.0087	2.5388	0.3795	0.8904	0.00%	0.00%	0.00%
986	115	0.0163	0.0072	0.0380	0.0266	6.1896	0.0454	0.0094	0.0163	0.3066	0.0083	0.3849	67	58.26%	3.0087	2.5388	0.3795	0.8904	0.00%	0.00%	0.00%
987	115	0.0163	0.0072	0.0380	0.0266	6.1896	0.0454	0.0094	0.0163	0.3066	0.0083	0.3849	78	67.83%	3.0087	2.5388	0.3795	0.8904	0.00%	0.00%	0.00%
988	115	0.0163	0.0072	0.0380	0.0266	6.1896	0.0454	0.0094	0.0163	0.3066	0.0083	0.3849	89	77.39%	3.0087	2.5388	0.3795	0.8904	0.00%	0.00%	0.00%
989	115	0.0163	0.0072	0.0380	0.0266	6.1896	0.0454	0.0094	0.0163	0.3066	0.0083	0.3849	100	86.96%	3.0087	2.5388	0.3795	0.8904	0.00%	0.00%	0.00%

续附录 1

序号	银行数	现金资产率	可抵押资产率	所有者权益占比	同业贷款占比	同业借款占比	其他短期负债利率	长期负债利率	可抵押资产折价率	投资资产折价率	贷款损失率	贷款召回比率	风险触发个体	风险触发个体百分位	网络平均度	网络平均路径长度	网络聚类系数	幂律指数	系统风险传播概率	财务破产传播概率	资金周转违约传播概率
990	115	0.0163	0.0072	0.0380	0.0266	6.1896	0.0454	0.0094	0.0163	0.3066	0.0083	0.3849	111	96.52%	3.0087	2.5388	0.3795	0.8904	0.00%	0.00%	0.00%
991	407	0.0126	0.0247	0.0240	0.2853	6.5222	0.0554	0.0267	0.0952	0.3286	0.1819	0.3255	1	0.25%	3.0565	2.5363	0.4721	0.9227	0.25%	0.00%	0.25%
992	407	0.0126	0.0247	0.0240	0.2853	6.5222	0.0554	0.0267	0.0952	0.3286	0.1819	0.3255	2	0.49%	3.0565	2.5363	0.4721	0.9227	0.25%	0.00%	0.25%
993	407	0.0126	0.0247	0.0240	0.2853	6.5222	0.0554	0.0267	0.0952	0.3286	0.1819	0.3255	121	29.73%	3.0565	2.5363	0.4721	0.9227	0.25%	0.00%	0.25%
994	407	0.0126	0.0247	0.0240	0.2853	6.5222	0.0554	0.0267	0.0952	0.3286	0.1819	0.3255	162	39.80%	3.0565	2.5363	0.4721	0.9227	0.25%	0.00%	0.25%
995	407	0.0126	0.0247	0.0240	0.2853	6.5222	0.0554	0.0267	0.0952	0.3286	0.1819	0.3255	202	49.63%	3.0565	2.5363	0.4721	0.9227	0.25%	0.00%	0.25%
996	407	0.0126	0.0247	0.0240	0.2853	6.5222	0.0554	0.0267	0.0952	0.3286	0.1819	0.3255	242	59.46%	3.0565	2.5363	0.4721	0.9227	0.25%	0.00%	0.25%
997	407	0.0126	0.0247	0.0240	0.2853	6.5222	0.0554	0.0267	0.0952	0.3286	0.1819	0.3255	283	69.53%	3.0565	2.5363	0.4721	0.9227	0.25%	0.00%	0.25%
998	407	0.0126	0.0247	0.0240	0.2853	6.5222	0.0554	0.0267	0.0952	0.3286	0.1819	0.3255	323	79.36%	3.0565	2.5363	0.4721	0.9227	0.25%	0.00%	0.25%
999	407	0.0126	0.0247	0.0240	0.2853	6.5222	0.0554	0.0267	0.0952	0.3286	0.1819	0.3255	363	89.19%	3.0565	2.5363	0.4721	0.9227	0.25%	0.00%	0.25%
1000	407	0.0126	0.0247	0.0240	0.2853	6.5222	0.0554	0.0267	0.0952	0.3286	0.1819	0.3255	403	99.02%	3.0565	2.5363	0.4721	0.9227	0.25%	0.00%	0.25%
…	…	…	…	…	…	…	…	…	…	…	…	…	…	…	…	…	…	…	…	…	…
9991	884	0.0187	0.0688	0.0105	0.2896	8.2260	0.0989	0.0307	0.0815	0.2584	0.3676	0.2406	1	0.11%	3.2217	2.5268	0.4763	0.9689	99.77%	99.77%	0.11%
9992	884	0.0187	0.0688	0.0105	0.2896	8.2260	0.0989	0.0307	0.0815	0.2584	0.3676	0.2406	2	0.23%	3.2217	2.5268	0.4763	0.9689	99.77%	99.77%	0.11%
9993	884	0.0187	0.0688	0.0105	0.2896	8.2260	0.0989	0.0307	0.0815	0.2584	0.3676	0.2406	264	29.86%	3.2217	2.5268	0.4763	0.9689	0.11%	0.11%	0.11%
9994	884	0.0187	0.0688	0.0105	0.2896	8.2260	0.0989	0.0307	0.0815	0.2584	0.3676	0.2406	352	39.82%	3.2217	2.5268	0.4763	0.9689	0.11%	0.00%	0.11%
9995	884	0.0187	0.0688	0.0105	0.2896	8.2260	0.0989	0.0307	0.0815	0.2584	0.3676	0.2406	440	49.77%	3.2217	2.5268	0.4763	0.9689	0.11%	0.00%	0.11%
9996	884	0.0187	0.0688	0.0105	0.2896	8.2260	0.0989	0.0307	0.0815	0.2584	0.3676	0.2406	528	59.73%	3.2217	2.5268	0.4763	0.9689	0.11%	0.00%	0.11%
9997	884	0.0187	0.0688	0.0105	0.2896	8.2260	0.0989	0.0307	0.0815	0.2584	0.3676	0.2406	616	69.68%	3.2217	2.5268	0.4763	0.9689	0.11%	0.00%	0.11%
9998	884	0.0187	0.0688	0.0105	0.2896	8.2260	0.0989	0.0307	0.0815	0.2584	0.3676	0.2406	704	79.64%	3.2217	2.5268	0.4763	0.9689	0.11%	0.00%	0.11%
9999	884	0.0187	0.0688	0.0105	0.2896	8.2260	0.0989	0.0307	0.0815	0.2584	0.3676	0.2406	792	89.59%	3.2217	2.5268	0.4763	0.9689	0.11%	0.00%	0.11%
10000	884	0.0187	0.0688	0.0105	0.2896	8.2260	0.0989	0.0307	0.0815	0.2584	0.3676	0.2406	880	99.55%	3.2217	2.5268	0.4763	0.9689	0.11%	0.00%	0.11%

附录2 个人信用贷款风险传播社会网络数据

表 A2-1 2009 年 9 月—2015 年 6 月商业银行信贷客户资金往来数据

Edges	Vertex 1	Vertex 2	Width
1	72359344	1701976439	1
2	72427417	1647506560	1
3	548848311	1701357377	2
4	1561607578	1705241002	3
5	1561607578	600030659502	3
6	1584799518	2048122223	1
7	1584799518	2718655376	1
8	1584799518	600014295679	1
9	1584799518	600037133223	3
10	1584799518	600038883693	4
11	1595278747	ZH1EC009886458	1
12	1596282263	600035341038	2
13	1599911258	ZH1EC009886458	1
14	1617000292	600028628755	1
15	1632582935	600037365773	1
⋮	⋮	⋮	⋮
22511	ZH1EC014604477	600018454088	1
22512	ZH1EC014609669	600013378699	1
22513	ZH1EC014609669	600014819584	1
22514	ZH1EC014611140	600014863790	1
22515	ZH1EC014619812	72427417	1
22516	ZH1EC014622168	600042331192	1
22517	ZH1EC014623113	600039538079	1
22518	ZH1EC014624064	600028611310	1
22519	ZH1EC014626203	600022520297	1
22520	ZH1EC014632452	600045132828	1
22521	ZH1EC014634630	600041891519	1

Edges	Vertex 1	Vertex 2	Width
22522	ZH1EC014635431	600012711763	1
22523	ZH1EC014635431	600037746677	1
22524	ZH1EC014635431	600046961575	1
22525	ZH1EC014635431	600049163172	1

表 A2-2　2014 年 9 月个人信用贷款网络节点统计特征表

ID	Vertex	In-Degree	Out-Degree	Betweenness Centrality	Closeness Centrality	Eigenvector Centrality	PageRank	Clustering Coefficient
1	72777623	0	1	0	0.01	0	0.55	0
2	600014329754	56	0	3530	0.02	0	26.06	0
3	72950108	0	1	0	0.01	0	0.55	0
4	73522220	1	1	0	0.00	0	0.56	0
5	1865346540	3	4	74490	0.00	0	2.90	0
6	107808711	0	1	0	0.00	0	0.54	0
7	1685348772	24	30	772252	0.00	0	24.55	0
8	336132995	0	1	0	0.00	0	0.54	0
9	ZH1EC009886458	1173	0	18097395	0.00	0	536.89	0
10	548848311	1	3	44700	0.00	0	1.96	0
⋮	⋮	⋮	⋮	⋮	⋮	⋮	⋮	⋮
15303	600045784058	1	0	0	1.00	0	1.00	0
15304	ZH1EC014593440	0	1	0	1.00	0	1.00	0
15305	600012994339	1	0	0	1.00	0	1.00	0
15306	ZH1EC014607520	0	1	0	1.00	0	1.00	0
15307	600011527727	1	0	0	1.00	0	1.00	0
15308	ZH1EC014608615	0	1	0	1.00	0	1.00	0
15309	600047724927	1	0	0	1.00	0	1.00	0
15310	ZH1EC014616825	0	1	0	0.00	0	0.59	0
15311	ZH1EC014618508	0	1	0	0.00	0	0.39	0
15312	ZH1EC014619969	0	1	0	0.04	0	0.58	0

表 A2-3　2014 年 9 月商业银行信贷客户社会网络整体统计特征表

Metric	Value
Graph Type	Directed
Vertices	15310
Unique Edges	23945
Edges With Duplicates	0
Total Edges	23945
Self-Loops	0
Connected Components	2021
Single-Vertex Connected Components	0
Maximum Vertices in a Connected Component	7453
Maximum Edges in a Connected Component	14175
Maximum Geodesic Distance (Diameter)	35
Average Geodesic Distance	9
Graph Density	0
Minimum In-Degree	0
Maximum In-Degree	1173
Average In-Degree	2
Median In-Degree	1
Minimum Out-Degree	0
Maximum Out-Degree	1309
Average Out-Degree	2
Median Out-Degree	1
Minimum Betweenness Centrality	0
Maximum Betweenness Centrality	25727875
Average Betweenness Centrality	29311
Median Betweenness Centrality	0
Minimum Closeness Centrality	0
Maximum Closeness Centrality	1
Average Closeness Centrality	0
Median Closeness Centrality	0
Minimum Eigenvector Centrality	0

Metric	Value
Maximum Eigenvector Centrality	0
Average Eigenvector Centrality	0
Median Eigenvector Centrality	0
Minimum PageRank	0
Maximum PageRank	608
Average PageRank	1
Median PageRank	1
Minimum Clustering Coefficient	0
Maximum Clustering Coefficient	1
Average Clustering Coefficient	0
Median Clustering Coefficient	0

表 A2-4　2014 年 11 月个人信用贷款网络节点统计特征表

ID	Vertex	In-Degree	Out-Degree	Betweenness Centrality	Closeness Centrality	Eigenvector Centrality	PageRank	Clustering Coefficient
1	72359344	0	1	0	0.00	0	0.47	0
2	1701976439	3	2	55354	0.00	0	1.86	0.05
3	72427417	1	1	2	0.50	0	1.46	0
4	1647506560	1	0	0	0.33	0	0.77	0
5	548848311	1	4	44292	0.00	0	2.42	0
6	1701357377	1	0	0	0.00	0	0.56	0
7	1921926420	1	0	0	0.00	0	0.56	0
8	2083378940	1	0	0	0.00	0	0.56	0
9	600013713805	1	0	0	0.00	0	0.56	0
10	989732355	2	1	0	0.00	0	0.73	0.5
⋮	⋮	⋮	⋮	⋮	⋮	⋮	⋮	⋮
13096	ZH1EC014624064	0	1	0	0.00	0	0.41	0
13097	ZH1EC014626203	0	1	0	1.00	0	1.00	0
13098	600022520297	1	0	0	1.00	0	1.00	0
13099	ZH1EC014632452	0	1	0	1.00	0	1.00	0
13100	600045132828	1	0	0	1.00	0	1.00	0

ID	Vertex	In-Degree	Out-Degree	Betweenness Centrality	Closeness Centrality	Eigenvector Centrality	PageRank	Clustering Coefficient
13101	ZH1EC014634630	0	1	0	0.00	0	0.33	0
13102	ZH1EC014635431	0	4	33222	0.00	0	1.92	0
13103	600037746677	1	0	0	0.00	0	0.56	0
13104	600046961575	1	0	0	0.00	0	0.56	0
13105	600049163172	1	0	0	0.00	0	0.56	0

表 A2-5 2014 年 11 月个人信用贷款网络整体统计特征表

Metric	Value
Graph Type	Directed
Vertices	13105
Unique Edges	22525
Edges With Duplicates	0
Total Edges	22525
Self-Loops	0
Connected Components	1939
Single-Vertex Connected Components	0
Maximum Vertices in a Connected Component	5540
Maximum Edges in a Connected Component	13570
Maximum Geodesic Distance (Diameter)	35
Average Geodesic Distance	11.389183
Graph Density	0.000131167
Minimum In-Degree	0
Maximum In-Degree	565
Average In-Degree	1.718809615
Median In-Degree	1
Minimum Out-Degree	0
Maximum Out-Degree	622
Average Out-Degree	1.718809615
Median Out-Degree	1
Minimum Betweenness Centrality	0

Metric	Value
Maximum Betweenness Centrality	14242216.12
Average Betweenness Centrality	24551.92705
Median Betweenness Centrality	0
Minimum Closeness Centrality	0.000007
Maximum Closeness Centrality	1
Average Closeness Centrality	0.239141219
Median Closeness Centrality	0.005747
Minimum Eigenvector Centrality	0
Maximum Eigenvector Centrality	0.022206
Average Eigenvector Centrality	0.0000763068
Median Eigenvector Centrality	0
Minimum PageRank	0.186523
Maximum PageRank	289.951225
Average PageRank	0.99999989
Median PageRank	0.805429
Minimum Clustering Coefficient	0
Maximum Clustering Coefficient	1
Average Clustering Coefficient	0.088212591
Median Clustering Coefficient	0

表 A2-6 2014 年 12 月个人信用贷款网络节点统计特征表

ID	Vertex	In-Degree	Out-Degree	Betweenness Centrality	Closeness Centrality	Eigenvector Centrality	PageRank	Clustering Coefficient
1	72454243	1	1	0	0.07	0	0.66	0
2	1553283337	2	1	8	0.09	0	1.20	0
3	82407521	0	1	0	1.00	0	1.00	0
4	600011471331	1	0	0	1.00	0	1.00	0
5	87835112	1	1	2	0.50	0	1.46	0
6	879703298	1	0	0	0.33	0	0.77	0
7	490264893	0	1	0	1.00	0	1.00	0
8	600016525832	1	0	0	1.00	0	1.00	0

ID	Vertex	In-Degree	Out-Degree	Betweenness Centrality	Closeness Centrality	Eigenvector Centrality	PageRank	Clustering Coefficient
9	548848311	1	2	30862	0.00	0	1.49	0
10	1921926420	1	0	0	0.00	0	0.57	0
⋮	⋮	⋮	⋮	⋮	⋮	⋮	⋮	⋮
16057	600046397546	1	0	0	0.00	0	0.53	0
16058	600046406756	1	0	0	0.00	0	0.53	0
16059	600046481190	1	0	0	0.00	0	0.53	0
16060	600046758723	1	0	0	0.00	0	0.53	0
16061	600046792624	1	0	0	0.00	0	0.53	0
16062	600048681187	1	0	0	0.00	0	0.53	0
16063	600048810170	1	0	0	0.00	0	0.53	0
16064	600049674286	1	0	0	0.00	0	0.53	0
16065	600051055279	1	0	0	0.00	0	0.53	0
16066	600053442531	1	0	0	0.00	0	0.53	0

表 A2-7　2014 年 12 月个人信用贷款网络整体统计特征表

Metric	Value
Graph Type	Directed
Vertices	16066
Unique Edges	24593
Edges With Duplicates	0
Total Edges	24593
Self-Loops	0
Connected Components	2386
Single-Vertex Connected Components	0
Maximum Vertices in a Connected Component	7718
Maximum Edges in a Connected Component	17159
Maximum Geodesic Distance (Diameter)	38
Average Geodesic Distance	11.875513
Graph Density	0.00

Metric	Value
Minimum In-Degree	0
Maximum In-Degree	879
Average In-Degree	1. 530748164
Median In-Degree	1
Minimum Out-Degree	0
Maximum Out-Degree	730
Average Out-Degree	1. 530748164
Median Out-Degree	1
Minimum Betweenness Centrality	0
Maximum Betweenness Centrality	23565560. 05
Average Betweenness Centrality	40424. 6665
Median Betweenness Centrality	0
Minimum Closeness Centrality	0. 000005
Maximum Closeness Centrality	1
Average Closeness Centrality	0. 241466083
Median Closeness Centrality	0. 002591
Minimum Eigenvector Centrality	0
Maximum Eigenvector Centrality	0. 023793
Average Eigenvector Centrality	0. 00
Median Eigenvector Centrality	0
Minimum PageRank	0. 179957
Maximum PageRank	401. 944926
Average PageRank	0. 999999934
Median PageRank	0. 77027
Minimum Clustering Coefficient	0
Maximum Clustering Coefficient	1
Average Clustering Coefficient	0. 079287919
Median Clustering Coefficient	0

表 A2-8   2015 年 1 月个人信用贷款网络节点统计特征表

ID	Vertex	In-Degree	Out-Degree	Betweenness Centrality	Closeness Centrality	Eigenvector Centrality	PageRank	Clustering Coefficient
1	73264786	2	1	2198	0.00	0	1.51	0
2	2504005890	1	0	0	0.00	0	0.58	0
3	548848311	2	3	52428	0.00	0	2.42	0
4	1701357377	1	0	0	0.00	0	0.56	0
5	1921926420	1	0	0	0.00	0	0.56	0
6	600042123908	1	0	0	0.00	0	0.56	0
7	602147315	1	1	4	0.00	0	0.92	0
8	1843592850	3	0	219	0.00	0	1.36	0
9	872547589	0	1	0	0.10	0	0.63	0
10	600010885124	4	1	18	0.17	0	2.26	0
⋮	⋮	⋮	⋮	⋮	⋮	⋮	⋮	⋮
16377	600049448427	1	0	0	0.04	0	0.58	0
16378	ZH1EC014649113	0	1	0	0.33	0	0.77	0
16379	ZH1EC014649995	0	1	0	1.00	0	1.00	0
16380	600046876921	1	0	0	1.00	0	1.00	0
16381	ZH1EC014650634	0	1	0	1.00	0	1.00	0
16382	2378998349	1	0	0	1.00	0	1.00	0
16383	ZH1EC014652068	0	1	0	1.00	0	1.00	0
16384	600034395044	1	0	0	1.00	0	1.00	0
16385	ZH1EC014652658	0	1	0	1.00	0	1.00	0
16386	600018822455	1	0	0	1.00	0	1.00	0

表 A2-9   2015 年 1 月个人信用贷款网络整体统计特征表

Metric	Value
Graph Type	Directed
Vertices	16386
Unique Edges	22761
Edges With Duplicates	0
Total Edges	22761
Self-Loops	0

续表 A2-9

Metric	Value
Connected Components	2536
Single-Vertex Connected Components	0
Maximum Vertices in a Connected Component	6557
Maximum Edges in a Connected Component	13335
Maximum Geodesic Distance (Diameter)	42
Average Geodesic Distance	10.757653
Graph Density	0.00
Minimum In-Degree	0
Maximum In-Degree	549
Average In-Degree	1.389051629
Median In-Degree	1
Minimum Out-Degree	0
Maximum Out-Degree	711
Average Out-Degree	1.389051629
Median Out-Degree	1
Minimum Betweenness Centrality	0
Maximum Betweenness Centrality	29937781.2
Average Betweenness Centrality	26051.5656
Median Betweenness Centrality	0
Minimum Closeness Centrality	0.000006
Maximum Closeness Centrality	1
Average Closeness Centrality	0.24960785
Median Closeness Centrality	0.0070175
Minimum Eigenvector Centrality	0
Maximum Eigenvector Centrality	0.025808
Average Eigenvector Centrality	0.00
Median Eigenvector Centrality	0
Minimum PageRank	0.226287
Maximum PageRank	327.552135
Average PageRank	0.999999928

Metric	Value
Median PageRank	0. 77027
Minimum Clustering Coefficient	0
Maximum Clustering Coefficient	1
Average Clustering Coefficient	0. 067836528
Median Clustering Coefficient	0

表 A2-10　2015 年 3 月个人信用贷款网络个体统计特征表

ID	Vertex	In-Degree	Out-Degree	Betweenness Centrality	Closeness Centrality	Eigenvector Centrality	PageRank	Clustering Coefficient
1	73795961	0	1	0	0. 00	0. 00	0. 54	0
2	600014329754	285	0	87290	0. 00	0. 00	130. 96	0
3	163451452	0	1	0	0. 00	0. 00	0. 56	0
4	600015219969	11	0	100930	0. 00	0. 00	5. 31	0
5	215166283	1	1	0	0. 00	0. 00	0. 58	0
6	1993741827	3	2	4514	0. 00	0. 00	1. 52	0
7	507948706	0	1	0	0. 00	0. 00	0. 54	0
8	1058935719	1	1	10102	0. 00	0. 00	1. 04	0
9	600025755222	1	0	0	0. 00	0. 00	0. 59	0
10	1216272599	0	1	0	0. 00	0. 00	0. 59	0
⋮	⋮	⋮	⋮	⋮	⋮	⋮	⋮	⋮
14413	ZH1EC014654887	0	1	0	0. 33	0. 00	0. 77	0
14414	ZH1EC014663547	0	1	0	0. 33	0. 00	0. 77	0
14415	ZH1EC014663942	0	1	0	0. 11	0. 00	0. 63	0
14416	ZH1EC014666073	0	1	0	1. 00	0. 00	1. 00	0
14417	600013090273	1	0	0	1. 00	0. 00	1. 00	0
14418	ZH1EC014667354	0	4	12	0. 25	0. 00	2. 38	0
14419	600014683750	1	0	0	0. 14	0. 00	0. 66	0
14420	600036225385	1	0	0	0. 14	0. 00	0. 66	0
14421	600045236596	1	0	0	0. 14	0. 00	0. 66	0
14422	600047409443	1	0	0	0. 14	0. 00	0. 66	0

表 A2-11 2015 年 3 月个人信用贷款网络整体统计特征表

Metric	Value
Graph Type	Directed
Vertices	14422
Unique Edges	17812
Edges With Duplicates	0
Total Edges	17812
Self-Loops	0
Connected Components	2297
Single-Vertex Connected Components	0
Maximum Vertices in a Connected Component	5053
Maximum Edges in a Connected Component	8848
Maximum Geodesic Distance (Diameter)	46
Average Geodesic Distance	13.242057
Graph Density	0.00
Minimum In-Degree	0
Maximum In-Degree	801
Average In-Degree	1.235057551
Median In-Degree	1
Minimum Out-Degree	0
Maximum Out-Degree	921
Average Out-Degree	1.235057551
Median Out-Degree	1
Minimum Betweenness Centrality	0
Maximum Betweenness Centrality	14446151.1
Average Betweenness Centrality	22926.20427
Median Betweenness Centrality	0
Minimum Closeness Centrality	0.000007
Maximum Closeness Centrality	1
Average Closeness Centrality	0.2574217
Median Closeness Centrality	0.009901
Minimum Eigenvector Centrality	0

Metric	Value
Maximum Eigenvector Centrality	0.001628
Average Eigenvector Centrality	0.00
Median Eigenvector Centrality	0
Minimum PageRank	0.235319
Maximum PageRank	412.498153
Average PageRank	0.999999902
Median PageRank	0.77027
Minimum Clustering Coefficient	0
Maximum Clustering Coefficient	1
Average Clustering Coefficient	0.061433465
Median Clustering Coefficient	0

表 A2-12　2015 年 5 月个人信用贷款网络节点统计特征表

ID	Vertex	In-Degree	Out-Degree	Betweenness Centrality	Closeness Centrality	Eigenvector Centrality	PageRank	Clustering Coefficient
1	617277915	1	1	42	0.02	0	1.02	0
2	508392936	1	0	0	0.01	0	0.59	0
3	764086291	0	1	0	0.00	0	0.51	0
4	2590494219	1	1	176	0.00	0	0.85	0
5	1314760956	0	4	12	0.25	0	2.38	0
6	1247321071	1	0	0	0.14	0	0.66	0
7	1636098620	1	0	0	0.14	0	0.66	0
8	2484853470	1	0	0	0.14	0	0.66	0
9	2762648671	1	0	0	0.14	0	0.66	0
10	1552502546	1	1	2	0.50	0	1.46	0
⋮	⋮	⋮	⋮	⋮	⋮	⋮	⋮	⋮
10504	ZH1EC014658798	0	1	0	0.17	0	0.70	0
10505	ZH1EC014660681	0	1	0	0.00	0	0.59	0
10506	ZH1EC014661745	0	1	0	0.33	0	0.77	0
10507	ZH1EC014664268	0	1	0	1.00	0	1.00	0
10508	600046897769	1	0	0	1.00	0	1.00	0

ID	Vertex	In-Degree	Out-Degree	Betweenness Centrality	Closeness Centrality	Eigenvector Centrality	PageRank	Clustering Coefficient
10509	ZH1EC014666767	0	1	0	1.00	0	1.00	0
10510	600040205378	1	0	0	1.00	0	1.00	0
10511	ZH1EC014675258	0	1	0	1.00	0	1.00	0
10512	1685003753	1	0	0	1.00	0	1.00	0
10513	ZH1EC014677057	0	1	0	0.33	0	0.77	0

表 A2-13　2015 年 5 月个人信用贷款网络整体统计特征表

Metric	Value
Graph Type	Directed
Vertices	10513
Unique Edges	12561
Edges With Duplicates	0
Total Edges	12561
Self-Loops	0
Connected Components	2030
Single-Vertex Connected Components	0
Maximum Vertices in a Connected Component	1013
Maximum Edges in a Connected Component	1899
Maximum Geodesic Distance (Diameter)	36
Average Geodesic Distance	8.816287
Graph Density	0.000113661
Minimum In-Degree	0
Maximum In-Degree	836
Average In-Degree	1.19480643
Median In-Degree	1
Minimum Out-Degree	0
Maximum Out-Degree	35
Average Out-Degree	1.19480643
Median Out-Degree	1
Minimum Betweenness Centrality	0

Metric	Value
Maximum Betweenness Centrality	750296
Average Betweenness Centrality	2177. 808047
Median Betweenness Centrality	0
Minimum Closeness Centrality	0. 000038
Maximum Closeness Centrality	1
Average Closeness Centrality	0. 306277417
Median Closeness Centrality	0. 0625
Minimum Eigenvector Centrality	0
Maximum Eigenvector Centrality	0. 001226
Average Eigenvector Centrality	9. 51517E-05
Median Eigenvector Centrality	0
Minimum PageRank	0. 208702
Maximum PageRank	383. 574109
Average PageRank	0. 99999994
Median PageRank	0. 958739
Minimum Clustering Coefficient	0
Maximum Clustering Coefficient	1
Average Clustering Coefficient	0. 067413862
Median Clustering Coefficient	0

附录3 银行系统风险传播仿真模拟数据[①]

主函数程序代码：

```
BankSysNum = round(unifrnd(100,1000,100,1));%银行体系中银行数,[10,1000]均匀分布随机
选取,生成10000个银行体系
BSN = size(BankSysNum,1);
% Result = zeros(BSN * 10,20);
Result = [ ];

for i = 1:BSN
    TimeMax = BankSysNum(i,1);
    M0 = 4;%要求整数,初始节点数
    W0 = 1.0;%初始边权重
    %以概率q增加一个具有m<=m0条边的新节点到网络中,
    %其中,出边数服从二项分布B(m,p),入边数服从二项分布B(m,1-p)
    M = 3;%新边数量参数
    P = unifrnd(0.2,0.5,1,1);
    Q = unifrnd(0.1,0.5,1,1);
    Delte = 1.0;    %为给i新增加一条入边所给i带来的额外入流量负担。
    W = BA(M0,W0,P,Q,M,Delte,TimeMax);

    CAR = unifrnd(0,0.025,1,1);%银行现金储备占银行资产的比例
    MAR = unifrnd(0,0.1,1,1);%银行可抵押资产占银行资产的比例
    PNR = unifrnd(0,0.05,1,1);%银行所有者权益占银行资产的比例
    PLAR = unifrnd(0,0.5,1,1);%银行网络中所有银行同业资产总额占所有银行资产总额
之比

    LGD = unifrnd(0,0.4,1,1);% 违约损失率
    RAD = unifrnd(0,0.1,1,1);% 可抵押资产折价率
    WR = unifrnd(0,0.4,1,1);% 表示债权银行可召回同业资产的比例
    TRB = 1;%触发银行
```

---

① 代码参考以下学者的研究成果：

(1) 谭春枝. 基于复杂网络理论的银行间市场系统风险传染机制研究 [M]. 北京：经济管理出版社, 2018.

(2) Krause A , Giansante S . Interbank lending and the spread of bank failures：A network model of systemic risk [J]. Social Science Electronic Publishing, 2012, 83 (3)：583-608.

```
PBR=unifrnd(0,10,1,1);% 银行同业负债与其他短期负债的之比
CLR=unifrnd(0,0.1,1,1);% 其他短期负债每月利率
LLR=unifrnd(0,0.07,1,1);% 长期负债每月利率
IAD=unifrnd(0,0.5,1,1);% 投资性资产折价率

for decile=1:1:10
    if decile==1||decile==2
        TRB=decile;
    else
        TRB=ceil(TimeMax/10 * decile);
    end
    aa=FXCR(W,CAR,MAR,PNR,PLAR,LGD,RAD,WR,TRB,PBR,CLR,LLR,IAD);
    Result=[Result;aa];
end

end
```

系统风险传播程序：

```
function [Res] = FXCR(W,CAR,MAR,PNR,PLAR,LGD,RAD,WR,TRB,PBR,CLR,LLR,IAD)
%UNTITLED3 Summary of this function goes here

N=size(W,1);%N 表示银行总数
%-----------------------------------------------------------
IBA=sum(W,2)';  %得到每个银行的同业资产
STA=sum(IBA)/PLAR;%所有银行总资产
CR=zeros(1,N);%CR 表示银行现金储备
CA=zeros(1,N);%CA 表示银行可担保资产
CL=zeros(1,N);% CL 表示银行投资性资产



IBL=sum(W);%每个银行的同业负债
IBL2=IBL/PBR;%每个银行的其他短期负债
CD=zeros(1,N);% 每个银行的银行长期负债
E=zeros(1,N);%每个银行的所有者权益

TA=zeros(1,N);%TA 表示银行总资产
for i=1:N
    CL(i)=IBL(i)+IBL2(i)-IBA(i)+((1-CAR-MAR-PLAR)*STA)/N;
end
for j=1:N
    TA(j)=(IBA(j)+CL(j))/(1-CAR-MAR);
    CR(j)=CAR*TA(j);
    CA(j)=MAR*TA(j);
    E(j)=PNR*TA(j);
    CD(j)=TA(j)-E(j)-IBL(j)-IBL2(j);
end
%-----------------------------------------------------------
ZZ=IBA+IBL;
W1=[W ZZ'];
W1=sortrows(W1,-(N+1));
W2=W1(:,1:N);
W3=[W2;ZZ];
W3=sortrows(W3',-(N+1))';
W4=W3(1:N,:);
PP=[E;CR;CA;CL;CD;IBL2;ZZ];
```

```
PP = sortrows(PP',-(7))')';
NE = PP(1,:);
NCR = PP(2,:);
NCA = PP(3,:);
NCL = PP(4,:);
NCD = PP(5,:);
NIBL2 = PP(6,:);
%---------------------------------------------------------------
bankdown_num = zeros(N);
down_num = zeros(1,N);
down_num(TRB) = 1;
newdown_num = down_num;

for k = 1:N
    for jj = 1:N
        M = W4(:,jj);
        if 0 = = down_num(jj)
            if LGD * (down_num * W4(jj,:)')-NE(jj) >0||NCR(jj)+(1-RAD) * NCA(jj)+
(1-IAD) * NCL(jj)-WR * (down_num * M)-CLR * NIBL2(jj)-LLR * NCD(jj)<0
                newdown_num(jj) = 1;
            end
        end
    end
    inn = sum(newdown_num-down_num);
    if inn = = 0%k 终止的条件
        break
    end
    bankdown_num(k,:) = newdown_num;
    down_num = newdown_num;
end

LC = k-1;
lastbankdown_num = bankdown_num(1:LC,:);
temp_bankdown = sum(lastbankdown_num,2)-ones(LC,1);

if LC = = 0
    FRA = 0;
else
    FRA = temp_bankdown(LC)/N;
end
```

```
%-----------------------------------------------------------------
defbankdown_num = zeros(N);
defdown_num = zeros(1,N);
defdown_num(TRB) = 1;
defnewdown_num = defdown_num;
for k1 = 1:N
    for i = 1:N
        if defdown_num(i) = = 0
            if LGD * (defdown_num * W4(i,:)') - NE(i) > 0
                defnewdown_num(i) = 1;
            end
        end
    end
    def_inn = sum(defnewdown_num_defdown_num);
    if def_inn = = 0
        break
    end
    defbankdown_num(k1,:) = defnewdown_num;
    defdown_num = defnewdown_num;
end

LC1 = k1 - 1;
def_lastbankdown_num = defbankdown_num(1:LC1,:);
temp_bankdown1 = sum(def_lastbankdown_num,2) - ones(LC1,1);%
if LC1 = = 0
    DEF_FRA = 0;
else
    DEF_FRA = temp_bankdown1(LC1)/N;%
end
%-----------------------------------------------------------------
liqbankdown_num = zeros(N);
liqdown_num = zeros(1,N);
liqdown_num(TRB) = 1;
liqnewdown_num = liqdown_num;

for k2 = 1:N
    for j = 1:N
        M1 = W4(:,j);
```

```
        if liqdown_num(j)= =0
            if NCR(j)+(1-RAD) * NCA(j)+(1-IAD) * NCL(j)-WR * (liqdown_num * M1)-
CLR * NIBL2(j)-LLR * NCD(j)<0
                liqnewdown_num(j)= 1;
            end
        end
    end
    liq_inn = sum(liqnewdown_num-liqdown_num);
    if liq_inn = =0
        break
    end
    liqbankdown_num(k2,:)= liqnewdown_num;
    liqdown_num = liqnewdown_num;
end
LC2 = k2-1;
liq_lastbankdown_num = liqbankdown_num(1:LC2,:);
temp_bankdown2 = sum(liq_lastbankdown_num,2)-ones(LC2,1);
if LC2 = =0
    LIQ_FRA = 0;
else
    LIQ_FRA = temp_bankdown2(LC2)/N;%
end


[DeD,aver_DeD]= Degree_Distribution(W);
[D,aver_D]= Aver_Path_Length(W);
[C,aver_C]= Clustering_Coefficienl(W);
BB = PowerLaw_Distribution(W);
Res = [N TRB CAR MAR PNR PLAR LGD RAD WR PBR CLR LLR IAD aver_DeD aver_D aver_C
BB FRA DEF_FRA LIQ_FRA];
end
```

有向含权无标度网络生成程序：

```
function [W] = BA(M0,W0,P,Q,M,Delte,TimeMax)
%UNTITLED2 Summary of this function goes here
%    Detailed explanation goes here

N=M0;%N nf 以动态增长
W=zeros(N,N);
Sin=zeros(1,N);
Sout=zeros(1,N);

Sin=sum(W);
Sout=sum(W´);
M0=M0;    %要求整数
W0=W0;    %
InitNodeList=randperm(N);
InitNodeList=InitNodeList(1,1:M0);
%全耦合网络
for i=1:M0
    nodeIndexFrom = InitNodeList(1,i);% 输出节点
    for j=1:M0
        nodeIndexTo=InitNodeList(1,j);% 接收节点
        if nodeIndexFrom ~ = nodeIndexTo
            W(nodeIndexFrom,nodeIndexTo)=W0;
        end
    end
end


%演进概率参数 p、q
p=P;%要求整数
q=Q;
m=M;      %要求整数
%演进时间
for TimeIndex=1:TimeMax
        new_node_out_edge=binornd(m,p);
        new_node_in_edge=binornd(m,q);
        while(new_node_out_edge==0||new_node_in_edge==0)
            new_node_out_edge=binornd(m,q);
            new_node_in_edge=binornd(m,p);
```

```
          end
      Sin = sum( W ) ;
      [ SinSort,Sinlndex] = sort( Sin,´descend´) ;
      for i = 1:new_node_out_edge
          nodelndexFrom = N+1 ;
          nodelndexTo = Sinlndex( i ) ;
          W( nodelndexFrom,nodelndexTo) = W0 ;
      end
      Sout = sum( W´) ;% 先更新
      for i  = 1:new_node_out_edge
          nodelndexFrom = N+1 ;
          nodelndexTo = Sinlndex( i ) ;
          Sout( nodelndexFrom) = Sout( nodelndexFrom) +W0+Delte ;
          DelteWji = Delte * W( nodelndexFrom,nodelndexTo) /Sout( nodelndexFrom) ;
          W( nodelndexFrom,nodelndexTo) = W( nodelndexFrom,nodelndexTo) + DelteWji ;
      end


      Sout  = sum( W´) ;
      [ SoutSort,Soutlndex] = sort( Sout,´descend´) ;
      for i = 1:new_node_in_edge
          nodelndexFrom = Soutlndex( i ) ;
          nodelndexTo = N+1 ;
          W( nodelndexFrom,nodelndexTo) = W0 ;
      end
      Sin = sum( W ) ;
      for i = 1:new_node_in_edge
          nodelndexFrom = Soutlndex( i ) ;
          nodelndexTo = N+1 ;
          Sin( nodelndexTo) = Sin( nodelndexTo) +W0+Delte ;
          DelteWji = Delte * W( nodelndexFrom,nodelndexTo) /Sin( nodelndexTo) ;
          W( nodelndexFrom,nodelndexTo) = W( nodelndexFrom,nodelndexTo) +DelteWji ;
      end
      N = N+1 ;%增加计数
  end
end
```

节点度计算程序:

```
function[DeD,aver_DeD] = Degree_Distribution(A)
%%求网络图中各节点的度及度的分布曲线
%%求解算法:求解每个节点的度,再按发生频率即为概率,求 P(k)
% A-------网络图的邻接矩阵
% DeD------网络图各节点的度分布
% aver_DeD -网络图的平均度
N = size(A,2);
DeD = zeros(1,N);
A(A~ =0) = 1;%自我添加的代码
for i=1:N
    %DeD(i) = length(find((A(i,:) = =1)));
    DeD(i) = sum(A(i,:));
end
aver_DeD = mean(DeD);
```

平均路径长度计算程序:

```
function[D,aver_D] = Aver_Path_Length(A)
%%求复杂网络中两节点的距离以及平均路径长度
%%求解算法:首先利用 Floyd 算法求解出任意两节点的距离,再求距离的平均值得平均路径
长度
% A-----------网络图的邻接矩阵
% D-----------返回值:网络图的距离矩阵
% aver_D-------返回值:网络图的平均路径长度
N = size(A,2);
D = A;
D(find(D == 0)) = inf;%将邻接矩阵变为邻接距离矩阵.两点无边相连时赋值为 inf,自身到自身
的距离为 0.
for i = 1:N
    D(i,i) = 0;
end

for k = 1:N     % Floyd 算法求解任意两点的最短距离
    for i = 1:N
        for j = 1:N
            if D(i,j)>D(i,k)+D(k,j)
                D(i,j) = D(i,k)+D(k,j);
            end
        end
    end
end
aver_D = sum(sum(D))/(N * (N − 1));% 平均路径长度
```

网路聚类系数计算程序：

```
function [ C,aver_C] = Clustering_Coefficienl( A)
%%求网络图中各节点的聚类系数及整个网络的聚类系数
%%求解算法:求解每个节点的聚类系数,找某节点的所有邻居,这些邻居节点构成一个子图
%%从 A 中抽出该子图的邻接矩阵,计算子图的边数,再根据聚类系数的定义,即可算出该节点
的聚类系数
%A-----------网络图的邻接矩阵
%C-----------网络图各节点的聚类系数
%ave----------整个网络图的聚类系数
N = size( A,2) ;
C = zeros( 1,N) ;
A( A ~ = 0) = 1;%自我添加的代码
for i = 1:N
    aa = find( A( i,:) = = 1) ;%寻找子图的邻居节点
    if isempty( aa)
        C( i) = 0;
    else
        m = length( aa) ;
        if m = = 1
            C( i) = 0;
        else
            B = A( aa,aa) ;%抽取子图的邻接矩阵
            C( i) = length( find( B = = 1) )/( m * ( m-1) ) ;
        end
    end
end
aver_C = mean( C) ;
```

无标度网络幂律指数计算程序：

```
function[bb]=PowerLaw_Distribution(W)
%%求无标度网络幂律指数
s=sum(W);
n=length(s);
s2 =fix(s);
pp1=tabulate(s2);

pp1(any(pp1==0,2),:)=[];

x=log(pp1(:,1));
y=log(pp1(:,3));

[nq]=size(x);
x1=[ones(n,1),x];
b=regress(y,x1);
bb=-b(2,1);
```

附录4　GRNN 模型相关程序①

```matlab
function out1 = newgrnn( varargin)
%% ==================================================
%   BOILERPLATE_START
%   This code is the same for all Network Functions.

    persistent INFO;
    if isempty( INFO), INFO = get_info; end
    if (nargin > 0) && ischar( varargin{1} ) ...
        && ~strcmpi( varargin{1} ,'hardlim') && ~strcmpi( varargin{1} ,'hardlims')
        code = varargin{1} ;
        switch code
            case 'info',
                out1 = INFO;
            case 'check_param'
                err = check_param( varargin{2} );
                if ~isempty( err), nnerr. throw('Args',err); end
                out1 = err;
            case 'create'
                if nargin < 2, error( message('nnet:Args:NotEnough')); end
                param = varargin{2} ;
                err = nntest. param( INFO. parameters,param);
                if ~isempty( err), nnerr. throw('Args',err); end
                out1 = create_network( param);
                out1. name = INFO. name;
            otherwise,
                % Quick info field access
                try
                    out1 = eval( ['INFO. ' code]);
                catch%#ok<CTCH>
                    nnerr. throw( ['Unrecognized argument:''' code ''''])
                end
        end
    else
        [args,param] = nnparam. extract_param( varargin,INFO. defaultParam);
        [param,err] = INFO. overrideStructure( param,args);
```

---

① 此代码为 Matlab 工具箱函数。

```
    if ~isempty(err), nnerr.throw('Args',err,'Parameters'); end
    net = create_network(param);
    net.name = INFO.name;
    out1 = init(net);
  end
end


function v = fcnversion
  v = 7;
end


%   BOILERPLATE_END
%% ====================================================

function info = get_info
  info = nnfcnNetwork(mfilename,'Generalized Regression Neural Network',fcnversion, ...
    [ ...
    nnetParamInfo('inputs','Input Data','nntype.data',{}, ...
    'Input data.'), ...
    nnetParamInfo('targets','Target Data','nntype.data',{}, ...
    'Target output data.'), ...
    nnetParamInfo('spread','Radial basis spread','nntype.strict_pos_scalar',1, ...
    'Distance from radial basis center to 0.5 output.'), ...
    ]);
end


function err = check_param(param)
  err = '';
end


%%
function net = create_network(param)

  % Data
  p = param.inputs;
  t = param.targets;
  if iscell(p), p = cell2mat(p); end
  if iscell(t), t = cell2mat(t); end
```

```
% Dimensions
[R,Q] = size(p);
[S,Q] = size(t);

% Architecture
net = network(1,2,[1;0],[1;0],[0 0;1 0],[0 1]);

% Simulation
net. inputs{1}. size = R;
net. layers{1}. size = Q;
net. inputWeights{1,1}. weightFcn = 'dist';
net. layers{1}. netInputFcn = 'netprod';
net. layers{1}. transferFcn = 'radbasn';
net. layers{2}. size = S;
net. layerWeights{2,1}. weightFcn = 'dotprod';

% Weight and Bias Values
net. b{1} = zeros(Q,1)+sqrt(-log(.5))/param. spread;
net. iw{1,1} = p';
net. lw{2,1} = t;
end
```

附录 5　PSO-GRNN 模型计算程序[①]

```
%% 该代码为基于 PSO 和 GRNN 网络的预测
%% 清空环境
clc
clear


%读取数据
load matlab. mat;

[row,col] = size(InData);
%set = 1/8 行
set = row/8;
%row1 = 7/8 行
row1 = row-set;

pi_Data = InData(1:row1,:);
po_Data = OutData(1:row1,:);

ti_Data = InData(row1+1:row,:);
to_Data = OutData(row1+1:row,:);

p_i = pi_Data';
p_o = po_Data';
%选连样本输入输出数据归一化
[inputpi,inputps] = mapminmax(p_i);
[outputpo,outputps] = mapminmax(p_o);

t_i = ti_Data';
t_o = to_Data';
inputti = mapminmax('apply',t_i,inputps);



% 参数初始化
%粒子群算法中的两个参数
c1 = 1.49445;
```

① 代码参考以下学者的研究成果:
　王小川,史峰,郁磊,等.Matlab 神经网络 43 个案例分析[M].北京:北京航空航天大学出版社,2013.

```
c2 = 1.49445;


maxgen = 100;    % 进化次数
sizepop = 20;    % 种群规模


Vmax = 1;
Vmin = -1;
popmax = 1;
popmin = 0;


for i = 1:sizepop
    pop(i,:) = rand();
    V(i,:) = rand();
    fitness(i) = fun(pop(i,:),inputpi,outputpo,inputti,t_o,outputps);
end


% 个体极值和群体极值
[bestfitness bestindex] = min(fitness);
zbest = pop(bestindex,:);    % 全局最佳
gbest = pop;        % 个体最佳;gbest 是第 i 个位置的最佳个体;zbest 是全局最佳个体;fitnessgbest
和 fitnesszbest 分别是他们的适应度值
fitnessgbest = fitness;    % 个体最佳适应度值
fitnesszbest = bestfitness;    % 全局最佳适应度值


%% 迭代寻优
for i = 1:maxgen
    i;


    for j = 1:sizepop


        %种群个体速度更新
        V(j,:) = V(j,:) + c1 * rand * (gbest(j,:) - pop(j,:)) + c2 * rand * (zbest-pop
(j,:));
        V(j,find(V(j,:)>Vmax)) = Vmax;
        V(j,find(V(j,:)<Vmin)) = Vmin;


        %种群个体更新
        pop(j,:) = pop(j,:)+0.01 * V(j,:);
%        pop(j,find(pop(j,:)>popmax)) = popmax;
```

```
%          pop(j,find(pop(j,:)<popmin))=popmin;
         pop(j,find(pop(j,:)>popmax))=rand();
         pop(j,find(pop(j,:)<popmin))=rand();
         pos=unidrnd(sizepop);
         if rand>0.95
              pop(pos,:)=rand();
         end
         %个体适应度值更新
         fitness(j)=fun(pop(j,:),inputpi,outputpo,inputti,t_o,outputps);
    end


    for j=1:sizepop
    %个体最优更新
    if fitness(j) < fitnessgbest(j)
         gbest(j,:) = pop(j,:);
         fitnessgbest(j) = fitness(j);
    end


    %群体最优更新
    if fitness(j) < fitnesszbest
         zbest = pop(j,:);
         fitnesszbest = fitness(j);
    end


    end


    %每代最优值记录到 yy 数组中
    yy(i)=fitnesszbest;

end

%% 结果分析
plot(yy)
title([ '适应度曲线 ' '终止代数=' num2str(maxgen)]);
xlabel('进化代数');ylabel('适应度');
%% 获得最佳 GRNN 扩展参数
x=zbest;

inall=InData';
```

```
outall = OutData';
%测试样本输入输出数据归一化
[inputall,inputpsall] = mapminmax(inall);
[outputall,outputpsall] = mapminmax(outall);

%%用粒子群算法优化的 GRNN 网络进行值预测
net = newgrnn(inputall,outputall,x);
anpso = sim(net,inputall);
test_simupso = mapminmax('reverse',anpso,outputpsall);
errorpso = test_simupso-outall;

% 结果分析
figure(2)
plot(test_simupso,':og')
hold on
plot(outall,'-*');
legend('预测输出','期望输出','fontsize',12)
title('PSO-GRNN 网络预测输出','fontsize',12)
xlabel('样本','fontsize',12)
ylabel('输出','fontsize',12)

%预测误差
figure(3)
plot(errorpso,'-*')
title('PSO-GRNN 网络预测误差','fontsize',12)
ylabel('误差','fontsize',12)
xlabel('样本','fontsize',12)

figure(4)
percentpso = (outall-test_simupso)./outall;
plot((outall-test_simupso)./outall,'-*');
title('PSO-GRNN 神经网络预测误差百分比')
ylabel('误差百分比(%)','fontsize',12)
xlabel('样本','fontsize',12)

n = size(outall,2);
x
errorsumpso = sum(abs(errorpso))
sumpercentpso = sum(abs(percentpso))/n
RMSepso = sqrt(sum(errorpso.^2)/n)
```

附录 6　输入变量 MIV 值计算程序[①]

%% 输入变量 MIV 值的实现(增加或者减少自变量)

```
[m,n] = size(InData);
yy_temp = InData;

% p_increase 为增加 10% 的矩阵 p_decrease 为减少 10% 的矩阵
for i = 1:n
    p = yy_temp;
    pX = p(:,i);
    pa = pX * 1.1;
    p(:,i) = pa;
    aa = ['p_increase'  int2str(i) '=p;'];
    eval(aa);
end


for i = 1:n
    p = yy_temp;
    pX = p(:,i);
    pa = pX * 0.9;
    p(:,i) = pa;
    aa = ['p_decrease' int2str(i) '=p;'];
    eval(aa);
end
% 转置后 sim

for i = 1:n
    eval(['p_increase',num2str(i),'=transpose(p_increase',num2str(i),');'])
end

for i = 1:n
    eval(['p_decrease',num2str(i),'=transpose(p_decrease',num2str(i),');'])
end
% 归一化后的输入变量
```

①　代码参考以下学者的研究成果:
　　王小川,史峰,郁磊,等.Matlab 神经网络 43 个案例分析[M].北京:北京航空航天大学出版社,2013.

```
for i = 1:n
    eval(['p_increasen',num2str(i),' = mapminmax(''apply'',p_increase',num2str(i),',inputp-
sall);'])
end


for i = 1:n
    eval(['p_decreasen',num2str(i),' = mapminmax(''apply'',p_decrease',num2str(i),',inputp-
sall);'])
end

% result_in 为增加 10% 后的输出 result_de 为减少 10% 后的输出
for i = 1:n
    eval(['result_in',num2str(i),' = sim(net,','p_increasen',num2str(i),');'])
end

for i = 1:n
    eval(['result_de',num2str(i),' = sim(net,','p_decreasen',num2str(i),');'])
end
% result_in 为增加 10% 后的输出 result_de 为减少 10% 后的输出
for i = 1:n
    eval(['result_inn',num2str(i),' = mapminmax(''reverse'',result_in',num2str(i),',outputp-
sall);'])
end


for i = 1:n
    eval(['result_den',num2str(i),' = mapminmax(''reverse'',result_de',num2str(i),',outputp-
sall);'])
end


for i = 1:n
    IV = ['result_inn',num2str(i),'-result_den',num2str(i)];
    eval(['MIV_',num2str(i),'=mean(',IV,')'])
end
```

后 记

　　本书能够顺利出版，首先感谢河北地质大学董志良教授、索贵彬教授、陆刚教授和李佳培副教授给予的指导与支持；还要感谢中国科学院大学数量经济与技术经济研究所万平同志的鼓励与帮助。最后，对在本书出版过程中给予帮助和支持的所有人表示衷心的感谢。

　　本书研究内容为作者2019年承担的河北省社会科学基金项目（项目编号：HB19YJ047）。同时，依托本书成果，作者申报了2021年度国家社会科学基金一般项目，名称为"基于金融关联图谱的小微企业供应链融资信用风险预测与防范研究"。

　　在写作过程中，本人虽付出大量努力搜集数据与编写仿真程序，但由于学识水平有限，以及研究内容复杂，本书仍然不可避免地存在诸多遗憾和不足，期盼读者批评与指正。

张永礼

2021 年 5 月